O NOVO DIREITO CIVIL

ensaios sobre o mercado, a reprivatização do direito civil e a privatização do direito público

T813c Timm, Luciano Benetti

O novo direito civil: ensaios sobre o mercado, a reprivatização do direito civil e a privatização do direito público / Luciano Benetti Timm. – Porto Alegre: Livraria do Advogado Editora, 2008.

204 p.; 23 cm.

ISBN 978-85-7348-539-4

1. Direito civil. I. Título.

CDU – 347

Índice para o catálogo sistemático:

Direito civil 347

(Bibliotecária responsável: Marta Roberto, CRB-10/652)

Luciano Benetti Timm

O NOVO DIREITO CIVIL

ensaios sobre o mercado, a reprivatização do direito civil e a privatização do direito público

livraria DO ADVOGADO editora

Porto Alegre, 2008

Capa, projeto gráfico e diagramação
Livraria do Advogado Editora

Revisão
Rosane Marques Borba

Direitos desta edição reservados por
Livraria do Advogado Editora Ltda.
Rua Riachuelo, 1338
90010-273 Porto Alegre RS
Fone/fax: 0800-51-7522
editora@livrariadoadvogado.com.br
www.doadvogado.com.br

Impresso no Brasil / Printed in Brazil

Prefácio

Muito honrada com o prestigioso convite para prefaciar este volume, de autoria de Luciano Benetti Timm, devo iniciar a incumbência a mim atribuída, traçando um perfil do autor da obra e das circunstâncias que levaram nossos caminhos acadêmicos a se cruzarem, em determinado momento.

Com efeito, Luciano Benetti Timm foi meu aluno na Universidade Federal do Rio Grande do Sul, no curso de Mestrado, onde cursou uma das disciplinas sob minha responsabilidade, a Teoria Geral do Direito Privado, onde eram desenvolvidas as mais importantes idéias e teses sobre o Direito Privado brasileiro e estrangeiro, com ênfase aos sistemas alemão e francês. O alemão, devido a aspectos comuns entre nosso Direito e o BGB, a começar pela sistemática de ambos Códigos, influenciados muito fortemente pelo Direito Romano, ainda que por motivos totalmente distintos,[1] possuidores de uma Parte Geral e adeptos, ainda que no Brasil sob uma forma mitigada, do princípio da abstração em matéria de transmissão da propriedade.

Já a influência francesa era, e assim segue, estudada sobretudo em razão dos Princípios Gerais do Direito, da noção de causa, (ainda sendo o Brasil anti causalista...) da Responsabilidade Civil contratual e extra contratual, do dano moral indenizável, enfim, uma série de aspectos, com destaque para a análise da forte influência da jurisprudência francesa no sentido de manter sempre vivo e atual o velho *Code Napoléon.*

Em meio a esses estudos de Direito Comparado, na sua verdadeira acepção, o jovem Mestrando Luciano já demonstrava inclinação para outras formas de compreender e aplicar o Direito, qual seja, o mundo da *Common Law*, eventualmente referido em nosso curso, em outra disciplina, o Direito Comparado.

[1] O legislador do primeiro projeto de código Civil para o Brasil, Teixeira de Freitas, procurou conservar, em seu texto, o máximo possível das Ordenações do Reino, legislação do colonizador português, fortemente influenciada pelo Direito romano. Já os alemães, no BGB, optaram pelo Direito Romano, como base de seu Código, por outro motivo: consideravam que um Código erigido sobre a antiga legislação de um povo que havia conquistado o Mundo, escrito em uma língua universal, o latim, serviria, dada a sua técnica apurada, as suas soluções seguras, ao povo alemão para dominar o comércio e atrair compradores, pois o valor fundante do Direito alemão é a segurança jurídica, maior atrativo desse direito, incentivando a prática de contratos e negócios.

Do interesse pelo Direito da *Common Law*, a passagem para outro terreno, também desenvolvido em sistemas não continentais, como o da *Law e Economics*, foi apenas um passo, o que acabou levando-o a escrever uma dissertação de mestrado intitulada *Da Prestação de Serviços*,[2] sob orientação da professora doutora Judith Martins-Costa.

Nesta dissertação, Luciano Timm começa sua trajetória no sentido de desvendar os meandros da *Law & Economics*, com o escopo de aplicar ao Direito brasileiro, sobretudo na área do Direito do Consumidor, *lições básicas da Ciência Econômica* (op. cit., p. 61).

Desde essa época, ou seja, há dez anos, Luciano Timm vem se dedicando ao estudo das possíveis e interessantes relações entre lei e economia, sobretudo face à co-existência de dois ordenamentos, às vezes três (contrato civil, relação de consumo, relação trabalhista, no caso da prestação de serviços) regulando distintamente certos contratos, que se superpõem uns aos outros, por exemplo, a prestação de serviços, buscando estabelecer relações unitárias nesses contratos de regulação complexa e variada.

No dizer do próprio autor, a obra corresponde a sua trajetória de pesquisa, tanto para descrever a transformação paradigmática do Direito Civil como para compreender as suas conseqüências potenciais, econômicas e sociais.

Uma das características desta obra é a de oferecer novas denominações a certos movimentos, como por exemplo, a constitucionalização do direito privado, que aqui passa a ser chamada de "reprivatização" do Direito Civil.

Um dos temas mais polêmicos tratados na obra, ora prefaciada, é o da função social do contrato, conceito surgido no projeto de Código Civil italiano de 1942 de Mussolini e que não foi recepcionado pelo *Codice Civile*. Estranhamente, o legislador do Código Civil brasileiro de 2002, talvez devido a forte formação recebida na Itália, porquanto foi discípulo de Del Vecchio e as circunstâncias em que viveu, longos anos afastado do Brasil, incluiu a função social como um limite ao exercício da autonomia privada, no artigo 421 do atual diploma civil brasileiro.

Esse tema vem suscitando larga controvérsia na Doutrina nacional e internacional, porquanto os juristas indagam qual teria sido a razão de o Código Brasileiro de 2002 ter acolhido um conceito dessa natureza, quase relegado ao esquecimento, hoje em dia [3].

A maioria dos articulistas vê na função social um aspecto da socialização dos contratos, o que é muito interessante, desde um ponto de vista da evolução dos conceitos, pois esse surgiu em meio à direita mais extrema e acabou encantando a esquerda, hoje já não tão extrema, no Brasil.

[2] Publicada pela Síntese, Porto Alegre, 1ª edição 1998, 136 páginas.

[3] Nunca é demais recordar que o Projeto Reale, que tornou-se o Diploma civil de 2002, veio à lume em 1975, quando o país vivia um momento histórico muito distinto do atual, sob todos os pontos de vista.

Meu entendimento é o de que não se trata de norma de natureza cogente (como quer a maioria dos juristas brasileiros), apenas de uma espécie de *guia* ou *diretiva* ao julgador, pois normas cogentes não podem ser escritas de maneira vaga e imprecisa, gerando total insegurança aos jurisdicionados.

Por outro lado, a configuração de cláusula geral, isto é, proposição aberta, impõe necessariamente, a busca de uma técnica, para evitar surpresa, arbítrio, incerteza, e insegurança, qual seja, o recurso ao chamado método do grupo de casos (*Fallgruppen)* do Direito alemão, que permitiu a construção de uma interpretação bem sucedida do § 242, relativo à Boa Fé Objetiva,[4] a partir de uma atividade pretoriana orientada pelos grupos de casos.

Outro ponto a ser destacado, diz com a consideração do contrato e do Direito Privado de modo geral como instrumento a *dar vazão às relações econômicas e particulares.*

Luciano Timm apresenta em seguida uma série de considerações a respeito de certos contratos, todos integrantes da própria cultura da sociedade atual, ou seja, o seguro, a distribuição e a agência, tais como vêm sendo interpretados pelos tribunais, abrindo uma reflexão interessante sobre a *law in action.*

Dentro dessa mesma perspectiva valorativa do contrato, reflete o jovem jurista sobre a arbitragem (cuja origem é um contrato) revelando-se adepto desse magnífico instrumento de pacificação de contendas de cunho exclusivamente patrimonial , versando sobre direitos disponíveis.

O autor finaliza sua obra com uma reflexão interessante, a privatização do Direito Público, adotando uma perspectiva dialética, a publicização do direito privado versus privatização do direito público, demonstrando como, face à derrocada do Estado, pela escassez e má administração dos recursos, é preciso sejam privatizados muitos dos serviços públicos, o que se dá mediante a realização de contratos (concessão de serviços e parcerias Público/privadas).

O escritor constata uma realidade impressionante, a de que o serviço público privatizado, mediante contratação de empresas privadas nacionais ou não, resulta em benefício maior para a comunidade.

Para concluir, gostaríamos de enfatizar o fato de esta obra trazer alguns importantes elementos para reflexão, tanto para juristas, como para economistas, elementos esses distintos do pensamento majoritário no âmbito do Direito.

---

[4] Escrevi sobre esse tema in "La Tradition Juridique Nationale et Données Historiques", *Rapport présenté au XVIe. Congrès International de Droit Comparé, Utrecht. Par ailleurs, les clauses générales si abondantes dans le texte du Code de 2002 peuvent conduire aussi à un autre rapprochement, cette fois-ci à la méthode des Fallgruppen (les groupes des cas), utilisée par les juges allemands, face aux clauses générales. Comme il n'existe pas un critère unique, précis, pour identifier toutes les hypothèses relatives à certains comportements, par exemple, l' exercise abusif du droit, la jurisprudence et la doctrine allemandes ont réuni des groupes des cas (Fallgruppen) organisés sous la forme de catégories. Les Fallgruppen peuvent être élargis, mais, parfois, il arrive qu' un cas peut entrer dans deux ou trois catégories à la fois. Le juge brésilien sera obligé de faire appel à l' une de ces deux méthodes, le précedent ou les Fallgruppen ayant en vue le besoin de sécurité, une aspiration légitime de la societé brésilienne, face à l'ouverture des clauses générales*, p.18, inédito.

Assim sendo, sua leitura aporta uma visão distinta daquela normalmente apresentada por nossa doutrina, a respeito do Direito Privado como um todo, e que, em muitos dos temas aqui aflorados, vem se revelando repetitiva e pouco original, além de pouco firme em suas convicções.

Finalizo estas minhas palavras, com votos de que o autor prossiga, sempre com sucesso, sua trajetória de pesquisador e professor de Direito, sob a perspectiva da *Law and Economics*, contribuindo, desta sorte, para formação de outras concepções, originais e certamente mais eficientes, acerca do Direito Privado brasileiro atual.

Véra Jacob de Fradera

Sumário

Sumário

Apresentação

É da maior importância a obra *O Novo Direito Civil*, de Luciano Benetti Timm, que o leitor tem às mãos. Timm é um pesquisador que reúne duas qualidades necessárias e suficientes à seriedade acadêmica: é original, à medida que a discussão das transformações do Direito Privado (ou os novos paradigmas do Direito Civil) é vista por um ângulo ainda pouco explorado, o do viés do direito e da economia e por uma certa perspectiva mais histórica, e ainda é provocativo e instigante no modo em que discute a própria evolução do Direito Privado e de sua função na sociedade. O lado do direito e da economia (ou da análise econômica do direito, como preferem alguns) é amplamente discutido, quando Timm se refere ao mercado e à imperiosa necessidade com que prescreve que o Direito Civil se associe a ele. Neste sentido, a preocupação socializante, numa lógica mais distributivista, que varreu nosso sistema a partir do Código Civil de 2002, é questionada por Timm com rigor e um profundo senso crítico com base em casos concretos desafiados nos Tribunais. E a habilidade que Timm possui de transpor a discussão mais abstrata (a *reprivatização* do Direito Privado, como ele chama) a tais casos concretos (como, por exemplo, no mercado de locação), ajuda a convencer o leitor de que o tema é relevante e merece reflexão. Mas a originalidade e o espírito crítico não fariam desta coletânea uma obra de fôlego se ela não fosse clara, precisa e escrita sem os floreios parnasianos tão a gosto de nossa categoria.

A coletânea de artigos – escritos em épocas distintas – oferece um caleidoscópio interessante sobre a evolução de uma trajetória sólida de pesquisa a partir dos novos paradigmas do Novo Código Civil. Logo na sua introdução, Timm afirma que seus objetivos com o presente livro são descrever as transformações sofridas por um sistema multifacetado e pouco orgânico. Partindo dessa descrição, um segundo objetivo é compreender as potenciais conseqüências econômicas e sociais da aplicação desses institutos. Para tanto, ele escolhe certos temas correntes – constitucionalização do Direito Privado, seguro, relação do agente, função social do contrato, entre outros, para ilustrar o seu ponto principal: a função social do Direito é solidificar o substrato para dar vazão às relações humanas entre os vários agentes econômicos. E tal tarefa só é possível via mercado.

Todavia, essa não é em si nem uma questão fácil nem uma proposta que congrega uma única resposta. Por um lado, os contratos só existem para preencher lacunas passíveis de conterem, na sua execução, risco. Por outro, os Tribunais se valem de certos *standards* para testar e julgar tais institutos e, para tanto, aspectos culturais, econômicos e sociais são sempre levados em consideração. Timm não se propõe a resolver o dilema, no seu próprio dizer "salientar que a proteção deste espaço público do mercado, se devidamente compreendida e isenta de preconceitos, pode constituir-se em uma das mais importantes funções sociais do Direito, nas sociedades contemporâneas".

O livro de Timm é uma contribuição ao debate do Direito Privado, mas trata de temas essencialmente econômico-jurídicos. Não é uma discussão doutrinária clássica, nem uma coletânea de jurisprudência. Sua simpatia pela escola da análise econômica do direito não está apenas no subtítulo *mercados* – o conceito de eficiência e custo de transação está presente em vários dos artigos e traduz a máxima essencial de seu trabalho: como fazer o direito privado funcionar melhor? Ou, em outras palavras, quais são os critérios que podem ser elegíveis a um dado sistema de direito privado (onde se sobressaem os contratos) e como fazer com que eles sejam respeitados e possam mitigar riscos de forma eficaz? Quem espera uma resposta clássica da escola de *Law & Economics* se surpreenderá. Timm reconhece sua validade, mas limita sua aplicação à geografia e à cultura brasileira.

Os temas que Timm traz para responder a tais inquietações não poderiam ser mais variados. Desde a função social do contrato – um tema abstrato, mas de grande abrangência, até uma discussão sobre o terceiro setor, incluindo também custos de transação no mercado de seguros, arbitragem e um polêmico, mas interessantíssimo, artigo sobre a privatização do Direito Público, do qual a PPP é um exemplo bem acabado – Timm realiza uma empreitada de envergadura e ambição. Concorde-se ou não com suas idéias, não se permanece, porém, indiferente a elas. E o debate é sempre bem-vindo – ainda mais em um movimento que está apenas começando.

Ganham todos – num bom exemplo de teoria dos jogos – com o novo livro de Luciano Timm. Ganham os leitores e alunos, com um material de alta qualidade, e ganha ele próprio, ao poder testar suas idéias de forma mais ampla e definitiva.

Jairo Saddi
Doutor em Direito Econômico (USP).
Pós-Doutorado pela Universidade de Oxford.
Diretor do Ibmec Direito - Ibmec São Paulo

Introdução

Ao longo de 2000, minha preocupação foi entender as transformações do Direito Civil brasileiro, particularmente do direito contratual.

A mudança de paradigma legislativo, de um modelo liberal de direito privado a um modelo social ou welfarista (correspondente à adoção de uma constituição programática em 1988) durante o século XX, parece incontestável.

Essa transformação paradigmática é colocada normalmente por vários doutrinadores nacionais, especialmente os publicistas, em caráter descritivo. E, colocado dessa forma, dá uma idéia de progresso ou de evolução histórica do Direito Civil.

Lembro-me das lições do Professor José Reinaldo de Lima Lopes, da USP, de que em história (e por via de conseqüência na história jurídica) nem sempre progredimos. Não há linha evolutiva a caminho do progresso.

Eu, particularmente, sempre vi com bastante reserva a idéia defendida por diversos acadêmicos europeus e brasileiros da constitucionalização do Direito Privado. Não no sentido de vincular particulares a direitos fundamentais (o que pode ser, em tese, viável, sobretudo no que tange aos direitos negativos de primeira geração como corretamente defendem meus colegas da PUCRS e da ULBRA). Mas no sentido de utilização de critérios distributivos típicos e característicos do Direito Público ao Direito Civil, como se a fronteira entre ambos estivesse dissipada.

E digo isso por acreditar que o Brasil não tenha injustiças sociais e que elas não devam ser atacadas. Mas por divergir de como atacar o problema. Ou seja, desconfio seriamente de que o modelo de Direito Privado socializado seja em vários casos contraditório, justamente por afrontar os interesses daqueles justamente que se pretendia proteger (os mais fracos). A meu juízo, é a tributação o grande elemento de redistribuição de renda – e sua devolução em serviços públicos de qualidade; e não via Direito Privado.

Ademais, o momento histórico pós-anos 90 do século XX parecia-me, como agora, os tempos da internacionalização e da globalização. E, portanto, de encolhimento do Estado Social no mundo interno, bem como de sua expansão às relações privadas. O Direito Civil não pode se chocar contra essa realidade. Ele precisa se associar ao mercado. Se formos realistas e pragmáticos, foi assim na vida do Direito Civil desde a evolução do Direito Romano com a expansão comercial romana; foi assim com o direito comercial nascido no medievo italiano. Foi assim na era da Revolução Industrial. Será assim na era da informação e da globalização (*lex mercatoria*).

Inclusive essa foi a lógica aplicada pelo Supremo Tribunal Federal ao julgar constitucional a perda do bem de família pelo fiador em contrato de locação imobiliária residencial.

Na minha opinião, a desestatização pós-década de 90, no mundo inteiro, corresponde a uma recuperação da autonomia privada e uma recuperação dos mercados e dos contratos. Foi exatamente sobre esse eixo privado que o gigante do século XXI, a China, acordou. Parece também ser o caso atual da Coréia do Sul, pelo que me relatou um amigo professor na Universidade Nacional de Seul com quem tive contato em 2007 durante meu pós-doutoramento em Berkeley.

Os próprios Estados Unidos da América, que tive a oportunidade de estudar com mais detalhe em 2007, mantiveram seu direito privado essencialmente privado durante boa parte do século XX. Inclusive, é o seu direito administrativo (pelo menos na parte contratual e de responsabilidade civil) essencialmente privatista.

O caso mais exemplificativo dessa realidade de reprivatização do Direito Civil foi o da modificação da legislação sobre aluguéis de imóveis tanto na Inglaterra como em Nova Iorque, a fim de diminuir o nível de proteção dos locatários, pois diante da dificuldade de reaver os imóveis, poucos proprietários se dispunham a colocar seu apartamento no mercado para alugar. Como conseqüência, o preço do aluguel nestas cidades, antes das alterações legislativas, era ainda mais astronômico que hoje. Diminuindo o preço dos aluguéis, menor o interesse das pessoas em comprar imóveis, o que por via de conseqüência deprime a construção civil e a economia de um país como um todo (já que a construção civil é um dos principais empregadores de pessoas e grande motor de um sistema social).

Essa foi uma tendência sentida mesmo no Brasil, que na Lei 8.245, de 1991, retomou a denúncia vazia (que é um mecanismo de proteção dos interesses do locador) a fim de estimular o mercado imobiliário.

Nesse período de 2000, busquei então, por meio de artigos que escrevi, primeiramente compreender os novos paradigmas do Direito Civil trazidos na legislação brasileira e suas implicações reais à sociedade.

E a obra que apresento aos leitores é resultado dessa reflexão. Ela correspondente a esta minha trajetória de pesquisa, para: a) descrever a transformação paradigmática do Direito Civil; b) compreender as suas conseqüências potenciais econômicas e sociais.

Os dois primeiros artigos dessa coletânea tratam da chamada "constitucionalização" e o que chamo de "reprivatização" do Direito Civil.

O terceiro artigo trata de uma introdução à função social do contrato. Apesar do título, na verdade é um estudo aprofundado sobre as origens da socialização do Direito Privado e uma parte importante de minha pesquisa de doutoramento.

O quarto artigo, "direito, economia e função social do contrato", é uma resposta minha ao quase consenso que se formou entre os civilistas brasileiros acerca da constitucionalização do contrato, para mim, típico instrumento do mercado e não o espaço da promoção da justiça social.

O quinto artigo, "direito, mercado e função social", busca demonstrar a verdadeira função social do Direito Privado, que é dar vazão às relações econômicas e particulares.

O sexto artigo, "direito fundamental à livre iniciativa", envolve os fundamentos constitucionais da economia de mercado e a necessidade de tutela jurídica dessa instituição social. Acredito que a constitucionalização do Direito Privado, se aceita, "corta para os dois lados".

Depois, ocupei-me daqueles que acredito serem alguns dos principais contratos para o mercado brasileiro: seguros, agência e distribuição.

Portanto, o artigo que segue é sobre os custos de transação nos contratos de seguro, buscando discutir as conseqüências aos segurados de uma excessiva proteção do segurado em demandas judiciais a partir das premissas consequenciais e econômicas antes postas.

Os artigos sobre agência e distribuição exploram a riqueza normativa do Novo Código Civil (para mim, ainda o eixo regulatório fundamental do Direito Privado apesar de naturalmente sustado sobre os pilares da Constituição Federal) e a jurisprudência do Tribunal de Justiça do Rio Grande do Sul, buscando definir guias decisórios para orientação de empresas e de julgamentos ligados a esta matéria. Como pesquisador, acredito mais na força real e concreta do *law in action* dos tribunais, do que do *law on the books* dos acadêmicos.

O décimo artigo versa sobre os aspectos jurídicos relevantes do terceiro setor, que cresce em importância em nossa sociedade, justamente no vácuo deixado pelo Estado.

Em seguida, vem um artigo sobre a arbitragem, absolutamente ilustrativo da época em que vivemos de absoluta privatização e desestatização, inclusive da jurisdição. O mundo inteiro (aí incluído China, Índia, Estados Unidos) se curvou para as vantagens de solução alternativa de conflitos e longe da tutela e do monopólio estatal.

O último artigo é mais polêmico e envolve o último aspecto de nossa realidade, que é da privatização do Direito Público. A evidente dificuldade orçamentária do poder público torna premente a necessidade de privatização de serviços públicos (via concessões e parcerias público privadas). Se quisermos que esse sistema funcione, os critérios a serem aplicados serão contratuais, e, portanto, típicos do Direito Privado. E não devemos nos surpreender que se respeitados os contratos (legitimamente negociados) com empresas e consórcios nacionais e internacionais, o benefício será coletivo.

Inverno, Berkeley 2007.

Luciano Benetti Timm

— I —

"Descodificação", constitucionalização e reprivatização no direito privado: o Código Civil ainda é útil?[1]

Sumário: Introdução; 1. O que é um Código Civil?; 2. O fenômeno descodificatório e da constitucionalização; 2.1. Aspectos gerais da "descodificação"; 2.2. O caso italiano; 2.3. O caso português; 2.4. O Direito brasileiro; 3. A recodificação na era da descentralização jurídica.

Introdução

Pode-se atribuir a concepção do fenômeno da *descodificação*[2] a Natalino Irti, que difundiu o termo quando publicou seu artigo intitulado *L'età della decodificazione,* em 1978, demonstrando que o modelo de Estado pós Segunda Guerra Mundial – chamado de Estado Social – transformou a legislação européia, promovendo uma verdadeira fuga do Código Civil italiano (de 1942) em direção ao eixo principiológico e valorativo da Constituição daquele país (a chamada constitucionalização do Direito Civil). Posteriormente, diversos outros civilistas italianos se manifestaram sobre o tema, em sua maioria admitindo a orientação de Irti, mas com menos radicalidade; ele próprio chegou a escrever diversas vezes sobre o assunto, sempre revendo alguma questão em relação ao texto original antes mencionado. Com outro ponto de vista, já não contrário à codificação, Rodolfo Sacco publicou seu *Codificare: modo superato de legiferarare?* (1983). Textos estes que, alguns anos depois, vieram a se repercurtir no pensamento dos demais juristas europeus, a julgar pelos artigos posteriormente lançados pelas doutrinas portuguesa e espanhola.

Com efeito, João de Matos Antunes Varela, jurista português, publicou seu *Movimento de descodificação do Direito Civil*, em 1984, profundamente influenciado pelas idéias de Irti. E o espanhol Agustín Motilla, com seu *La codificacion como tecnica de produccion legislativa*, mostra inspiração em ambos italianos acima referidos. No Brasil, só em 1984, encontra-se o assunto tratado na dou-

[1] Artigo publicado originalmente na *Revista de Direito Privado*, São Paulo: RT, v.27, p.223 – 251, 2006.

[2] "Descodificação" é um neologismo de *decodificazione,* expressão italiana criada por Natalino Irti, citado abaixo. A tradução literal seria decodificação, mas entendemos que a expressão descodificação represente melhor o sentido empregado por Irti de fuga dos códigos e não de decodificação de alguma mensagem.

trina, por Orlando Gomes, com o enfoque proposto por Irti; e, em 1992, quando Osmar Brina Corrêa Lima comentou o texto de Varela. O Professor Clóvis do Couto e Silva abordou o assunto em *O Direito Civil em perspectiva histórica,* mas sob o enfoque de Arthur Steinwerter,[3] preferindo chamar o fenômeno em tela de *descentralização jurídica*, em vez de *descodificação.*

A essa apontada diferença terminológica, isto é, *descodificação* "versus" *descentralização*, subjaz uma grande diversidade na concepção do que se deva entender por código modernamente, qual o seu atual papel e qual será a sua atribuição no futuro. A opção pela terminologia descentralização induz à idéia de que o Código Civil mantém seu espaço de importância como eixo do Direito Privado em diversos aspectos, como será visto ao longo do artigo. Esse posicionamento é particularmente relevante quando se examina aquilo que diversos civilistas mais contemporaneamente têm falado a respeito da "constitucionalização" do Direito Civil.[4]

Convém ressaltar que o Irti atual não é mais aquele do *L'età della decodificazione.* Quase 30 anos se passaram de lá para cá: a sociedade mudou, o Estado mudou. Com efeito, contemporaneamente, é o modelo do *Welfare State* que é colocado em xeque, diante da falência do Estado Social frente aos fenômenos da globalização, das privatizações, das crises orçamentárias dos governos, da "internet", que deu origem a programas de reforma do Estado, inclusive no Brasil.[5]

Nesse sentido, como Irti, em 1978, parte de algumas constatações a respeito da atividade do Estado e da sociedade civil da época, é preciso que se diga que a história, como processo, se transforma no tempo e o que fora dito para uma realidade social naquele referido ano, quando Irti publicou seu artigo, não é necessariamente válido para a realidade atual. Pelo contrário, a organização política que se tem hoje não é a de um Estado interventor do pós-guerra, descrito pelo mencionado autor, mas a de um Estado privatizado e meramente regulador, resultado, talvez, de uma grande recessão mundial aliada à globalização da economia e à alta competitividade entre países. Tal concepção é corroborada pelo próprio Irti, que, em artigo mais recente, denominado *I cinquant'anni del codice civile*, datado de 1992, se afasta um pouco daquele pessimismo descodificador do *L'età della decodificazione.*

---

[3] STEINWERT, Arthur. *Kritik am Oesterreischischen Bürgerlichen Gesetzbuch – einst und jetzt.* In: RECHT; KULTUR. *Aufsaetze und Vortraege eines Oesterreischischen Rechtshistorikers.* [S. l.]: Graz-Koeln, 1958, p. 57-64.

[4] NEGREIROS, Teresa. *Teoria do contrato: novos paradigmas.* Rio de Janeiro: Renovar, 2002; TEPEDINO, Gustavo (Coord.). *Problemas de Direito Civil Constitucional.* Rio de Janeiro: Renovar, 2000; TEPEDINO, Gustavo. *Temas de Direito Civil.* Rio de Janeiro: Renovar, 1999; FACHIN, Luiz Edson. *Teoria Crítica do Direito Civil.* Rio de Janeiro: Renovar, 2000; MARTINS-COSTA, Judith (Org.). *A reconstrução do Direito Privado.* São Paulo: Editora Revista dos Tribunais, 2002.

[5] Ver os excelentes ensaios de PEREIRA, L. C. Bresser. A reforma do Estado nos anos 90, In: SALVO, Mauro; PORTO JR., Sabino (Org.). *Uma nova relação entre Estado, Sociedade e Economia.* Santa Cruz do Sul: EDUNISC, 2004, p. 82 e seg.; e FRANCO, Gustavo. O novo modelo brasileiro em perspectiva. In: SALVO, Mauro; PORTO JR., Sabino (Org.). *Uma nova relação entre Estado, Sociedade e Economia.* Santa Cruz do Sul: EDUNISC, 2004, p. 13 e seg.

A importância dessa reflexão, como dito, está associada à recente entrada em vigor do Novo Código Civil (2003). É importante perquirir da importância dessa obra legislativa como reorganizadora e ressistematizadora do Direito Privado; ou mesmo se o Código Civil permanece, genericamente falando, como se defenderá, como eixo do Direito Privado em diversos aspectos não tratados e regulados suficientemente pela Constituição. É também preciso saber até que ponto ele servirá à reinterpretação de leis e de microssistemas legislativos, como diversos juristas vêm defendendo em relação à Lei dos Direitos Autorais, à Lei de Propriedade Industrial, à Lei de Recuperação Judicial das Empresas. Outro ponto a ser visto no futuro é o da discussão sobre até que ponto esse Código Civil em vigor desde 2003 já não estaria desatualizado nos novos tempos de globalização econômica.

Dito isso, na seção 2, abordar-se-á o fenômeno *descodificatório* da forma proposta por Irti em *L'età delle decodificazione*, para, na seção 3, tratar da concepção mais moderna e de acordo com o nosso sistema jurídico, que é a da Recodificação, que acaba por recuperar a significação do Código Civil para o Direito Privado, sem renunciar à complexidade social contemporânea –, a qual o próprio Irti parece defender para a atualidade. Em uma seção preliminar, será examinada a concepção de Código Civil que se adotará no presente artigo.

1. O que é um Código Civil?

Em respeito ao método, deve-se fazer uma precisão conceitual do que se entende por código neste artigo, pois é a partir de um entendimento sobre o que é e o que foi a codificação e quais são e quais foram as suas características básicas que se pode, então, discutir a *descodificação* e a descentralização do Direito Privado.

Etimologicamente, o termo *código* provém de *codex*, cuja significação histórica nada mais é do que um livro de leis.[6]

Foram vários os *codex* publicados no Baixo Império Romano: Codex Gregorianus, Hermogenianus e o Codex Theodosianus. O último livro chamado de Codex antes do século XVI foi o Codex Iustinianus. Em 1547, publicou-se o Codex Statutorum, uma recolha de leis da cidade italiana de Alexandria, seguido do Code Henri III, no mesmo século, e do Code Henri IV, já no século XVII. Mas é no século XVIII que se generalizou o emprego da palavra *codex*.[7]

---

[6] MOTILLA, Agustín. La codificacion como tecnica de produccion legislativa. *Revista de Derecho Privado*, v. 1, p. 545 e seg.; 1987. Ver a nota nº 01, na p. 545, onde o autor descreve a evolução do termo *codex* até o sentido que é empregado neste texto. Segundo o autor, a origem de *codex* está em *caudex*, isto é, *tronco da árvore*, isso porque, em época antiga, a madeira servia como material de escrita, até mesmo quando se adotou a forma editorial de se unirem as madeiras (como se um livro moderno fosse). Após, passou-se ao uso do pergaminho ao invés da madeira no séc. I a.C. Já no séc. III d.C., *codex* desprede-se de sua significação material e passa a designar simplesmente livro. Mas, como o uso do então *codex* se vulgarizou no sentido de publicação de constituições imperiais romanas, como também no de edição de obras clássicas da jurisprudência, chegou-se ao seu sentido histórico que lhe é modernamente atribuído, de conjunto de leis.

[7] MOTILLA, op. cit., p. 545-546.

Todavia, quando se fala em codificação, não são dessas compilações de leis que se está a referir. Mas, sim, daquele fenômeno surgido em fins do século XVIII, originado da Escola Racionalista do Direito Natural e do Iluminismo, na França, e da pandectística, na Alemanha, já no século XIX.

Os códigos modernos diferenciam-se em dois pontos daquelas antigas compilações: no substrato idelógico e no modo de formalização do Direito. Novas correntes de pensamento, altamente significativas no século XVIII, provocaram uma radical mudança nos valores sociais e políticos adotados pelos novos códigos e constituíram-se no pressuposto ideológico da codificação. Por outro lado, esta não se resume a colher o material legislativo a seu tempo e sistematizá-lo, mas preocupa-se com novas formulações legais, mais genéricas e abstratas, buscando sempre maior clareza e precisão na enunciação dos preceitos, sistematizados sob o dogma da unidade e da completude do código.[8]

É possível apontar três características básicas da codificação moderna,[9] numa concepção que se poderia dizer clássica, frente às teorias mais modernas dos sistemas defendidas pelos juristas alemães:[10]

a) simplificação do sistema jurídico – com a nova concepção de formulação legislativa – genérica, abstrata –, diminui-se o número de disposições legais, que, além da redução, ficam também mais claras e precisas; além da própria redução do fenômeno jurídico, que fica restrito à lei, e, mais precisamente, ao Código; sempre na busca de segurança jurídica;

b) racionalização do sistema jurídico – o sistema jurídico é visto como ordenação lógica dos preceitos enunciados nos códigos que se ligam entre si por derivações provenientes da mesma lógica;

c) tendência à exaustividade na regulação de um âmbito ou setor jurídico – todos os conflitos sociais devem achar resposta no código, que regula exaustivamente a matéria que tem como objeto, sem qualquer lacuna; tem *eficácia onicomprensiva.*[11]

Portanto, numa acepção clássica, pode-se dizer que uma área do ordenamento jurídico se encontra codificada quando suas respectivas regras estão previstas em textos normativos unitários e sistematizados, cujas normas se expressam em fórmulas abstratas e gerais e pretendem se constituir na única fonte jurídica sobre a matéria por ela regulada.[12]

---

[8] MOTILLA, op. cit., p. 546. Segundo Motilla, "[...] o processo codificador significa um intento de racionalização e tecnificação da atividade legislativa [...]".

[9] Idem, p. 547 e seg. Contrário a esse entendimento está Orlando Gomes (A caminho dos micro-sistemas. In: *Estudos jurídicos em homenagem ao professor Caio Mário.* Rio de Janeiro: Forense, 1984, p. 160 e seg. A opinião do Professor Gomes é a de que essas características técnicas da codificação enumeradas pela doutrina apenas escondem o fundamento ideológico do código, qual seja, de instrumento dos valores da classe burguesa. Essa opinião parace, todavia, simplista demais, reduzindo toda a evolução da ciência jurídica medieval, que culminou nos códigos, em mera ideologia burguesa. O que se pode dizer com certo grau de certeza, com Dewey, é que as doutrinas que se preocupam com o homem – dentre elas, a Filosofia, a Sociologia e o Direito – "[...] não podem se desenvolver au-delà dos fatos que pretende interpretar; são amplificações de fatores selecionados dentre estes fatos" (DEWEY, John. *The public and its problems.* Ohio: Swallow Press, Ohio University Press, [s. d.].

[10] Dentre eles, ver: CANARIS, Claus Wilhelm. *Pensamento sistemático e conceito de sistema na ciência do direito.* Trandução de Menezes Cordeiro. Lisboa: Fundação Calouste Gulbenkian, 1989; e ESSER, Josef. *Princípio y norma en la elaboración jurisprudencial del derecho privado.* Tradução de Eduardo Valentí Fiol. Barcelona: Bosch, Casa Editorial, 1961.

[11] MOTILLA, op. cit., p. 547.

[12] Idem, p. 545.

Presente num código, portanto, a idéia de sistema[13] – ordem e unidade[14] –, e, numa concepção mais antiga, ainda a idéia de completude[15] – falta de lacunas dentro do sistema legal.[16] Isto é, constituindo "[...] uma totalidade expressa em um conjunto de conceitos e proposições entre si logicamente concatenadas *unidade imanente perfeita e acabada*, que se autoreferencia de modo absoluto".[17]

Mas a idéia de sistema concebida pela ciência jurídica evoluiu. Atualmente, sob a influência da doutrina problemática de Viehweg,[18-19] não mais se exige da ordem jurídica sua completude, nem se admite o sistema como exclusivamente lógico-dedutivo, mas, antes, como sistema axiológico ou teleológico, caracterizado por princípios gerais representantes dos valores mais importantes da ordem jurídica.[20-21] Ou seja, "[...] o Direito pode ser pensado, aplicado e interpretado como ordem de referência apenas relativa, sensível à interpenetração de fatos e valores externos, consubstanciando *permanente discussão de problemas concretos*, para cuja resolução se mostra adequado não o pensamento lógico, mas

---

[13] Sistema aqui entendido na acepção que lhe é empregada por David, isto é, deduzida a partir do método do Direito Comparado, a partir dos ordenamentos jurídicos nacionais, e como possuindo similares fontes, estrutura, conceitos, interpretação, etc. (ver *Os grandes sistemas do direito contemporâne*. Tradução de Hermínio A. Carvalho. São Paulo: Martins Fontes, 1993).

[14] Segundo Claus Wilhelm Canaris, ordem e unidade estão em estreita relação de intercâmbio, mas podem separar-se. "Ordenação é a expressão de um estado de coisas intrínseco racionalmente apreensível, isto é, fundado na realidade. Unidade é um fator que modifica o que resulta já da ordenação, por não permitir uma dispersão numa multitude de singularidades desconexas, antes devendo deixá-las reconduzir-se a uns quantos princípios fundamentais"*(Pensamento sistemático e conceito de sistema na Ciência do Direito.* Trandução de Menezes Cordeiro. Lisboa: Fundação Calouste Gulbenkian, 1989. Mais singela é a concepção de Franciso Amaral: "[...] ordem, no sentido de compatibilidade lógica de seus elementos, e unidade, no sentido de referência a um ponto central" (AMARAL, Francisco. *Racionalidade e sistema no Direito Civil brasileiro.* RDC 63/48)

[15] Menciona Francisco Amaral (Idem): "[...] podemos considerar o sistema como um conjunto ordenado de elementos, marcado pela unidade, coerência e hierarquia. Unidade, no sentido de aglutinacão desses elementos, normas, princípios e valores, em torno de um princípio básico, geral e comum; coerência, como ligação entre si e ausência de contradição; hierarquia, no sentido de dependência de dedutibilidade lógica."

[16] Sobre um ordenamento jurídico caracterizado pela unidade, ordem (coerência) e completude, ver: BOBBIO, Norberto. *Teoria do ordenamento jurídico.* Tradução de Maria Celeste Cordeiro Leite dos Santos. Brasília: Editora Unb, Polis, 1990.

[17] MARTINS-COSTA, Judith. As cláusulas gerais como fatores de mobilidade do sistema jurídico. RT 680/47; que reenvia à FRADERA, Vera Maria Jacob de. *O direito privado como uma geschossenheit: o direito privado como sistema aberto*, Porto Alegre: [s. n.], 1988.

[18] VIEHWEG, Theodor. *Topica e jurisprudencia.* Tradução de Luis Diez-Picazo Ponce de Leon. Madris: Taurus, 1964.

[19] Refere Francisco Amaral (op. cit., p. 48), que "Viehweg não só condena a dogmática jurídica de natureza lógico-dedutiva, como nega cientificidade à jurisprudência em geral, considerando-a destituída de unidade sistemática. Defendendo a concepção do direito como problema, ou pensamento problemático, considera o direito como conjunto de topoi, juízos normativos elaborados para atender a problemas concretos, sem concessões à unidade sistemática".

[20] CANARIS, op. cit, p. 66.

[21] Menciona Francisco Amaral (op. cit., p. 49) que "[...] o direito se apresenta como um ordenamento formado não só de normas mas também de valores e princípios jurídicos, produto da relação dialética entre a intenção sistemática, exigida pelo postulado da ordem, e a experiência problemática, imposta pela realidade social. O sistema passa a configurar-se assim como uma ordem axiológica ou teleológica de princípios gerais, uma entidade aberta e dinâmica que continuamente se enriquece e constitui".

o problemático, onde a base do raciocínio está centrada na compreensão axiológica ou teleológica dos princípios gerais do Direito".[22]

Na verdade, o próprio Direito Romano caracterizava-se por um pensamento *tópico* ou *problemático*,[23] isto é, não partia de soluções pré-prontas, nem de deduções puramente lógicas com base em axiomas, mas era "[...] um pensamento dirigido rumo ao problema",[24] um pensamento que se aproxima dos sofistas e dos retóricos. "O problema atua como guia"[25] do pensamento. Isto porque todo *problema objetivo e concreto,* dentre eles o jurídico, *provoca um jogo de suscitações* que pode ser chamado de tópico e que significa a arte de medir os prós e os contras de uma questão, ou seja, "[...] ter presente as razões que recomendam ou que desaconselham determinado passo".[26]

O mesmo pensamento problemático esteve presente na Idade Média, na gênese do sistema jurídico romano-germânico, quando, a partir da verdadeira *redescoberta*[27] dos textos justinianeus, nos séculos XII e XIII, os juristas formados nas universidades, principalmente italianas, passaram a interpretar aquela compilação romana. Aliás, durante toda a Idade Média e até o século XVI, a situação ocupada pelo Direito Romano na Europa Central e Ocidental, de uma maneira geral, foi privilegiada, seja como Direito supranacional, seja como Direito comum aplicável subsidiariamente.[28] E, embora a principal fonte do Direito Romano fosse o Corpus Iuris Civilis justinianeu, o mesmo foi objeto de diversas glosas e comentários dos professores universitários, pelo que se pode afirmar que o Direito Romano aplicado na Idade Média não era o mesmo da Roma Antiga, visto que o mesmo fora adequado à realidade medieval pelos professores.[29] Inclusive pode-se dizer que *o Direito medieval foi um Direito de juristas,* porque, embora se partisse de uma consolidação legal, o importante mesmo eram as glosas efetuadas pelos juristas.

O método empregado por esses comentadores era dialético, e sua ciência chamada de "mos italicus" ,[30] constituindo-se uma verdadeira *gramática jurídica.*[31] Todavia, esses glosadores se preocuparam muito mais com uma construção

[22] MARTINS-COSTA, op. cit., p 47-48.

[23] Franz Wieacker, na nota 61 de seu livro *História do direito privado moderno.* (Tradução de Antônio M. B. Hespanha. Lisboa: Fundação Calouste Gulbenkian, [s. d.]) diz: "Pois a jurisprudência (clássica) romana, não obstante uma análise completa da problemática concreta, não visa construir um edifício doutrinal harmônico, reprovado mesmo pela autoridade pessoal dos juristas".

[24] VIEHWEG, Theodor. *Topica e jurisprudencia.* Tradução de Luis Diez-Picazo Ponce de Leon. Madrid: Taurus, 1964, p. 49.

[25] Idem, p. 50.

[26] Idem, ibidem.

[27] MARTINS-COSTA, op. cit., p. 48.

[28] MOTILLA, op. cit., p. 548.

[29] Para um maior aprofundamento do Direito Medieval, ver: WIEACKER, Franz. *História do Direito Privado moderno.* Tradução de Antônio M. B. Hespanha. Lisboa: Fundação Calouste Gulbenkian, [s. d.].

[30] MOTILLA, op. cit., p. 548.

[31] WIEACKER, op. cit., p. 78. O autor refere que "[...] através de uma exegese, da harmonização, da construção de regras, constitui-se um edifício doutrinal de princípios harmônicos, talvez a primeira dogmática jurídica da história jurídica universa" (op. cit., p. 53).

teórica do que com sua aplicação prática, a qual foi realizada pelos chamados *pós-glosadores ou consiliadores,*[32] os quais lhe seguiram historicamente. Era um sistema jurídico de feição nitidamente aberta,[33] ou seja, permeado por fatores metajurídicos e sob a influência de diversos textos jurídicos, onde a interpretação alcançou um papel fundamental.[34]

Contra esse método, surgiu, no século XVI, o "mos gallicum",[35] com fortes raízes no humanismo, cuja principal bandeira era a de oposição às interpretações aos textos romanos feitas pelos glosadores, caracterizadas pelo "anor intellectualis" pela antiguidade e de uma visão idealista de Platão, pregando-se uma volta à antiguidade.[36] Método este que não afastou o "mos italicus" da prática dos tribunais, nem de diversas universidades tradicionais.

O sistema jurídico medieval, aberto num primeiro momento, foi se fechando, dada a necessidade de segurança e certeza,[37] ante a diversidade de opiniões emitidas, sobre questões jurídicas para os jurisconsultos da época.[38] Na época moderna, a proliferação de opiniões e o abuso do método escolástico romperam a unidade na interpretação do Corpus Iuris. Além disso, um Direito local, costumeiro, inculto, originado das tribos bárbaras que dominavam a Europa Central medieval, e leis esparsas, caracterizadas pelo *particularismo* jurídico,[39] proliferavam em total independência daquele Direito professoral dos glosadores.[40]

Nesse sentido, desordem na jurisprudência e legislação serviram de ambiente favorável à codificação oitocentista. Mas faltava ainda o substrato ideológico sobre o qual se embasa uma revolução jurídica, que foi fornecido pela *Escola Racionalista do Direito Natural* e pelo Iluminismo.[41]

A Escola Racionalista de Direito Natural[42] teve início no século XVII e consagrou-se no século XVIII, com personagens como Grocio, Hobbes, Pufendorf,

[32] WIEACKER, op. cit. ,p. 78 e seg.

[33] MARTINS-COSTA, op. cit., p. 48.

[34] Menezes Cordeiro, na introdução do livro que traduziu de Canaris, acima citado, refere que: "A ciência jurídica européia nasceu com a primeira recepção do Direito Romano, levada a cabo nas Universidades medievais, a partir do séc. XII. Glosas e comentários permitiram a sua implantação numa sociedade muito diferente daquela para que ele fora, no início, pensado" (p. LXXIV).

[35] MOTILLA, op. cit., p. 548.

[36] WIEACKER, op. cit., p. 89-90.

[37] MARTINS-COSTA, op. cit., p. 48.

[38] Como ilustração dessa situação de caos jurídico, há a interessante passagem, em texto escrito no século XVII, de Leibniz, um dos grandes defensores da codificação em seu tempo, traduzida por René Sève e publicada na *Archives de Philosophie*, n. 30, p. 360: "Se consultássemos uma dezena (de juristas) sobre o mesmo assunto, poderemos esperar talvez por uma dezena de respostas diferentes".

[39] Ou seja, segundo Motilla, parafraseando Tarello, "uma verdadeira falta de unidade e coerência no corpo legislativo" (op. cit., p. 549).

[40] Sobre a ascensão e a queda do Direito costumeiro, principalmente na França medieval, ver: GILISSEN, John. *Introdução histórica ao Direito.* Tradução de Antônio M. Hespanha. Lisboa: Fundação Calouste Gulbenkian, [s. d.].

[41] MOTILLA, op. cit., p. 549.

[42] Para um aprofundamento sobre as teorias do Direito Natural, ver: GOYARD-FABRE, Simone. Les deux jusnaturalismes ou l'inversion des enjeux politiques. In: *Cahiers de philosophie politique e juridique.* [S. l.]: Centre de Publications de l'Université de Caen, n. 11, 1987, p. 7 e seg.

Leibniz, Wolff e Kant. Defende os direitos inerentes à pessoa humana como exigência de sua natureza racional, que deverão ser respeitados pelo Estado; idéia que veio posteriormente a ser sustentada pelo constitucionalismo e pela codificação moderna. Mas foi sua aproximação com a geometria – por isso chamados "mos geometricus" –, que mais influenciou o fenômeno codificatório, por sua busca de precisão e clareza, com grande reflexo na técnica jurídica e na sistemática dos estatutos legais.[43]

E o Iluminismo[44] teve duas grandes contribuições para o Direito: a primeira, a sua preocupação com a afirmação de direitos naturais do homem; a segunda, o predomínio da lei como fonte do Direito sobre as demais; a lei como garantia de certeza do Direito, afastando-se as possíveis arbitrariedades; leis que deveriam ser *poucas, claras e precisas.*[45] Conseqüência disso era uma rígida submissão do juiz às leis, as quais não admitiam exceção.[46]

No plano político, a codificação identifica-se com a formação dos Estados nacionais modernos.[47] No século XVI, quando o poder em França já estava bem centralizado, é claramente perceptível que a lei, como fonte de Direito, supera os costumes,[48] até então prevalecentes. Ou seja, desde a queda do Império Romano do Ocidente, a Europa Central foi ocupada por tribos bárbaras, que praticaram um Direito meramente costumeiro e local.

Quanto à codificação propriamente dita,[49] podem-se precisar duas espécies de sistematização. A primeira é a adotada pelo Code Civil Napoleônico (1804), e a segunda, pelo BGB alemão (1896).

Na verdade, o sistema interno[50] – lógica interior – sempre esteve presente no Direito, que pressupõe uma concatenação imanente, a fim de que possa tratar o

---

[43] Diz Martins Costa (op. cit., p. 48):"Na base dos códigos está, como sabemos, o pensamento jusracionalista pelo qual o Direito é visto e formulado como um sistema fechado de verdades da razão, derivando do conhecimento de verdades filosóficas, um sistema de regras que são o resultado de uma rigorosa construção lógico-matemática, a qual parte de regras gerais, deduzidas pelo raciocínio".

[44] Que foi, antes de tudo, *uma tendência, uma mentalidade, um espírito* que vigeu na europa do século VIII principalmente; conforme Motilla (op. cit., p. 552).

[45] MOTILLA, op. cit., p. 553.

[46] Sobre a abertura do sistema e a criação de um Direito jurisprundencial a partir dos parágrafos 242 e 138 do BGB, ver: COUTO E SILVA, Clóvis Veríssimo do. O princípio da boa fé no direito brasileiro e no direito português. In*: Estudos de Direito Civil brasileiro e português*, RT, 1980.

[47] Sobre a formação do Estado Absolutista, ver o Capítulo I de: ANDERSON, Perry *Lineages of the absolutist state.* London: Verso Editions, 1979.

[48] "Encarada sob o ângulo destas fontes do direito [costume e lei] a evolução geral do direito pode, pois, resumir-se a uma lenta progressão da lei, correspondente a um lento declínio do costume [...] Na época feudal, isto é, do séc. X ao XII, não há muitas leis [...] No séc. XVI se igualam [...] No séc. XIX, depois da revolução burguesa e por influência desta, o direito é estatal [...]"(GILISSEN, op. cit., p. 237).

[49] Cordeiro (op. cit., p. LXXI) lembra que "O direito privado continental resulta de três recepções sucessivas do Direito Romano: a recepção das universidades medievais, a partir de Bolonha, a recepção humanista, com tônica em França, no séc. XVI e a recepção pandectística, na Alemanha do séc. XIX".

[50] Há dois entendimentos para a contraposição entre sistema interno e externo. O primeiro advém da filosofia e é adotado por Canaris, aqui utilizado, no sentido de que sistema interno é a organização dos fatos mesmo no mundo, e sistema externo, a sua explicação pela ciência. E o segundo entendimento sobre sistema é dentro do

igual de modo igual e o diferente de modo diferente, na medida da desigualdade. Só se pode falar de Direito, quando a solução dos conflitos de interesse se dê de modo previsível. O que faltava ao Direito Romano e ao Direito Medieval era uma ordem externa, ou seja, um sistema de comunicação e aprendizagem do jurídico, como fenômeno cultural que é.[51] E isso é o que fará o Humanismo na França e a pandectística alemã.[52] Todavia, sistemas interno e externo não são idéias opostas, mas que, ao contrário, se influenciam mutuamente.

A sistematização que levará a cabo o humanismo é meramente empírica e periférica: as matérias são organizadas em função de *similitude exterior – equivalência liguística, proximidades do objeto, etc.*[53] Sistemática esta de *contatos superficiais entre temas jurídicos,* que, ao entrar em contato com o discurso cartesiano, evoluiu. A partir de Descartes, toda ciência humana se fundamentaria em alguns poucos princípios apriorísticos abstraídos pela razão, dos quais se deduziriam as demais regras do sistema; portanto, uma sistemática central, afastados os dados histórico-culturais. Essa é a sistemática jusracionalista, a qual foi adotada no Code Civil (1804).

Enquanto isso, a pandectística, já no século XIX, introduziu uma nova hipótese de sistematização, que aceitava a natureza histórico-cultural do Direito, mas exigia um adequado sistema de exposição. Isso quer dizer que *o material recebido da história deveria ser reelaborado cientificamente, em função de pontos de vista unitários.* Constituindo-se, portanto, numa junção da sistemática periférica e da central anteriores,[54] a qual foi empregada no BGB (1896).

Esse modelo de código civil foi duramente criticado no início do século XX pelos juristas sociólogos (Duguit, Salleilles, Josserand, etc.), que fundaram, nas bases do solidarismo de Durkheim, uma nova forma de pensar o Direito, a partir de sua função social. Essa crítica não foi suficiente para erradicar o movimento codificatório, mas agregou novos elementos ao direito positivo.

No que diz respeito ao Brasil, o Código Civil Brasileiro de 1916 – típico código do século XIX dada sua estrutura e seus princípios –, redigido por Clovis Bevilacqua (Professor da Escola do Recife), é uma mistura de influências da doutrina jurídica nacional do século, fundamentalmente de Teixeira de Freitas, com a codificação francesa e a ciência pandectista alemã. Antes disso, vigoraram no

---

próprio Direito, e as palavras em tela são empregadas em seu sentido gramatical, isto é, externo como exterior e interno como interior.

[51] "[...] onde os estudiosos antes procuram fórmulas redutoras que permitam exprimir grandes categorias de casos, através da pesquisa e da ordenação do que, neles, haja de regular, de comum, ou de diferente, em função da diferença" (CORDEIRO, op. cit., p. LXV).

[52] Eis aí a grande diferença entre compilação e codificação. A primeira implica uma conjunto de fontes, submetido a uma determinada ordenação; enquanto a codificação impende uma sujeição das fontes ao pensamento sistemático (idem, p. LXXXV).

[53] CORDEIRO, op cit., p. LXXVII.

[54] Idem, p. LXX e seg.

País as Ordenações Portuguesas, atualizadas pela dogmática civilista da época e pela Consolidação das Leis Civis de Freitas.[55]

2. O fenômeno *descodificatório e da constitucionalização*

2.1. Aspectos gerais da "descodificação"

Deve-se ressaltar, antes de tudo, que a concepção, principalmente, da doutrina italiana e, especificamente, a de Irti evoluem de um radicalismo acentuado quanto à *descodificação* a uma atenuação desse ímpeto e até mudanças de posicionamento. Por essa razão, utilizar-se-á, nos primeiros parágrafos, a concepção original de Irti, para, após, mencionar-se a modificação de entendimento.

Trata-se, segundo os defensores dessa concepção da *descodificação*, de uma tendência geral da evolução do Direito que tem origem no pós Segunda Guerra Mundial e consiste num movimento de fuga dos códigos, criando-se uma verdadeira *alergia ao sistema codificado.*[56] Aponta-se como expressão deste fenômeno a diversidade da legislação avulsa surgida no pós-guerra, isto é, leis especiais que colocam por terra o espírito sistematizador e orgânico das grandes codificações oitocentistas, porque não guardam qualquer relação com os princípios gerais do Código, as quais são resultado de ativos *grupos intermediários*[57] que pressionam no sentido da formulação de leis particulares que lhes são favoráveis.

Todavia, a conseqüência mais marcante desse movimento é justamente a constitucionalização de institutos que antes pertenciam ao Direito Civil. Assim, as constituições passaram a definir *os princípios básicos da vida social e a proclamação das regras fundamentais da ordem jurídica, comuns aos vários ramos do Direito,*[58] o que veio a contrariar toda a história do Direito Moderno, onde coube sempre ao Código Civil a definição dos institutos básicos aplicáveis aos outros ramos jurídicos.

Caracteriza-se a *era da descodificação,* portanto, pela perda da característica de centralidade no sistema de fontes pelo Código Civil. A Constituição é a salvaguarda do indivíduo. As leis especiais têm seus próprios princípios gerais. Há uma diversidade de institutos que *fogem da disciplina do Código Civil.* Grupos de indivíduos, cada vez mais, escapam à sua disciplina, fundando leis especiais,

---

[55] A respeito das influências no Código Civil de 1916, ver: PONTES DE MIRANDA, Francisco C. *Fontes e evolução do Direito Civil Brasileiro.* 2. ed. Rio de Janeiro: Forense, 1981; GOMES, Orlando. *Raízes históricas e sociológicas do Código Civil Brasileiro.* São Paulo: Martins Fontes, 2003; COUTO E SILVA, Clóvis do. O Direito Civil brasileiro em perspectiva histórica e visão de futuro. *Revista AJURIS*, n. 40, p. 130.

[56] VARELA, João de Matos Antunes. *Estudos. juídicos. em homenagem ao Professor Caio Mário da Silva Pereir* – O movimento de descodificação do direito civil. Rio de Janeiro: Forense, 1984, p. 499 e seg. Texto em que o mencionado jurista português traça um quadro comparativo da descodificação italiana com a portuguesa, valendo-se de conceitos já consagrados pela doutrina italiana, fazendo inclusive precisosas remissões às fontes.

[57] O termo também é empregado por J. A. Varela (op. cit., p. 500). Situa os grupos intermediários entre o cidadão eleitor e o Estado, que se contrapõem às majestáticas comissões codificadoras.

[58] VARELA, op. cit., p. 501.

através de escusas negociatas com o Poder Público, para se reservarem privilégios não extensíveis às demais pessoas não pertencentes aquele determinado grupo. É o próprio Irti[59] quem diz não ser mais possível colocar o Código Civil como centro do sistema, mas que a lei nascida como excepcional e provisória se protrai no tempo e conquista *uma inesperada estabilidade*, em torno da qual novas leis surgem, delineando um microssistema,[60] um *pequeno mundo de normas* com seus próprios princípios gerais e lógica autônoma, os quais não se coadunam com a principiologia do Código, que, portanto, não pode mais ser Direito geral. Assim, a relação entre Código e leis esparsas não é mais de geral e especial, mas de residual e geral: ou seja, a lei especial é o geral, e o código é o residual.[61]

Irti chegou a prever inclusive a absorção dos *princípios amplíssimos* do Código Civil pelas leis especiais.[62]

Portanto, a idéia de sistema seria *policêntrica,* ou seja, um corpo de leis especiais reguladoras de matérias específicas, sem qualquer relação uma com outra, tirando a sua unidade da rigidez constitucional e da capacidade das classes dominantes de evitarem particularismos e privilégios.

Nesse contexto, o declínio da codificação seria, antes de tudo, do Estado Moderno, que sucumbe frente às grandes corporações de pessoas.

O jurista J. M. F. Varela, inspirado por Irti, situa três períodos da recente evolução do Direito Civil rumo à *descodificação.*

O primeiro deles, o de apogeu da codificação, seria compreendido no interregno que se situa entre a publicação dos grandes Códigos, em especial, o Code Civil (1804), até o começo da Primeira Guerra Mundial (1914-18), denominado de *apogeu da codificação.* A esse correspondia uma maior proeminência do Direito Civil e um maior estágio de desenvolvimento e erudição da doutrina civilista frente às demais ramificações do Direito. O Código Civil continha, além da disciplina básica das relações referentes à vida privada do indíviduo, a displina básica de toda a ordem jurídica. Nesse período, as poucas leis esparsas seguiam a esteira do Código, respeitando seus princípios fundamentais, ou, em medida sempre exígua, tímida e cautelosa, exceções à disciplina do Código.[63]

[59] IRTI, Natalino. L'età della decodificazione. *Diritto e Società,* n. 03-4, p. 613 e seg., 1978.

[60] A grande maioria dos autores de língua portuguesa insistem em escrever essa palavra separada por hífen, como se fosse idêntica à italiana "micro-sistemi", mas não o é. Ver: CUNHA, Celso. *Gramática do português contemporâneo.* 9. edição. Rio de Janeiro: Padrão, [s. d.], p. 46 e seg.

[61] Refere Irti (op. cit., p. 636): "A relação entre código e lei, já descrita nos termos de geral e especial, converte-se naquela da disciplina geral e residual: onde geral é a lei externa e residual o código. O código civil, que por regular suportes fáticos mais amplos [...] e, por isso, teoricamente gerais, é reduzido, no concreto da experiência jurídica, a direito residual. Geral é verdadeiramente a lei, nascida como excepcional ou especial, que conquistou aos poucos maior amplitude de destinatários e obedece já uma lógica própria e autônoma".

[62] Irti (op. cit.) diz, poeticamente, que as disciplinas residuais constantes do Código seriam como ramos secos que, cedo ou tarde, cairão do seu velho tronco absorvidos pelas leis especiais.

[63] Irti (op. cit.). Esse autor refere que, embora, nessa fase, se possa falar de leis excepcionais, que introduzem derrogações ao Código Civil, não se pode falar ainda de leis especiais, visto que estas, ao seu modo de entender, regulam institutos ignorados pelo sistema do Código, ou disciplinam de modo diverso particulares categorias

Esse primeiro período é chamado por Irti[64] de *mundo da segurança* ("mondo della sicurezza"). Esse senso de segurança adviria da própria estrutura social vigente, caracterizada por uma classe dominante burguesa que colocava o indivíduo como centro das relações sociais; como alguém que corre riscos de sucesso ou insucesso, responsabilizando-se por seus atos. Nessa visão expansionista do indivíduo dentro do quadro social, como fonte de qualquer iniciativa, exige-se do Direito justamente a garantia dos valores dominantes e da plena atuação da liberdade de escolha individual, a qual será dirigida a um fim.[65] Todavia, a segurança promovida pelo Direito não é a da obtenção do fim desejado (relegado ao livre sabor do mercado auto-regulador), mas de garantia das *regras do jogo,*[66] ou seja, as condições pelas quais cada um pode contar com um determinado comportamento alheio ou esperar um certo uso do poder coercitivo do Estado (previsibilidade do comportamento dos sujeitos privados e públicos).

Ora, nesse contexto de necessidade de segurança, são importantes a solidez e a rigidez do ordamento jurídico. Eis a base perfeita para o desenvolvimento da idéia do Código como um sistema fechado. Assim, somente será Direito a lei emanada do poder soberano do Estado.[67] Importa ao cógido tutelar *a liberdade civil do indivíduo na sua vida privada contra as indevidas ingerências do poder político.*[68]

Todavia, essa moldura histórica supradescrita modificou-se radicalmente no pós-guerra, quando à imutabilidade do período anterior se seguiu a agitada *aceleração da história* – dando vida a uma fase intermediária rumo à descodificação aos olhos de Varela.[69] Com isso, quer-se dizer que, a partir da Primeira Guerra Mundial, o Estado não mais assistiu inerte ao livre jogo de mercado, deixando a população pós-bélica sem amparo, mas passou a intervir na economia como propulsor do desenvolvimento econômico sobre uma realidade social inteiramente diversa da do século passado, haja vista as agruras trazidas pela guerra. Assim, grandes foram os problemas habitacionais do pós-guerra, que vieram a exigir uma nova disclina das relações locatícias de imóveis urbanos. Graças a essa exi-

---

de relações. Assim, a diferença básica entre a lei extraordinária e a especial seria a de que a primeira mantém o caráter de definitividade e completude do Código.

[64] IRTI, op. cit. p. 614.

[65] IRTI (op. cit., p. 614) diz que resume essa época à idéia de vida como *escolha dos fins, ligada ao cálculo de conveniência e à incontrolável valoração do indivíduo.*

[66] IRTI, op. cit. p. 614.

[67] IRTI (op. cit., p. 615) assim se pronuncia: "O mundo da segurança é, portanto, o mundo dos códigos, que traduzem, em sequência ordenada de artigos, os valores do liberalismo oitocentista". Sobre essa concepção, Raizer assim se manifesta: "A filosofia do idealismo alemão, especialmente a ética Kantiana e o liberalismo econômico, no espírito dos clássicos ingleses, permaneceu atrás das formulações acentuadamente sóbrias destas leis" (p.17) (RAIZER, Ludwig. *O futuro do Direito Privado.*Tradução de Lucinda Maria Ragugnetti. RPGE, n. 25, p. 11 e seg).

[68] IRTI (op. cit.), que reenvia (p. 615, nota 8) o conceito a De Los Mozos (*Derecho Civil español,* v. I), também fazia distinção entre liberdade política, dos antigos, e liberdade civil, dos modernos. Sobre isso ver: RIVERO, Jean. *Les libertés publiques* .Paris: Presses universitaires de France, 1973, p. 50.

[69] IRTI, op. cit., p. 618.

gência, novas leis do inquilinato foram promulgadas à distância dos códigos, violando inclusive princípios basilares seus, como a regra da autonomia privada.

Ao lado disso, a crescente industrialização, retomada após a primeira conflagração mundial, com larga utilização do operariado e da mecanização, veio a exigir novas relações acerca do acidente do trabalho e das relações de prestação de trabalho. Nessa conformidade, novas leis sobre acidentes do trabalho e sobre o contrato de trabalho foram publicadas à margem do Código, sacrificando o princípio da liberdade contratual e da responsabilidade civil subjetiva. Os títulos de crédito também passaram por uma modificação legislativa que passou longe dos princípios gerais tanto dos códigos civis quanto dos códigos comerciais. E outros exemplos poderiam ser citados.

Nesse segundo período evolutivo, que vai da Primeira Guerra Mundial até, mais ou menos, a Segunda Guerra Mundial, persistiu o primado do Código Civil como estatuto fundamental do Direito Civil e base de todo o ordenamento jurídico. Alargou-se a abrangência da legislação especial em áreas do próprio Direito Privado, mas também do Direito Público, devido às ingerências do Estado nos campos social e econômico.[70]

Nesse sentido, a estrutura jurídica sofreu uma relevante alteração: se, de um lado, o Código Civil permaneceu com seu dogma de unidade; por outro lado, as demandas sociais impostas pela realidade exigiram uma legislação mais dinâmica, efêmera e adequada a esse fim assistencial às novas classes e grupos sociais emergentes: as leis especiais.[71]

Trata-se de um período intermediário, no qual o Código ainda conservou seu prestígio; não mais como regulador exclusivo da vida privada, mas como Direito Comum, cujos princípios gerais serão completados ou modificados por leis caracterizadas por seus específicos elementos de fato.

O último período traçado por Varela é o da *descodificação* do Direito, que se iniciou, genericamente, a partir da derrota militar das potências totalitárias do eixo, mas cuja época de incidência varia de país para país, dadas as condições políticas e sociais de cada Estado.

2.2. O caso italiano

Na Itália, o fenômeno em tela tem a data de 1º de janeiro de 1948, com a entrada em vigor da sua nova Constituição e pode ser caracterizado como segue.[72]

[70] Varela (op. cit) explica a dualidade Código "versus" leis esparsas pelo fato de os Códigos terem-se mantido fiéis às grandes linhas do pensamento liberal, ao definirem as regras fundamentais do Direito Privado, enquanto as novas leis especiais davam guarida ao fenômeno de sociologização do Direito, caracterizado pela correção legislativa de problemas enfrentados na realidade social como o aluguel de imóvel residencial.

[71] IRTI (op. cit., p. 619) afirma: "De fronte à densa e quotidiana multiplicação das leis especiais, os códigos civis assumem uma função diversa. Eles representam não mais o direito exclusivo e unitário das relações privadas, mas o direito comum, isto é, a disciplina de suportes fáticos mais amplos e gerais".

[72] VARELA, op. cit., p. 508 e seg.

Primeiro, o Código Civil deixou de constituir o centro geométrico de toda a ordem jurídica constituída. O primado da legislação passou para a Constituição, ao lançar as bases de uma nova sociedade ideologicamente comprometida. A Constituição passou a regular não só a organização do Estado e a tutelar as liberdades públicas e os direitos políticos, mas também imiscuiu-se em institutos basilares da sociedade burguesa liberal, antes tratados exclusivamente nos Códigos, como o casamento, a propriedade, a liberdade econômica, etc., dando poderes a grupos intermediários, ou seja, que ficam entre a pessoa humana e o Estado e se constituem em organizações sociais onde o indivíduo exerce a sua personalidade.[73]

Segundo, aumentou, por outro lado, em quantidade e modificou-se em qualidade a legislação especial (avulsa). Muitas matérias antes reguladas pelo Código Civil saíram desse diploma para se fixarem em leis extravagantes, as quais não mais buscavam adequação aos princípios fundamentais do Código, mas se adequavam aos novos princípios programáticos da Constituição. Carta Maior que rapidamente mostra a sua vocação para a orientação do desenvolvimento da legislação infraconstitucional.

Portanto, há uma radical transformação entre as leis vigentes na era liberal e aquelas emergentes no período pós-constitucional, porque estas, ao contrário daquelas, não se resumem a meros instrumentais à livre escolha dos fins da iniciativa privada – sem qualquer valoração sobre o opção tomada –, mas buscam elas próprias os fins, indicam seu objetivo. *A lei que determina programas e controles, encaminha e coordena a atividade econômica e fixa modos de gozo e limites à propriedade privada, é já uma regra final: ela postula, na intrínseca estrutura e na lógica do desenvolvimento das várias normas, uma escolha de fins e uma seleção de interesses merecedores de tutela.*[74]

Assim, na visão de Irti, a ordem econômica e a jurídica não são mais resultado do livre jogo do mercado, mas predeterminadas na lei, a qual se afasta da vontade individual, aproximando-se do interesse comum. Por isso, aquelas concepções do liberalismo clássico da relação entre liberdade de escolha e responsabilidade, já referida, a ponderação do indivíduo sobre o futuro ao tomar inciativa de qualquer ato, perdem importância.

Terceiro, a nova legislação especial caracteriza-se por uma significativa alteração no quadro dos seus destinatários. Com isso, quer-se dizer que a lei deixou de ser aquele comando genérico e abstrato do século XVIII, para se tornar estatutos privilegiados de determinados segmentos sociais ou grupos políticos.

[73] Sendo Irti (op. cit., p. 621): "A nova Constituição, se de um lado conserva o patrimônio oitocentista das liberdades políticas e civis, de outro, abre-se à influência da ideologia católica e socialista [...] O indivíduo é garantido não exclusivamente por si, mas como membro dos grupos intermediários [...] A Constituição não se limita a custodiar as regras do jogo, [...]ao lado das normas tradicionalmente liberais, [...] encontramos já normas de escopo (programáticas segundo nossa doutrina: ver Manoel Gonçalves Ferreira FILHO, Curso..., Saraiva, 1990, p. 13), as quais assinalam ao Estado os fins a perseguir ou indicam oa resultados úteis ao bem-comum".

[74] IRTI, op. cit., p. 622.

Nesse sentido, a lei já não expressa a vontade do povo, nem a soberania estatal, mas o resultado do jogo político, isto é, da luta entre o poder público e os grupos de pressão.

"A lei assume já as características de concretude e individualidade, que eram próprios do negócio privado [...] resposta a específico e determinado problema".[75]

A técnica legislativa empregada mais comumente para o alcance das metas programadas é a da lei-incentivo,[76] que bem caracteriza o caráter contratual que subjaz à lei hodiernamente. Isto porque, definindo escopos, a lei invade a esfera decisória que caberia aos indivíduos, portanto fere a liberdade individual, na expectativa de que os particulares atuem no sentido buscado pela norma legal e, para tanto, oferece vantagem aos mesmos.[77]

Todavia, aquela mesma lei que indicava os programas e os resultados coerentes com o bem comum também se imiscuía em terminologias altamente técnicas, com jargões científico (como, por exemplo, a regulamentação de insalubridade no local de trabalho), econômico (por exemplo, lei antitruste) e industrial, inerentes à sociedade contemporânea. Leis diversas que se multiplicam numa linguagem múltipla e discordante, que impedem uma linguagem universal ao Direito Civil e, portanto, afastam uma interpretação segundo os mesmos critérios.[78]

Quarto, no plano dogmático também há uma grande novidade em relação à antiga legislação especial e a atual, que consiste na desvinculação total aos princípios elementares do Código. As novas leis especiais, "[...] como satélites autônomos, procuram regiões próprias na órbita incontrolada da ordem jurídica".[79] Essas novas leis procuram o seu espaço de incidência longe dos princípios do Cógido, trazendo os seus próprios, bastantes distintos. Formam-se assim microssistemas legislativos apartados do macrossistema do Código.[80]

---

[75] IRTI, op. cit., p. 623.

[76] Segundo Irti (op. cit., p. 625): "[...] através das quais o Estado se propõe a solicitar dos privados o cumprimento de determinada atividade; em função de que promete uma vantagem em favor dos privados; atividade aquela que não seria realizada caso não houvesse lei que a estimulasse".

[77] IRTI (op. cit.) chega a dizer que essa penetrante e incisiva interferência do Estado na vontade privada determina uma *juridicização da escolha e da vida,* emergindo a lei, dada a importância do seu novo caráter, do conflito entre Estado parlamentar "versus" Estado sindical e do acordo entre os grandes representantes dos empregadores e trabalhadores. Nesse ponto, o autor parece exagerar a importância dos sindicatos na sociedade civil. Além disso, é um fenômeno tipicamente italiano, não extensível com a mesma intensidade aos demais países pertencentes à família romano-germânica de Direito.

[78] IRTI (op. cit., p. 624) tem magnífico posicionamento a respeito do assunto: "A norma não mais se restringe ao esquema hipotético, que une determinada conseqüência jurídica ao acontecimento de um fato, mas indica os objetivos escolhidos, em respeito a uma intrínseca necessidade de descrever aos destinatários uma ordem econômica e um projeto de sociedade. Coerente ou incoerente que são, o intérprete não pode prescindir daquela indicação de escopo".

[79] VARELA, op. cit., p. 510.

[80] Jean Calais-Auloy, em artigo denominado *L'influence du droit de la consommation sur le droit civil des contra (Revue trimestrielle de droit civil,* n. 02, 1994, p. 253), questiona-se a respeito da possibilidade de as novas regras protetivas do Direito do Consumidor (que é, sem dúvida nenhuma, um microssistema) influenciarem as regras gerais dos contratos (que pertencem ao macrossistema do Código Civil). Conclui que seria justo trazer

Natalino Irti é radical e entende que essa proliferação de leis especiais, que se apropriam de específicas hipóteses de incidência, regulando relações jurídicas exclusivamente, esvaziando a matéria codificada, exprimem princípios que assumirão caráter geral. E, por essa razão, as próprias leis especiais investir-se-ão de um caráter geral em contrário ao Código, que perderia sua natureza de regulador geral do sistema, restando-lhe uma função apenas residual, isto é, de regular as relações jurídicas daquelas pessoas que não pertencem ao grupo em favor do qual foi aprovada a lei.[81]

Varela atribui essa modificação na orientação legislativa basicamente ao fenômeno do associativismo, embora reconheça também uma parcela de importância à prevenção contra os regimes totalitários, o que exigiria uma tomada de posição na própria constituição, lei máxima do ordenamento jurídico. As pessoas atualmente não mais lutam por seus interesses frente ao Estado e aos outros indivíduos isoladamente, mas procuram organizar-se e concentrar as suas forças em torno de interesses fundamentais. Fenômeno este que se iniciou com o movimento operário, transmitiu-se aos empregadores, partidos políticos, inquilinos, feministas, e hoje temos os menores de rua (no Brasil); os "homeless", os "african-american", os latinos (nos EUA), etc., em processo que, nas palavras do autor referido, ameaça a própria unidade do Estado, com a autonomização e a conseqüente desagregação das regiões que o integram.[82]

Presente aqui está aquela noção de IRTI da lei como contrato entre o Poder Público e os grupos com capacidade de pressão, onde estes a utilizam como forma de interferir nos objetivos a serem perseguidos pelo Estado, com o fito de proteger seus interesses e prerrogativas privados ou coletivos.[83]

2.3. O caso português

Quanto à evolução do sistema jurídico português, também ela seguiu as linhas mestras traçadas em relação ao Direito italiano; apenas a terceira fase

a todos contratantes hipossuficientes a proteção atualmente reservada aos consumidores. Todavia, embora o mencionado autor admita na jurisprudência uma extensão no entendimento do que seja a relação de consumo, abarcando situações várias, não acredita numa generalização dos preceitos em tela. O que só poderia vir a ocorrer por uma redescoberta de princípios hoje perdidos de vista (na doutrina francesa!), como, por exemplo, o da boa-fé. Entende que o Direito do Consumidor tem traços muito particulares e abarca situações muito específicas e, portanto, deve permanecer com um campo de incidência restrito às relações que busca disciplinar, isto é, consumo.

81 IRTI (op. cit., p. 629 e seg) assim se posiciona acerca do comentado: "As leis especiais, apropriando-se de determinadas matérias e classes de relações, esvaziam a disciplina codificada de conteúdo e exprimem princípios que assumem uma carga decisamente geral. [...] Ao código civil não se pode reconhecer [...] o valor de direito geral, de sede de princípios que serão desenvolvidos e especificados nas leis externas.[...] O código civil sofre, assim, uma alteração de função: não direito geral, mas residual. [...] as leis especiais, vonfigurando-se como estatuto dos grupos, destinando o código civil à disciplina das relações cujos sujeitos sejam estranhos aos membros daquela categoria considerada".

82 Assim fala Varela (op. cit., p. 512): "Assim se criou, na preparação, na elaboração e até na execução das leis, um quadro de relações inteiramente distinto do que emoldurava o Estado liberal, e manifestamente hostil , em certos domínios, à codificação do Direito".

83 Para Irti (op. cit., p. 632), a crise do Código Civil é crise do cidadão frente aos grupos sociais.

da descodificação veio com maior atraso. Assim, a primeira fase do apogeu do Código Civil português de 1867, profundamente comprometido com a doutrina liberal oitocentista de proteção à propriedade privada, durou também até a Primeira Guerra Mundial.

Após o primeiro grande conflito mundial, intensificou-se a produção legislativa à margem do Código, em matérias que não se diferenciam das anteriormente mencionadas em relação à Itália. Todavia, o que atrasou o processo de descodificação do Direito em Portugal foi a edição do novo Código Civil português de 1966, o qual procurou dar sistematicidade à legislação avulsa em vigor à sua época de elaboração e reconquistar certas matérias para a esfera de regulamentação do Código. Por ser esse estatuto mais atual do que o italiano de 1942, ele se valeu de doutrinas jurídicas mais modernas e trabalhou com outra realidade social e legislativa, portanto, demorou mais tempo para se desatualizar.[84]

Traço comum dos processos descodificatórios italiano e português é o deslocamento da ordem jurídica para a Constituição, que, no caso de Portugal, data de 1976. A nova Carta Magna lusitana, antes de traçar a organização política do Estado, tratou de enunciar princípios fundamentais da nova sociedade civil que o Estado Social pretendia impor em lugar da sociedade burguesa do século XIX.[85] Nessa conformidade, no capítulo dos direitos, liberdades e garantias pessoais, a nova Constituição regula uma série de direitos que têm as suas raízes no solo do Direito Privado (por exemplo, vida, imagem, reputação, intimidade). Além de consagrar um verdadeiro estatuto jurídico do trabalhador subordinado, consagra a interferência do Estado na atividade econômica e na propriedade privada – reforma agrária –, permite controle de preços para defesa do consumidor, consagra o poder fiscal do Estado. Enfim, desloca-se para a Constituição o centro nevrálgico da ordem jurídica.[86]

Também há inteira conformidade entre o Direito português e o Direito italiano no que se refere ao aumento da produção legislativa esparsa.

---

[84] O Codice Civile de 1942 levou muito mais longe do que o Código Civil português de 1966 a tendência absorcionista da legislação civil em relação ao Direito Privado: regula, por exemplo, as relações de trabalho, dos títulos de crédito; coisa que não fez o diploma português. Além disso, publicado no entre-Guerras, foi o Codice Civile muito menos permeável do que o estatuto português, em consideração ao espírito dos novos tempos.

[85] Nesse sentido, ver: VARELA, op. cit., p. 520.

[86] Em recentíssimo artigo, intitulado *Droit constitutionnel et droit civil: de vieilles outres pour un vin nouveau*, Bertrand Mathieu propugna a existência de um *Direito Constitucional Civil* (*"droit constitutionnel civil")*, que seria formado por normas identificáveis e com vocação para aplicabilidade no mundo fático, defendendo, inclusive, um controle de constitucionalidade difuso pelos juízes comuns franceses, os quais estariam livres para derivarem princípios axiológicos da Constituição. Diz que é antiga e desatualizada a oposição entre Direito Civil e Direito Constitucional, o mesmo valendo para a distinção entre Direito Público e Direito Privado (esta tende a se esvair). Para chegar ao referido *Direito Constitucional Civil*, o referido jurista parte da constatação fática da impossibilidade do Direito Civil em vencer as barreiras que lhe surgem na atualidade, bem como de que o Direito Constitucional não tem mais como único objeto a organização do Estado e dos poderes públicos, mas também abarca regras típicas do Direito Civil e Administrativo. Evolução do Direito Constitucional que foi tardia em França, antecedida pelas Constituições portuguesa e espanhola (*Revue Trimestrielle de droit civil*, n. 01, p. 59 e seg., 1994). Sobre constitucionalismo de valores, ver: PECES-BARBA, Greogorio. Un estudio de derecho y política. In: *La constitucion espanhola de 1978*. Coleccion El Derecho y el Estado. Valência: Fernando Torres Editor S/A, 1984, p. 35 e seg.

E uma terceira identidade entre os dois sistemas citados é uma tendência para a legislação setorial, a qual Varela prefere qualificar de *preocupante*.[87] Esses verdadeiros microssistemas se subordinam a regras próprias, sem preocupação com correspondência aos estatutos vizinhos. E é nessa conjuntura que se ameaçam a unidade e a coesão do sistema, onde o poder do Estado se dilui frente aos grupos de pressão.[88] Chega-se a dizer que, na verdade, a crise não é dos Códigos, mas da lei, porque nasce da ameaça de desagregação do próprio Estado. Estado este que não mais se coaduna com a concepção liberal de mero árbitro dos atores sociais, mas, sim, de um Estado intervencionista na ordem econômica, social e cultural, que chamou a si a função de promotor do bem comum e a de garantidor da justiça social.[89]

2.4. O Direito brasileiro

O sistema jurídico brasileiro do século XIX sofreu grande influência do Direito português da época, em função das Ordenações portuguesas que vigoraram no Brasil até a publicação do seu Código Civil em 1916.[90] O centralismo jurídico português transplantado para o Brasil só poderia culminar com a promulgação de um Código Civil regulador de toda a realidade jurídica.

Não há nenhum texto a respeito, mas o início do período descodificatório no Brasil, para quem acredite neste movimento legal, pode ser registrado na Constituição Brasileira de 1934, ao enunciar, no item "17" do art. 113, que o direito à propriedade não poderá ser exercido em desconformidade com o *interesse*

---

[87] Diz Varela (op. cit., p. 524): "São amplos os domínios em que a lei não se dirige ao cidadão, ao indivíduo indiferenciado, [...], mas aos trabalhadores subordinados, [...] agricultores [...] aos gestores públicos , aos militares, aos magistrados, aos docentes, aos bancários, aos consumidores [...] não para solucionar probelas privativos de cada classe, mas para regular também questões comuns a outras pessoas".

[88] Ver: VARELA, op. cit.

[89] Varela (op. cit., p. 527 e seg.) entende que, se o homem é o verdadeiro centro da ordem jurídica, o lugar próprio para a proclamação e definição dos direitos inerentes ao homem é o Código Civil e não a Constituição. Entende o mencionado jurista que inscrever a proclamação de direitos dessa natureza no texto da Constituição dá a impressão condenável de que o Estado pretende impor as suas idéias políticas, econômicas e sociais na vida privada dos indivíduos ou de que tais direitos representam uma concessão do Estado. Aqui o autor parece bastante equivocado, pois, em primeiro lugar, o lugar próprio dos direitos fundamentais da pessoa humana, embora num primeiro momento histórico tenham sido consagrados nas declarações dos direitos humanos, é e sempre foi na Constituição, quando esta passou a incorporar aquelas declarações dos direitos do homem sem nunca delas renunciar. Sobre a matéria, ver: RIVERO, Jean. *Les libertés publiques*. Paris: Presses universitaires de France, 1973. Em segundo lugar, o eminente jurista parece ignorar o conceito de poder constituinte originário, ou seja, o que vem inscrito na Constituição não deriva do Estado, mas da própria sociedade (ver FILHO, Manoel Gonçalves Ferreira Filho. *Curso de Direito Constitucional*. São Paulo: Saraiva). E, finalmente, parece confundir o conceito de direitos fundamentais – inerentes à pessoa humana como tal – e direitos políticos, isto é, de participação política – outorgados pelo Estado como decorrência de sua soberania (sobre essa distinção, ver MIRANDA, Francisco Cavalcanti Pontes de. *Comentários à Constituição de 1967*. São Paulo: Saraiva, 1967).

[90] Diz Clóvis do Couto e Silva: "A partir das Ordenações Afonsinas, Portugal passou a contar com uma legislação unitária e centralizada. A filosofia que impregnou as Ordenações a partir da primeira, as Afonsinas (1446 ou 1447), foi a de coordenar a legislação, dar-lhe unidade, ao mesmo tempo em que se manifestou a decadência do direito local e consuetudinário, mantida pelas posteriores Ordenações Manuelinas e Filipinas"(COUTO E SILVA, Clóvis do. Direito Civil brasileiro em perspectiva histórica e visão de futuro. *Revista da AJURIS*, n. 40, p. 130)

social e coletivo. Ou, como normalmente se afirma, com a nova Constituição Republicana de 1988, com suas diversas normas programáticas e multirregulação jurídica no campo do Direito de Família, do Trabalho, do Processo.

A verdade é que, posteriormente à Constituição de 1934 e ao seu princípio de que a propriedade obriga, diversas leis especiais foram editadas no Brasil de acordo com a concepção social da propriedade, em desacordo com a disciplina do Código Civil, como, por exemplo, o Estatuto da Terra (1964), responsabilidade por danos causados ao meio ambiente, ao consumidor e a bens ou direitos de valor artístico, histórico, turístico e paisagístico (Lei nº 7.437/85).

No Direito de Família, radicais foram as transformações: capacidade plena da mulher casada (Estatuto da Mulher de 1962), admissão do divórcio (Emenda Constitucional nº 09/77 e Lei nº 6.515/77) e admissão da adoção plena (recente Estatuto da Criança e do Adolescente, de 1990, que substituiu o Código de Menores de 1979).

No Direito Contratual, também houve importantes alterações: locação de imóveis urbanos (Lei do Inquilinato de 1979 e de 1991), promessa de compra e venda (DL 58/37, Lei nº 649/49 e a atual Lei nº 6.766/79), alienação fiduciária em garantia (DL 911/69), reserva de domínio (CPC/73).

É nesse contexto de descodificação ou de constitucionalização que se insere o Novo Código Civil (NCC), de 2002. Estaria ele fadado ao insucesso em seu papel centralizador da ordem jurídica do Direito Privado diante da maior força da Constituição? Acredita-se que não. Ainda que a Constituição constitua, desde Kelsen, o topo da pirâmide do sistema jurídico, sendo ela a grande referência hermenêutica, a verdade é que o Código Civil ainda mantém sua atualidade e seu papel de eixo fundamental do Direito Privado (ainda que tenha havido um processo de descentralização jurídica ao longo do século XX).

3. A recodificação na era da descentralização jurídica

O fenômeno de multiplicação legislativa no pós-guerra, com o regramento de institutos jurídicos por leis novas, segundo princípios próprios e diversos dos do Código Civil, enquanto fato, é incontestável. Efetivamente, diversas são as *leis* especiais que atualmente impõem seus princípios frente aos dos Códigos. Há, inclusive, no Brasil, exemplos concretos dessa realidade: nova Lei do Inquilinato de 1991, Lei de Defesa do Consumidor de 1990, Estatuto da Criança e do Adolesdente de 1990. Que a Constituição Federal deve ser o ápice do sistema jurídico é também algo, desde a Teoria Pura do Direito de Kelsen, admitido. Todavia a interpretação dessa modificação na orientação legislativa pode ser feita sob um ângulo diferente daquele proposto pelo civilista italiano acima referido que implicaria a destruição da idéia de Código como eixo do sistema privado, qual seja, a da perspectiva traçada por Couto e Silva,[91] que parece mais correta.

91 COUTO E SILVA, op. cit.

Entende o antigo Professor da Universidade Federal do Rio Grande do Sul que as diversas legislações avulsas posteriores ao Código Civil brasileiro, o que pode ser extensível para qualquer Código, notadamente aqueles dotados de uma parte geral, não são incompatíveis com a idéia de Código. Ao contrário, segundo Couto e Silva, a idéia moderna de Código é fundamental, pois, dentro daquela perspectiva de evolução aos microssistemas, não pode a ordem jurídica conviver sem um mínimo caráter de ordem e unidade (que não é dada exclusivamente pela Constituição), pois se perderia de vista a idéia do Direito como sistema – noção imprescindível à dogmática jurídica e resultado de séculos de evolução da ciência jurídica.

O que essas leis especiais de fato realizaram foi a desmistificação do Código,[92] ou seja, aquela idéia dogmática de que o código esgotaria, em sua disciplina, todas as relações jurídicas existentes na sociedade, que pode ser resumida na idéia de completude.[93] Agora, isso não quer dizer que o Código tenha perdido toda a sua importância, ao contrário, deve permanecer como um *Código central,* isto é, responsável pela unidade de todo o sistema jurídico de Direito Privado, atualmente espalhado em diversos microssistemas sem qualquer ligação entre si, pelo menos se se quiser manter uma idéia de sistema.[94] Nos dizeres de Michele,[95] o que morreu foi o Código oitocentesco, não a idéia de Código.

Com isso, não se quer dizer que o Código de 1916 não estivesse *envelhecido*[96]em alguns de seus institutos. Realmente, muitas das matérias lá previstas já não tinham mais aplicação. Essas regras que não estavam mais em vigor se reportavam a uma sociedade do século XIX diversa da sociedade de massas de hoje;[97] até mesmo a referência cultural alterou-se.[98] Por isso, inclusive aquele Código foi substituído por um mais atual, o de 2002, de Miguel Reale, demonstrando a crença do legislador no papel permanente do Código Civil como eixo do Direito Privado, ainda que, em última análise, as suas disposições não possam contrariar as normas constitucionais.

---

92 No mesmo sentido, ver: DE CUPIS, Adriano. A proposito di codice e di decodificazione, *Rivista di diritto civile*, parte 02, p. 47 e seg, 1979.

93 Assevera Clóvis do Couto e Silva (op. cit., p. 147): "Em suma, a idéia do código, como totalidade normativa, corpus juris completo e acabado, não tem mais sentido. Em momento algum pôde essa idéia realizar-se plenamente".

94 Arremata Couto e Silva (op. cit., p. 148-149). "A importância está em dotar a sociedade de uma técnica legislativa e jurídica que possua uma unidade valorativa e conceitual, ao mesmo tempo em que infunda nas leis especiais essas virtudes, permitindo à doutrina poder integrá-las num sistema, entendida, entretanto, essa noção de um sistema aberto [...] *o direito [...] exige um núcleo valorativo e uma técnica comum no CC e nas leis especiais. [...] Agora , mais do que antigamente, impõe-se a existência de um CC, como elemento indispensável à preservação da unidade ideal do próprio direito privado [...] O CC, como código central, é mais amplo do que os CC tradicionais. É que a linguagem é outra e nela se contém cláusulas gerais* [...]"

95 GIORGIANNI, Michele. La morte del codice ottocentesco. *Rivista de diritto civile*, parte 01, p. 52, 1980.

96 Idem, op. cit.

97 Sobre o evelhecimento do código oitocentesco por alteração do ambiente cultural , bem como da civilização que ele era chamado a disciplinar, ver: GIORGIANNI, op. cit., p. 53.

98 Embora ainda muito discutida atualmente a questão de se já estarmos hoje vivendo na pós-modernidade ou se ainda permanecemos na modernidade. Sobre isso, ver: ROUANET, Sérgio. *A razão cativa*. [S. l.]: Brasiliense.

Irti, como se disse, quando falava sobre a *descodificação,* tinha entendimento francamente diverso do de Couto e Silva, chegando a afirmar que o fim da era da codificação implica a superação daquele pensamento que via *o Código como centro do sistema, em redor do qual circulariam as leis especiais.*[99] Vai mais além, diz que "[...] o retorno ao código civil [...] é excluído para sempre" (radicalismo que atenuará e modificará posteriormente); "[...] a consolidação cria microssistemas de normas, dotados de lógica autônoma e orgânica".[100] Arremata asseverando que é morta a época em que o Código Civil se situava no centro do sistema em torno do qual giravam as leis especiais. Na verdade, estas é que se tornariam gerais, e os códigos, residuais.

O mestre italiano via, inicialmente, ao contrário de Couto e Silva, a *Carta de Trabalho* fascista e, depois, a Constituição de 1948 como os centros em torno dos quais giravam as leis ordinárias, dentre elas os Códigos. E, nessa linha, poderia ser combatido o principal argumento em que se embasa Couto e Silva para sustentar a necessidade ainda presente de um Código: de que a própria Constituição e não mais o Código Civil serviria como eixo central do sistema.

Todavia não parece viável abrir-se mão da Parte Geral do Código Civil e das obrigações e contratos, categorias conceituais indispensáveis à aplicação das leis especiais – por exemplo, a determinação da capacidade de efetuar negócios jurídicos, o conceito de pessoa, dos direitos de personalidade. Por que descartar 2.000 anos de evolução da dogmática jurídica civil? Como resolver problemas práticos da vida privada sem o Código Civil? O que tem de tão bom na Constituição de 1988 que precise fazer com que esqueça da boa técnica civilista? Por que destruir a dogmática da propriedade, do contrato, da responsabilidade em nome de vagos princípios constitucionais?

Tanto é assim que o próprio Irti, em artigo mais recente,[101] não vê mais a nossa era, de fins do século XX, como a da *descodificação*, mas, ao contrário, como, possivelmente, a da *recodificação.* Isto porque o jurista italiano vê agora os fenômenos da *descodificação e da recodificação* como *categorias históricas* e não *lógicas,* por isso, mutáveis. Sendo que o primeiro fenômeno pressupõe que a unidade do ordenamento decorra da constituição, e o segundo, do *próprio Código Civil.* Nesse sentido, é bem possível falar-se em dois Irti para expressar essa relativização do pensamento sobre a *descodificação*, inserindo-a no processo histórico e propondo a *recodificação* também como necessidade histórica.

Isso é perfeitamente explicável, e o próprio jurista italiano o faz bem. De fato, houve, nas décadas de oitenta e noventa – portanto, posteriormente à época em que ele escreveu sobre a *descodificação* –, uma modificação na condução das políticas governamentais dos países desenvolvidos, deixando de se preocu-

[99] IRTI, Natalino. Leggi especiali (dal mono-sistema al poli-sistema). *Rivista di diritto civile,* n. 02, p. 141 e seg., 1979.

[100] Idem, p. 144.

[101] IRTI, Natalino. I cinquant'anni del codice civile. *Rivista di Diritto Civile,* n. 03, p. 227 e seg., 1992.

parem com a promoção do bem-estar e com traços marcadamente liberalizantes, implicando uma reformulação sobre a concepção de Estado (antes social, agora novamente liberal ou neoliberal se se quiser).

O jurista italiano entende que o Estado contemporâneo[102] não é mais aquele interventor do pós-guerra, mas um Estado que sofreu as influências da queda do Muro de Berlim, do fim dos regimes políticos do Leste Europeu, do triunfo do capitalismo e da economia de mercado, redescobrindo sua função meramente *reguladora*; isto é, um poder público submerso na *ideologia privatista*, que força o Estado a dar mais autonomia à iniciativa privada, limitando-se a apenas regular o livre jogo do mercado.[103]

Irti enxerga agora uma Constituição italiana (1948) em debate e na iminência de reformas, portanto, ameaçada como fonte de estabilidade das relações jurídicas. Enquanto o Código Civil aparece com uma *virtude unificante,* mantendo um Direito comum entre as pessoas, conseqüentemente, afastando a antítese entre Direito comum e especial, entre lei da sociedade civil e dos negócios. Enfim, propõe uma unidade do Direito Privado, o que já fizera Clóvis do Couto e Silva há muitos anos e Teixeira de Freitas no século passado.

Portanto, nessa sua nova incursão, Irti acaba indo ao encontro do pensamento de Sacco,[104] qual seja, de que a codificação não está morta. Este último refere que 40 Códigos Civis foram promulgados depois de 1948. E, além desse fato concreto, por si só, significativo e contrário à idéia de que os códigos estão mortos, refere que, no XI Congresso organizado pela Academia de Direito Comparado, tendo assento em Caracas, em 1982, com participantes da Alemanha, dos EUA, da França, da Itália e outros, se concluiu pela atualidade dos Códigos.

Com uma argumentação muito pertinente, o mencionado jurista diz que é sustentável a codificação por uma doutrina unida e prestigiada, capaz de propor novas interpretações aos dispositivos legais desatualizados, permitindo a penetração no sistema jurídico de novas construções teóricas, mais consentâneas com a realidade fática. Ou poderia a codificação ser resultado da imposição de um forte

---

[102] A questão da intervenção do Estado na economia, via legislação, é, atualmente, bastante condenada pelos economistas com uma posição liberalizante, isto é, de defesa do livre jogo das leis do mercado. Pregam esses cientistas que deve o Estado se afastar de sua posição intervencionista – *desregulação da economia.* Sobre a matéria, há instigante artigo de Roberto Campos na *Folha de São Paulo*, domingo, 30 de julho de 1995, caderno 1, folha 4. Diz o autor, em tom irônico: "[...] há leis que pegam e leis que não pegam. Uma que sempre pega é a lei da oferta e da procura, irritante para os políticos, pois não foi votada, nem publicada no D.O.".

[103] IRTI, vê a questão do mercado como instituto jurídico, e não mais como simples campo da economia, sendo inclusive objeto de diversas leis esparsas. Ele afasta a compra e venda do campo dos contratos e sua idéia de indivíduo concretizado e manifestação da autonomia da vontade. Acredita que a *parte do contrato* se acha dissolvida na massa de consumidores portadores de necessidades homogêneas e artificiais, provocadas pela publicidade. Nesse contexto, há uma mudança de perspectiva na autonomia privada, que não é mais manifesta na livre realização de negócios jurídicos particulares, mas simplesmente se resume na escolha de determinado produto oferecido, na decisão de preferir um objeto ofertado a outro. "*Se a autonomia privada é hoje poder de escolha entre as coisas, a proteção jurídica daquela coincide com a disciplina do mercado e com a tutela da concorrência*" (IRTI, Natalino, I cinquant'anni del codice civile. *Rivista di Diritto Civile*, n. 03, p. 234, 1992).

[104] SACCO, Rodolfo. Codificare: modo superato di legiferare? *Rivista di diritto civile*, parte 01, p. 117 e seg., 1983.

poder político com intenção de assentá-la. Ou, finalmente, poderia ser resultado de uma jurisprudência atuante e sábia, rumo a uma consolidação.

E Sacco, descartando as últimas duas hipóteses para o caso italiano, faz uma grande crítica à doutrina italiana defensora da *descodificação*, que é, no seu ponto de vista, a mesma incapaz de propor novas matérias sujeitas à codificação e de sistematizar ao Código as decisões judiciais e as leis especiais. E aqui o mencionado civilista se aproxima muito, mesmo que instintivamente, da posição de Couto e Silva, pois, embora não esteja a dizer que o Código Civil deva funcionar como Código Central, defende que as leis esparsas devem ser integradas ao sistema codificado, que não é outra senão a posição do falecido professor gaúcho.

Também não se deve olvidar de De Cupis,[105] que, de pronto, enxergou falhas no sistema policêntrico (inicial) de Irti, dentre outras: (a) os diversos princípios revelados pelos mais variados microssistemas têm uma generalidade limitada pela própria variedade e autonomia desses pequenos mundos independentes; (b) pode-se questionar se esses microssistemas podem ser considerados efetivamente sistemas, além de que o polisistema é, na verdade, um amontoado de fragmentos; (c) diversas leis especiais ainda não se consolidaram de forma a afastar definitivamente a disciplina do código.

A conclusão é a que o Novo Código Civil está vivo e chegou em boa – ainda que alguns de seus princípios sejam discutíveis – ou seja, na era da privatização e da *recodificação*. Poderá ele fornecer os guias para a manutenção da unidade própria do Direito Privado, mantendo intacta a história dos civilistas (ainda que sugerindo releituras e eventuais quebras de paradigmas na regulação de alguns institutos). Seu grau de vagueza semântica poderá ensejar interpretações contemporâneas daqueles institutos que compõem a estrutura do sistema capitalista em constante evolução.[106] Nesse sentido, propriedade, contratos e responsabilidade civil, na era da sociedade em redes[107] e da globalização,[108] deverão ser reconstruídos dogmaticamente a partir do sólido pilar da legislação civil e não apenas em cima de vagos princípios constitucionais que foram concebidos em um momento muito particular da história política brasileira.

---

[105] DE CUPIS, Adriano. A proposito de codice e di decodificazione. *Rrivista di diritto civile,* p. 49 e seg., 1979.

[106] WILLIAMSON, Oliver. "The economic institutions of Capitalism". Nova Iorque: Free Press, 1985, p. 15 e ss

[107] CASTELLS, Manoel. "A sociedade em rede". V. 01. São Paulo: Paz e Terra, 1999.

[108] FARIA, José Eduardo. "O Direito na economia globalizada". 1ª ed., 2ª tiragem. São Paulo: Malheiros, 2000, p. 112.

— II —

Aspectos gerais: pressupostos teóricos do novo Código Civil[1]

Sumário: Introdução; 1. Breve panorama histórico da codificação; 2. Os pilares do novo Código Civil; 2.1. O rigor lógico e técnico do novo Código Civil; 2.2. Proximidade com Portugal, Itália e Alemanha; 2.3. Eticidade; 2.4. Socialidade; 2.5. Operabilidade.

Introdução

A opinião majoritária e preponderante é a que identifica o Novo Código Civil dentro do um movimento chamado de Direito Social – o qual prende raízes na sociologia solidarista de Durkheim.[2] Trata-se de um modelo solidarista de Direito Privado, que acaba por funcionalizar os institutos de direito privado à luz dos interesses da coletividade (vejam-se os exemplos da função social dos contratos no art. 421 e a função social da propriedade no art. 1228, ambos do Novo Código Civil). Trata-se de um modelo de direito privado de certa forma importado por meio da doutrina jurídica brasileira, que entrou em contato com o direito italiano e com o direito civil ibérico e que propaga a chamada "publicização" ou "socialização" do Direito Privado (outros chamam de "constitucionalização" do Direito Civil).[3]

---

[1] Co-autoria com RAFAEL DE FREITAS VALLE DRESCH.

Versão deste artigo foi publicada na obra por mim organizada pela THOMSON-IOB, intitulada Direito dos contratos e da empresa. São Paulo, 2005.

[2] Para este ponto, ver MACEDO JÚNIOR, Ronaldo Porto. *Contratos relacionais*. São Paulo: Max Limonad, 1998; DURKHEIM, Emile. *Lições de Sociologia*. São Paulo: Martins Fontes, 2002. EWALD, François. *A concept of Social Law*. *In* "Dilemmas of the Law in the Welfare State". TEUBNER, G. (org.). Berlin, Walter de Gruyter, 1988, p. 40Sobre o debate histórico desta escola ver HESPANHA, M. *Panorama histórico da cultura jurídica européia*. Lisboa: Europa-América, 1997. Para uma interessante "arqueologia" do Direito Social, ver EWALD, François. *Histoire de l'état providence*. Paris: Grasset, 1998. Para um depoimento histórico do Direito Social ver RIPERT, G. *Regime democrático e o direito civil moderno*. São Paulo: Saraiva, 1937.

[3] Ver por todos, TEPEDINO, Gustavo *et all*. *Código Civil Interpretado*. Rio de Janeiro: Editora Renovar, 2005 NEGREIROS, Teresa. *Teoria do contrato: novos paradigmas*. Rio de Janeiro: Renovar, 2002; TEPEDINO, Gustavo (coord.). *Problemas de Direito Civil Constitucional*. Rio de Janeiro: Renovar, 2000 e *Temas de Direito Civil*. Rio de Janeiro: Renovar, 1999; FACHIN, Luiz Edson. *Teoria Crítica do Direito Civil*. Rio de Janeiro, Renovar, 2000; MARTINS-COSTA, Judith (org.). *A reconstrução do direito privado*. São Paulo: Editora Revista dos Tribunais, 2002. REALE, Miguel. *O projeto de Código Civil*. São Paulo: Saraiva, 1986. MARTINS-COSTA, Judith; BRANCO, Gerson Luiz Carlos. *Diretrizes teóricas do novo Código Civil*. São Paulo: Saraiva, 2002. WALD, Arnoldo. *O Novo Código Civil e o solidarismo contratual*. Revista de Direito Bancário, do Mercado de Capitais e da Arbitragem, vol. 21, p. 35; NERY, Rosa Andrade. *Apontamentos sobre a solidariedade no sistema de direito privado*. Revista de Direito Privado, vol. 17, p. 70.

Muitos inclusive proclamam, nesse sentido, a ruptura com um modelo "individualista" e "egoísta", representado no Código Civil de 1916, próprio de uma sociedade paternalista, patrimonialista, escravocrata e agrária, muito distante dos conflitos de classe impostos pela industrialização e urbanização acontecidos com maior ênfase no país após o governo Getúlio Vargas.[4]

Esse modelo de Direito Privado se caracteriza por ser o outro lado da moeda do *Welfare State* ou do estado interventor, ou ainda do chamado Estado Providência, que pressupõe uma maior atuação no Estado no mercado e nas relações privadas com o escopo de promover mais redistribuição de renda, de bem-estar, tendo como norte a "justiça social".

Esse modelo de Estado naturalmente se reflete na concepção do papel do próprio Poder Judiciário no julgamento de litígios, que passa a ter um papel redistributivo, de busca de trazer justiça às relações sociais por meio da intervenção nas relações jurídicas privadas, antes tidas como sagradas.[5]

O modelo welfarista ou solidarista de Direito Privado é caracterizado por leis e códigos dotados de "conceitos jurídicos indeterminados" e de "cláusulas gerais", cujo maior grau a vagueza semântica garantiria uma maior possibilidade de criação judicial a luz do caso concreto e com isso uma maior flexibilidade nos julgamentos, aproximando o magistrado de seu "sentimento de justiça".[6]

Os defensores do solidarismo jurídico acreditam que, por meio da funcionalização do Direito Privado, dominar-se-á o mercado, civilizando-o através de normas jurídicas solidárias e justiças. É o Direito promovendo a "engenharia social", lutando contra as agruras do capitalismo e contribuindo para resolver a "questão social".

Essa leitura tem se refletido na jurisprudência de diversos tribunais estaduais brasileiros, que tem se servido destes conceitos jurídicos indeterminados e das cláusulas gerais, para intervir nos institutos de Direito Privado como os contratos e a propriedade, seja revendo contratos, seja por vezes evitando conceder liminares de reintegração na posse de proprietários de terras. Veio daí também o entendimento que defende a possibilidade de se moverem ações revisionais, pelas quais uma das partes, tida como hiposuficiente, busca rever, perante o Poder Judiciário, contratos assinados.

Infelizmente, não há evidências empíricas de que o Direito Privado (especificamente no âmbito empresarial) possa transformar a realidade econômica e social. Até agora, não existe nenhum estudo de campo que tenha demonstrado

[4] Sobre o as origens do Código Civil de 1916, GOMES, Orlando. *Raízes históricas e sociológicas do Código Civil Brasileiro*. São Paulo: Martins Fontes, 2003; COUTO E SILVA, Clóvis do. O direito civil brasileiro em perspectiva histórica e visão de futuro, *in Revista AJURIS*, nº 40, p. 130.

[5] No Brasil, ver FARIA, José Eduardo. O Judiciário e o desenvolvimento sócio-econômico. *In Direitos Humanos, Direitos Sociais e Justiça*, 1998. No direito comparado, CAPELETTI, M. *Juízes Legisladores?* Porto Alegre: Sergio Antonio Fabris Editor, 1999.

[6] Sobre cláusula geral, MARTINS-COSTA, Judith. "As Cláusulas Gerais como Fatores de Mobilidade do Sistema Jurídico", artigo, in Revista de Informação Legislativa, vol. 112, p. 13 a 32, (1991), Brasília.

que as ações revisionais de *leasing* e de contratos bancários tenham contribuído para a diminuição de juros. Ao contrário, as evidências hoje são justamente ao contrário, ou seja, de que elas só fizeram os juros aumentar diante do aumento de risco de inadimplência e mesmo do tempo envolvido para a recuperação dos ativos. Igualmente não existem levantamentos estatísticos de que decisões que desrespeitam o direito de propriedade contribuem para o redistribuição de renda.

Ao contrário, economistas agraciados com o Prêmio Nobel, como Douglas North e Williamson, têm alertado para a importância das instituições para a promoção do desenvolvimento econômico. As instituições são o conjunto de regras de uma sociedade que conduzirão os indivíduos a se comportarem dentro de certos parâmetros. Entram aí regulações formais e informais de comportamentos, inclusive os contratos, a propriedade, a Justiça. Ainda dentro dessa leitura, haveria a necessidade de diminuição dos custos de transação (custos para negociar e para fazer cumprir os contratos) e de estímulo ao respeito à propriedade, como mecanismos de promoção do desenvolvimento econômico.[7]

O Banco Mundial, em seu relatório *doing business* (2004 e 2006), alerta para esta importância das instituições, inclusive do Poder Judiciário, para a garantia de investimentos pelas empresas. O relatório de 2006, por exemplo, demonstra que o Brasil tem sido extremamente modesto no que diz respeito à eficiência do Estado para fazer cumprir rapidamente os contratos, para garantir a intangibilidade à propriedade e para uma ágil solução de controvérsias. A conclusão de uma leitura atenta deste relatório é que muito deve ainda ser feito no país, para estimular o investimento no país no âmbito do Direito Privado. Ou seja, aqui os custos de transação ainda são bastante altos, e a propriedade, relativamente pouco respeitada. A conclusão parece óbvia: modestos índices de crescimento econômico.

O mais trágico disso é que o modelo solidarista de Código Civil acaba por estimular ainda mais o ambiente institucional desfavorável do país à atividade econômica. Se os agentes econômicos buscam segurança, nosso atual Código oferece cláusulas gerais a serem interpretadas caso a caso pelo juiz (em um sistema recursal que não garante uniformização de jurisprudência). Se os agentes econômicos buscam previsibilidade, o sistema jurídico enaltece a liberdade absoluta de decisão dos magistrados, sem comprometimento com os julgados das cortes superiores.[8]

Percebe-se assim um claro confronto entre a racionalidade jurídica e a racionalidade econômica e está na hora dos juristas acordarem para a realidade de que o Direito Privado opera em uma situação de mercado.[9] As expectativas dos

[7] ZYLBERSZTAJN, Décio & SZTAJN, Raquel, org. *Direito e Economia*. São Paulo: Editora Campus, 2005. Ver ainda COASE, Ronald. "The firm, the market and the law". Chicago: University of Chicago Press, 188, p. 01 e ss. WILLIAMSON, Oliver. "The economic institutions of Capitalism". Nova Iorque: Free Press, 1985, p. 15 e ss.

[8] Nesse sentido, ZYLBERSZTAJN, Décio & SZTAJN, Raquel, org. *Direito e Economia*. São Paulo: Editora Campus, 2005.

[9] Mercado pode ser definido como espaço de "negociação ou comercialização de qualquer bem (ou serviço)". Cf. BANNOCK, Graham & MANSER, William. "The Penguin Internacional Dictionary of Finance.". Londres: Penguin Books, p.200. A perspectiva da teoria econômica acerca do comportamento dos agentes econômicos,

agentes econômicos compõem a essência do funcionamento de uma economia capitalista e deve haver uma solução de compromisso ou tentativa de diálogo entre o Direito e Economia.[10] Certamente, se dermos ao Direito um papel que ele não tem condições de realizar, o resultado será a sua "desfuncionalização" (que deve ser garantir a generalidade das expectativas normativas da sociedade, claro que sem esquecer daqueles princípios e garantias inerentes ao Estado Democrático de Direito, especialmente os direitos e garantias fundamentais).[11]

Se houve uma evolução (ou involução) para alguns no âmbito do Direito Privado, do modelo jurídico liberal para o modelo solidarista ou welfarista, cumpre pensarmos o Novo Código para o século XXI, para o presente e para o futuro, e não apenas de acordo com a "vontade do legislador" em uma interpretação autêntica ou semi-autêntica.

Uma interessante possibilidade de aproximar a legislação (nosso Novo Código Civil) da realidade do mercado é a utilização da análise econômica para identificação do que vem a ser a função social dos institutos de Direito Privado.[12] Esse tema certamente será abordado ao longo do livro, mas podemos sugerir uma leitura mais contemporânea e mais arejada da legislação, que leve em conta os números, a estatística, os reflexos econômicos dos julgamentos. Claro, não se está aqui a supor que apenas a metodologia da análise econômica do Direito deva

---

partindo do pressuposto da escassez de bens e de necessidades ilimitadas, em um determinado mercado, aberto para trocas de bens ou serviços é muito bem explicada por Trebilcock. Este autor explica também, citando Heilbroner, que a sociedade ocidental contemporânea, dentre os três tipos de modelo de organização social – "tradição, comando e mercado" – optou pelo sistema de mercado. Nesta, "as decisões sobre a produção e o consumo estão descentralizadas e dependem de uma miríade de decisões individuais de produtores e consumidores, agindo em conseqüência de preferências individuais e incentivos, minimizando, portanto, o papel jogado por convenções sociais e *status.*". Cf. TREBILCOCK, Michael J. "The limits of Freedom of Contract". Cambridge: Harvard University Press, 1993, p. 268. Esta é uma visão que lembra a descrição da sociedade liberal, levada a efeito por Unger (que se oporia à sociedade tribal e à sociedade aristocrática). Cf. UNGER, Roberto Mangabeira. "O Direito na Sociedade Moderna – contribuição à crítica da teoria social". Rio de Janeiro: Civilização Brasileira, 1979, ps. 153-164. Contra esta análise, MARTINS-COSTA, "A reconstrução...", p. 613, que trata o mercado apenas como instituição jurídica, ou seja, um espaço normatizado e controlado pelo Direito (posição recentemente defendida também por Eros Grau, em palestra no IX Congresso Brasileiro de Direito do Consumidor promovido pelo BRASILCON na cidade de Ouro Preto, 04 de maio de 2004), na esteira da obra de IRTI, Natalino. "Teoria generale del Diritto e problema del mercato". *In* Rivista di Diritto Civile, n. 02, jan/mar, 1999, p. 01. Ver, também, do mesmo autor, "Persona e mercato". *In* Rivista di Diritto Civile, n. 03, mai/jun, 1995, p. 289.

[10] POSNER, Richard, em *El análisis económico del derecho.* México: Ed. Fondo de Cultura Ecónomica, 1998. POLINSKY, Mitchell. *Introducción al análisis económico del derecho.* Barcelona: Editorial Ariel, 1985

[11] Azevedo fala em "hipercomplexidade" nos dias de hoje. Cf. AZEVEDO, Antônio Junqueira de. Princípios do novo direito contratual e desregulamentação do mercado. In *Revista dos Tribunais*, vol. 750, abr., 1998, p. 113-120. Sobre este estado de complexidade, na doutrina nacional, ver por todos CAMPILONGO, Celso Fernandes. *Política, sistema jurídico e decisão judicial.* São Paulo: Max Limonad, 2002. Na doutrina estrangeira, DE GIORGI, Raffaele e LUHMANN, Niklas. *Teoria della società.* Milão: Franco Angeli, 1993.

[12] Em profundo estudo comparativo entre a teoria econômica e a teoria jurídica contratual da *common law,* Trebilcock, questiona-se justamente sobre o conflito entre o igualitarismo político e a desigualdade econômica e sugere formas de solução de compromisso entre ambos, sem cair em radicalismos "paternalistas" ou concepções *a priori* e irreais. A sua conclusão é de que "o mercado é amplamente aceito como uma ferramenta, não um inimigo, do desenvolvimento econômico e social". TREBILCOCK, Michael J. & ELLIOT, Steven. The scope and limits of legal paternalism. In *The theory of contract law.* Org. Peter Benson. Cambrigde: Cambridge University Press, 2001, p. 45 e ss.

ser utilizada na interpretação jurídica. Mas se estimula que ela seja levada a sério na interpretação da função social dos institutos privados. Tanto que esta escola só faz crescer nos Estados Unidos da América.[13] Não precisamos lembrar que é o Direito norte-americano que se espalha por todo o mundo das relações comerciais, seja pela circulação de padrões de contratos, seja pelo trabalho das *law firms* daquele país, na proteção dos interesses de seus clientes ou mesmo como modelo a inúmeros tratados e convenções internacionais.[14]

Feitas estas observações, cumpre traçar um breve panorama histórico de nossa codificação civil.

1. Breve panorama histórico da codificação

A concepção de codificar o direito, no sentido de sistematizar as regras jurídicas dentro de um corpo legal único, o código, é fundamentalmente uma conquista da modernidade. Tanto que o primeiro código civil, o Code Napoleon, data de 1804, no sentido como é entendido hoje – compilação unitária e sistemática de normas jurídicas – foi fruto de uma concepção jurídica inexistente na antiguidade, i.e., de que as leis pudessem ser disciplinadas e organizadas em um sistema lógico, racional e dedutivista, baseado em axiomas ou princípios *a prioristicamente* assumidos (como a liberdade, a propriedade, etc.) semelhantemente ao que ocorria nas ciências naturais. Consectário dessa crença era a concepção de que a prática jurídica seria simplesmente um método lógico dedutivo de subsunção do fato à norma jurídica, como se bastasse simplesmente encontrar no sistema legal a norma reguladora da ação sob julgamento, sem espaço criador para a atividade judiciária (com exceção ao sistema da common law ou jugde made law). E nisso reside outra crença dos modernos, ou seja, de que apenas a lei seria fonte de direito (fenômeno chamado de *legolatria* por Paolo Grossi).[15]

Tudo isso fundamentalmente porque foi na modernidade que ocorreram as grandes descobertas científicas que revolucionaram a ciência natural,[16] e, por via de conseqüência, as ciências humanas, tirando os homens das trevas do desconhecido e da tradição da física das causas aristotélicas e ampliando a crença na razão e no conhecimento. O reflexo desse movimento foi a tentativa de aplicação dos mesmos princípios racionalistas e dedutivistas das ciências naturais às ciências

[13] Em novembro de 2005, entre os dias 21 e 22, a PUCRS foi o palco do I Congresso Nacional de Direito e Economia. Na ocasião, diversos juristas nacionais, dentre eles Raquel Sztajn, Francisco Satiro, Celso Campilongo, Juarez Freitas, Ingo Sarlet, Eugênio Facchini Neto, Ricardo Aronne e mesmo o professor alemão Hans Flickinger, além de economistas como Gesner Oliveira, Ronald Hillbrecht, Giacomo Balbinotto, Duílio Berni, entre outros, puderam trazer suas reflexões sobre este profícuo diálogo sistemático.

[14] DEZALAY, Yves *et al.* Global restructuring and the law: studies of the internationalization of legal fields and the creation of transnational arenas. In *Case Western Reserve Law Review*, vol. 44, 1994, p. 407.

[15] Sobre o contexto histórico da modernidade jurídica ver LOPES, José Reinaldo de Lima. *O Direito na história*. São Paulo: Max Limonad, 2000.

[16] Especialmente o sistema solar de Galileu e as leis fundamentais da física de Newton, bem como o método racionalista cartesiano. Sobre este tema, ver THE CAMBRIDGE Economic History of Europe. Cambridge: University Press, 1979. v.4.

humanas, inclusive ao direito (tanto que muitos dos principais juristas do século XVII eram matemáticos, como Leibniz, o pai do cálculo). Estes filósofos e matemáticos do século XVII procuraram dar ao Direito o mesmo grau de precisão das ciências naturais, como se a ele pudesse ser simplesmente aplicado o método axiomático dedutivista próprio da física, livrando-o do mundo da incerteza. Foi a época em que o pensamento aristotélico, até então dominante nos meios universitários, tanto na física, quanto nas humanidades, sucumbiu.[17]

Nesse sentido, Leibniz dizia que se propusesse o mesmo problema jurídico a dez juristas, dez seriam as respostas diferentes, o que seria inaceitável para algo que se propõe científico, no caso, o Direito. Daí que propôs um sistema de regras derivadas logicamente de princípios universais derivados da razão, o qual orientaria o intérprete para solução uniforme do problema, pois bastaria a ele subsumir o fato à lei. Assim, o mesmo problema jurídico teria sempre a mesma resposta, independentemente do jurista (como o somatório de um mais um será sempre dois, independentemente da pessoa questionada). Estas regras derivadas de princípios oriundos do direito natural seriam compiladas em uma lei única: os códigos (note-se, por exemplo, que o código civil brasileiro é uma lei de 1916). Esse o sentido moderno do termo Código que inspirou a redação do Código Civil de 1916 e aquele o contexto cultural em que foi concebido.

A verdade é que os modernos quebraram os paradigmas antigos que se preservaram durante a idade média no sentido de dotar o direito de um rigor lógico e dedutivo próprio das ciências naturais. Se isso é verdade, a questão que se coloca é se os elaboradores do Novo Código Civil, inspirados pelas conquistas da teoria geral do direito e da filosofia jurídica pós-década de 50 (críticas ao positivismo jurídico e, favoráveis, à problematização do direito e à argumentação jurídica)[18] e no movimento do Direito Social de inspiração solidarista durkheimiana quebraram os paradigmas da modernidade. São estas quebras de paradigma, se ocorreram, que devem ser compreendidas, sob pena de falta de percepção das verdadeiras e profundas alterações trazidas pela Nova Lei. Isso sem prejuízo de sua eventual superação pela realidade social e de mercado contemporânea.

Os juristas do século XVII que foram a base para as primeiras codificações modernas, não estavam criando a ciência jurídica. Eles estavam, por sua vez, quebrando paradigmas, respondendo à tradição jurídica clássica preservada durante a antiguidade e toda a idade média: a concepção do direito como problemático, i.e., como um método, uma arte de solução de problemas concretos e não como um sistema de normas reguladoras de condutas. Não se esqueça que o paradigma deste modelo era a filosofia aristotélico tomista, que entendia que o campo da ação humana (moral e o direito dentro dela) não dizia respeito propriamente ao campo das ciências naturais nem metafísicas (razão pura), mas da razão prática,

[17] Vide análise deste fenômeno, no âmbito da filosofia moral, na obra de MACINTYRE, Alasdair. *Depois da virtude*. São Paulo: Editora da Universidade do Sagrado Coração. 1984.

[18] Ver por todos LARENZ, Karl. *Metodologia da ciência do direito*". Lisboa: Calouste. e ENGISH, K. *Introdução ao pensamento jurídico*. Lisboa: Calouste.

pois nele não se busca conhecer ou explicar algo que acontece necessariamente (fenômenos), mas um agir no mundo concreto.[19] Por esta razão, ele tem menor grau de precisão e maior grau de contingência, pois o que é exigível do homem em uma determinada situação concreta varia muito mais do que o coeficiente de dilatação do concreto em uma determinada temperatura e pressão.

Face a isso, não deveria ser aplicado ao campo da moral e, por conseqüência, do direito o mesmo método das ciências naturais (apodictico), mas o método dialético, ou seja, de discussão e enfrentamento dos problemas. Esta tradição aristotélica se preservou na idade média face aos mosteiros e universidades medievais, que redescobriram o pensamento antigo em pleno séculos XII, XIII, e seguintes. Pois bem, esse método jurídico antigo de inspiração aristotélica não era puramente dedutivista, mas acreditava que o intérprete estava sempre em um processo de criação das regras jurídicas (o direito não estaria previamente solucionado no código). Neste último, não se pode falar em conclusões necessárias, mas verossímeis e prováveis. É um método que parte do problema até chegar a melhor solução, analisando-se todas as possíveis alternativas e partindo sempre de endoxas (opiniões abalizadas).

Já o método moderno de explicação do fenômeno jurídico e de aplicação do direito, consiste em uma tentativa de igualar o método no Direito ao mesmo método das ciências naturais, como se a simples dedução das regras de axiomas fundamentais fosse garantir ao intérprete uma conclusão logicamente sempre necessária. De outro lado, como se disse, não se pode esquecer que a era da modernidade significou a época da crença na lei como instrumento de contenção de arbitrariedades por parte do Estado e de proteção da liberdade dos indivíduos. Pensamento que via com desconfiança a atividade do juiz, quem deveria ficar, quando do julgamento de um caso, estritamente adstrito a lei. Na Roma antiga e nas universidades medievais, em contrapartida, jamais se limitou dessa forma o intérprete (*jurisprudentia*) ou o aplicador da lei (magistrado).[20]

A modernidade, por sua vez, concebeu dois grandes códigos, fruto de duas escolas jurídicas distintas. O primeiro, o Code Civil (1804), foi resultado quase que imediato da obra dos professores jusnaturalistas franceses Domat e Pothier. O segundo, o BGB (1896), foi resultado da ciência pandectista dos alemães Windscheid, Ihering e do próprio historicista Savigny (jurisprudência dos conceitos e depois jurisprudência dos interesses). O jusnaturalismo foi um movimento tipicamente moderno, fundamentalmente do século XVII, que se espalhou rapidamente por toda a Europa a partir da obra de Hobbes, Locke, Grotius, depois Wolff, Kant, Puffendorf entre outros.

Tal movimento, tipicamente racionalista e dedutivista, procurou criar um sistema jurídico derivado da natureza racional do homem, no qual as regras se-

[19] Sobre este ponto, ver VILLEY, 2003; WIEACKER, Franz. *História do direito privado*. Lisboa: Calouste, 1980.

[20] LEIBNIZ, G. *Scritti policiti e di diritto naturale*. Torino: Torinese., PUFFENDORF, S. *Droit de la nature et des gens*. s.n.t.

riam deduzidas de axiomas fundamentais ou mesmo de direitos imanentes ao homem. Não se deve esquecer que os jusnaturalistas foram, em sua grande maioria, contratualistas, ou seja, pressupunham que um pacto social fundara o Estado. A criação de um sistema jurídico com ordem e unidade das suas regras, partia normalmente, aqui já em Domat e Pothier, da análise do direito romano, que então era reorganizado em um sistema novo. Dentro do esquema mental do jurista. Domat, por exemplo, sua obra era dividida em pessoas, bens e ações, de sorte que os comentários dos juristas romanos eram adequados dentro desta nova organização.[21]

Neste ponto, é importante salientar que o Direito Romano, visto aos olhos do homem moderno, era caótico. Os textos eram organizados dentro das compilações,[22] especialmente no Digesto (obra que contém o todo), de forma "a-sistemática" e a matéria era distribuída pelas ações. Com efeito, como se disse antes, o direito romano era essencialmente problemático, de sorte que seu sistema legal consistia um sistema de ações, i.e., de remédios jurídicos para resolver problemas concretos. Vale dizer, o jurista romano discutia qual a ação cabível, dado o elenco de ações reconhecidas (normalmente pelo pretor).

Nesta esteira, eram os juristas romanos, essencialmente pragmáticos, avessos às grandes definições ou grandes categorias como contratos, bens, pessoas, etc. Chegavam a dizer que as definições eram perigosas ao direito civil, justamente pelo engessamento que engendravam. Pois bem, estes juristas modernos abstraiam conceitos dos comentários e leis romanas clássicas, organizando-os de acordo com seu método, gerando algo completamente novo e que muito simplificava a tarefa do intérprete. Quando se codificou o direito civil francês, bastou colocar em forma de lei o sistema doutrinário concebido por Domat e Pothier.

Logo após a codificação francesa, gerou-se uma grande polêmica na Alemanha acerca da necessidade ou não de uma codificação, personificado no debate entre Tibaut, a favor da codificação, e Savigny, contrário. Savigny ganhou o debate, convencendo os alemães de que havia a necessidade de se criar um sistema conceitual mais apurado a partir do direito romano. Nesse compasso, os juristas alemães debruçaram-se durante todo o século XIX para construção de um edifício teórico (jurisprudência dos conceitos), sistematicamente perfeito, a partir do Digesto (ou Pandectas), que desembocou no BGB.

Daí sua classificação como pandectistas (os quais desenvolveram a noção de parte geral do código, a idéia de negócio jurídico, posse, propriedade, etc.). Paradoxalmente, como possa parecer, foi essa escola recebida no Brasil com muito mais entusiasmo que a francesa, por meio da Escola do Recife e de seu maior expoente, Tobias Barreto, um grande germanista do nordeste.[23] É bem verdade

---

[21] DOMAT, J. *Les lois civiles dans leur ordre naturel.* S.n.t.

[22] Alguns romanistas comentam que apenas 5% da obra dos juristas romanos sobreviveu ao longo do tempo; o grande repositório para estudo do direito romano permanece, por isso, sendo o "Corpus Iuris Civilis", compilação elaborada por Justiniano no século VI. Ver por todos WOLFF, H. *Introduccion historica al derecho romano.* Santiago de Compostela: Porto, 1953.

[23] Livro do ADEODATO, J. M. *Jhering e o Direito no Brasil.* Recife: Editora Universitária, 1996.

que à época, na Escola de Direito de São Paulo, no Largo São Francisco, havia um maior interesse pelos autores jusnaturalistas e liberais do que pelos autores germânicos, mas os feitores do código civil, especialmente Clovis Bevilacqua, eram professores do Recife.[24]

O certo é que ambos os códigos civis em comento, com sua pretensão de sistematização completa do Direito, aliado ao surgimento no mesmo século XIX das ciências sociais com Comte prepararam o caminho ao chamado positivismo jurídico, o qual parte do princípio de que o Direito deve ser deduzido de regras pré-prontas, que estão *a priori* postas, especialmente da lei. Além disso, no sistema positivista costuma-se estudar as normas, verdadeiro objeto de estudo do jurista, deixando o problema da aplicação para um segundo plano. Ademais, este sistema costuma separar rigidamente as normas jurídicas de outras normas, especialmente as de natureza moral, levando a doutrina kantiana da metafísica dos costumes ao extremo.[25]

Ocorre que o mundo do século XX se tornou excessivamente complexo para que a lei em sentido amplo pudesse abarcar todas as nuances da vida concreta. A capacidade de previsão do futuro do homem, consubstanciada no suporte fático das regras, não se mostrou viável, por si só, para responder aos novos atores sociais, ante a rápida expansão da tecnologia e da própria economia (industrialização de massas, guerras, concentração de renda, bomba atômica, telefone, internet, etc.).[26] Quem sabe o que será descoberto amanhã? A descoberta de amanhã não tornará inócua a lei feita ontem? De outra parte, os parlamentos se obrigam a aprovar novas leis (de acidente do trabalho, do inquilinato, de relações laborais) a fim de resolver conflitos sociais novos não enfrentados pelos códigos elaborados no século anterior (próprios do Direito Social).

De sorte que os códigos civis passaram a perder espaço para legislações extravagantes. Esta é a época do chamado "Welfare State" (Estado Social), ou seja, de que reconhecimento das críticas marxistas ao igualitarismo formal e supostamente fictício do iluminismo. Dever-se-ia, mediante leis reequilibradoras da desigualdade de poder entre as partes, e por meio de políticas públicas (educação, saúde, etc.), reestabelecer materialmente a igualdade entre as pessoas e a justiça social, sem renunciar, no entanto, a economia de mercado.[27]

Ao lado disso, no sistema jurídico da *civil law*, os tribunais europeus se obrigaram, especialmente em virtude da guerra, a adequar os códigos a uma nova realidade (hiperinflação na Alemanha, escalada no preço dos aluguéis por todo o continente) em situações em que o juiz acabava por dar interpretação jamais imaginada a partir de brechas que ele encontrava na lei, tornando-se um verda-

---

[24] ADORNO, S. *Os aprendizes do poder*. São Paulo: Paz e Terra, 1988.

[25] Sobre positivismo jurídico, ver BARZOTTO, Luis Fernando *O positivismo jurídico*. São Leopoldo: Editora Unisinos, 2002.

[26] FARIA, José Eduardo. *O direito na economia globalizada*. São Paulo: USP, 1997. (inédito)

[27] ATIYAH, P. *The rise and fall of the freedom of the contract*. Oxford: Clarendon, 1979.

deiro fazedor de regras a partir do caso concreto (*judge made law*). Sem falar que a concepção teórica do positivismo jurídico, que abstraía da noção de sistema jurídico a idéia de valores e de justiça foi colocada em cheque pelas agruras do nazismo e dos demais regimes totalitários na Europa (ressurgimento da tópica e da retórica aristotélicas).[28]

Paralelamente a isso, no plano acadêmico, alguns professores passaram a debruçar seu estudo sobre a obra de Aristóteles, constatando a natureza problemática do fenômeno jurídico e da aplicação do Direito. Dentre eles, Viehweg e sua tópica, Perelman e sua teoria da argumentação jurídica e mais recentemente Alexy, MacCormick, entre outros. A par disso, também na metade do século XX, especialmente no pós-II guerra mundial, os acadêmicos e práticos do direito também passaram a desconfiar de uma rígida separação entre a moral e o direito.

Tudo isso gerou um grande desgaste e desconfiança face aos códigos civis ainda em vigor, dentre eles o francês de 1804, o alemão de 1896 e ao brasileiro de 1916, especialmente a partir da década de setenta do século XX. Começou-se a falar inclusive em uma era da decodificação ou da "descodificação", como preconizava o italiano Natalino Irti. Estes céticos entendiam ser impossível que uma lei geral pudesse conter todas as regras do sistema jurídico e que a melhor alternativa seria ter uma infinitude de leis especiais, uma para cada tipo relação jurídica, as quais poderiam ser mais facilmente substituídas por outra mais atual, sem necessidade de rever tudo (pois a codificação tem sempre a pretensão de sistematizar o ordenamento jurídico).[29]

Enquanto outros preferiram alterar a própria noção de código civil, não para que ele contivesse de maneira ordenada e sistemática todas as hipóteses de incidência para solução dos conflitos presentes e futuros (sistema fechado), mas que ele servisse como eixo fundamental do sistema que daria unidade a toda legislação extravagante e que ele tivesse mecanismos de oxigenação: as chamadas cláusulas gerais e os conceitos jurídicos indeterminados – sistema aberto. Vale dizer, regras cuja vagueza semântica, como dito por Judith Martins-Costa, cujo maior grau de abstração permitiriam ao juiz moldar sua interpretação ante aos novos problemas sociais colocados pela sociedade da informação. Seriam estas cláusulas gerais uma janela para que elementos metajurídicos, especialmente éticos, pudessem ser chamados na solução dos casos concretos.[30]

São todas estas conquistas da ciência jurídica que foram reconhecidas (com atraso) no novo Código Civil brasileiro que entrou em vigor em 2003. Por conseguinte, o que foi recebido na Lei é muito mais do que meras mudanças de regras jurídicas. É toda uma maneira de pensar e estruturar o Direito. É nesse contexto

[28] Ver HESPANHA, 1997.

[29] Sobre microssistemas legislativos ver ANDRADE, Fábio S. *Da codificação*. Porto Alegre: Livraria do Advogado, 1994.

[30] MARTINS-COSTA, Judith; BRANCO, Gerson Luiz Carlos. *Diretrizes teóricas do novo Código Civil*. São Paulo: Saraiva, 2002.

que devem ser entendidas as diretrizes do novo código tal como concebido pelo autor do anteprojeto, Miguel Reale.[31]

A aprovação do Código está originalmente associada ao movimento do Direito Social, que preconiza a solidariedade e a dignidade da pessoa humana como eixos do direito privado, além do aspecto regulador e fiscalizador do Estado Social.[32] É neste espírito, de quebra de paradigmas, pelo reconhecimento de uma modelo solidarista de Direito Privado, que devem ser compreendidas as diretrizes fundamentais do novo código, tais como postas pelo próprio Miguel Reale.

Contudo, como sugerido ao longo deste texto, o operador do Direito, especialmente aquele que lida com o Direito Empresarial, deve atualizar a sua leitura diante de fenômenos novos. A complexidade atual não mais se coaduna com aquele modelo imaginado pelo legislador quando concebeu o Projeto de Código Civil em 1975 e mesmo a Constituição "cidadã" de 1988. O atual momento é de privatização, ou seja, de retirada do Estado em determinados setores em que ele opera ineficientemente. A nossa era é a da globalização,[33] da sociedade da informação e das redes.[34]

Nesse sentido, é chegado o momento da "privatização" do Direito Público e não mais de Publicização do Direito Privado (como as Parcerias Público Privadas exemplificam); chegamos mesmo à "privatização" da justiça através da arbitragem (reconhecida pelo STF no julgamento da SEC nº 5206). Sem falar na era da *soft regulation* ou mesmo da *self regulation* que está na moda no circuito acadêmico europeu mais ligado ao mercado financeiro e na atividade empresarial.[35]

A sugestão de compatibilização da leitura do Novo Código Civil com a complexidade atual é o emprego dos modelos teóricos da(s) escola(s) do Direito e Economia para a interpretação da função social dos institutos de Direito Privado.[36] Acredita-se que desta maneira se estará contribuindo para o desenvolvimento do país, e, portanto, para a concretização dos ditames da Constituição Federal.

[31] "Não se tratava, com efeito, de mera mudança de artigos, mas de tomada de posição perante o problema da codificação exigida pelo País, à luz de outros paradigmas de ordem ética e política, uma vez que o Código em vigor fora elaborado para uma nação predominantemente agrícola, com reduzida população urbana, sem os imensos problemas sociais do Brasil contemporâneo".

[32] DEL RIO, José M Lete. *Derecho de la persona*. Madrid: Tecnos, 2000.

[33] Por globalização, quer-se dizer o processo de internacionalização das empresas, do capital financeiro internacional, de concentração empresarial mediante fusões e aquisições, da saída do Estado no direcionamento da economia, da rapidez da informação. Para uma análise das implicações jurídicas da globalização, ver FARIA, José Eduardo. *Direito e globalização econômica*. São Paulo: Malheiros, 1998.

[34] A sociedade em rede consolida a idéia de que o mundo contemporâneo se estrutura por meio de complexas teias de relacionamento social e econômico. Cf. CASTELLS, Manoel. *A sociedade em rede*. V. 01. São Paulo: Paz e Terra, 1999.

[35] Interessante nesse ponto do *soft law*, a tese de doutoramento de GAMA JR., Lauro da. *Os princípios unidroit*. São Paulo: USP, tese, 2004.

[36] POSNER, Richard, em *El análisis económico del derecho*. México: Ed. Fondo de Cultura Ecónomica, 1998. POLINSKY, Mitchell. *Introducción al análisis económico del derecho*. Barcelona: Editorial Ariel, 1985. ZYLBERSZTAJN, Décio & SZTAJN, Raquel, org. *Direito e Economia*. São Paulo: Editora Campus, 2005.

A importância dessa atualização interpretativa decorre mesmo do direito comparado. Vejam-se, exemplificativamente, as palavras de Atiyah para descrever justamente a superação do direito social ou *welfarista* no Direito Privado inglês:

> Efetivamente, a eficiente operação do Mercado requer que aqueles com maior poder de barganha possam ser permitidos de usá-lo – todos com habilidades raras, sejam jogadores de futebol, sejam *pop-singers*, devem ser autorizados a cobrar o que o mercado está disposto a pagar. (...) Isso quer dizer, entre outras coisas, que pelos últimos quinze anos, mais ou menos, o governo e a política legislativa buscaram restabelecer a autonomia da vontade em certas áreas das quais ela esteve afastada por um longo período, como, por exemplo, leis de controle do aluguel e do salário mínimo. É obviamente compreendido que os pobres locatários ou os trabalhadores mal pagos possam necessitar de auxílio financeiro do Estado; mas a tendência moderna é prover este suporte diretamente aos que dele necessitam, ao invés de tentar usar o direito contratual como um meio de redistribuição da riqueza.[37]

Essa leitura não está longe em termos absolutos da realidade jurídica do país. Ela aparece já em alguns julgados dos tribunais. Ver, exemplificativamente, o Recurso Especial nº 271.214 do Superior Tribunal de Justiça, Relator Ministro Ari Pargendler, de 12 de março de 2003, cujo voto destacou, para reverter decisão do Tribunal de Justiça do Rio Grande do Sul, que havia limitado a taxa de juros em contrato de abertura de conta corrente/cheque especial em 12%: "*Quid,* em relação ao argumento, de natureza econômica, de que, numa conjuntura de inflação mensal próxima de zero, os juros que excedam de 1% ao mês são abusivos? Com a devida licença, não há aí racionalidade alguma, muito menos de caráter econômico. Em qualquer atividade comercial ou industrial, o preço de venda do produto não pode ser menor do que o respectivo custo. (...) A taxa de juros é inteiramente desvinculada da inflação. A inflação é baixa, mas o custo do dinheiro é alto (...) e não pode ser reduzido por uma penada judicial. Trata-se de política econômica, ditado por ato de governo, infenso ao controle judicial".

Outro exemplo é o acórdão dos Embargos Infringentes na Apelação Cível nº 17.224, do Tribunal Regional da 4ª Região, Relator o Desembargador Federal Luiz Carlos Lugon, 2ª Seção, em cuja ementa se lê: "Admitir-se a legalidade do procedimento pretendido pelos requerentes (revisão contratual de contrato de financiamento imobiliário) implicaria o surgimento de perigoso precedente com sérias conseqüências para todo o complexo e rígido sistema de financiamento da habitação, cuja estrutura e mecanismo de funcionamento foi bem exposta por CAIO TÁCITO (...): 'ademais, os contratos imobiliários são, no caso, parte integrante de um todo interligado, de um sistema global de financiamento que tem, como outra face, a manutenção da estabilidade de suas fontes de alimentação financeira (...)'".

2. Os pilares do novo Código Civil

É o próprio Miguel Reale[38] quem lista os pilares sobre os quais conduziu os trabalhos de preparação do novo Código Civil e que inspiraram a sua redação e

[37] ATIYAH, P. "An introduction of the law of contract". Oxford: Clarendon Press, p. 31.

[38] REALE, Miguel. *O projeto do Código Civil*. São Paulo: Saraiva, 1986. ALVES, José Carlos Moreira. *A parte geral do projeto de Código Civil Brasileiro*. São Paulo: Saraiva, 1986.

revisão final, a saber, a operabilidade, a eticidade e a socialidade. Moreira Alves, que participou dos trabalhos com a redação da parte geral do Código salienta ainda o aspecto do rigor lógico e ainda da influência dos códigos italiano e português e da doutrina alemã. Se não devemos parar em Miguel Reale, deve ele ser certamente o ponto de partida.

2.1. O rigor lógico e técnico do novo Código Civil

O rigor lógico e técnico (sistemática): a nova lei opera a unificação do direito das obrigações, que terá regras comuns para todo o direito privado (antigamente civil e comercial), deixando de fora do corpo da lei o que é muito dinâmico (que ficará para regulação de lei complementar, como determinados contratos empresariais tipo *franchising*, questões tecnológicas como a internet, etc.). Trata-se, na verdade, de uma antiga pretensão de Teixeira de Freitas,[39] quando elaborou, no século XIX o esboço do código civil brasileiro. O Código, neste ponto, funcionará como eixo do sistema jurídico privado, em torno do qual orbitarão os microssistemas legislativos.

2.2. Proximidade com Portugal, Itália e Alemanha

A proximidade com a ciência jurídica alemã, portuguesa e italiana ocorre em virtude da obra e do pensamento dos autores do anteprojeto: Moreira Alves, Couto e Silva, Torquato Castro, Agostinho Alvim. Nesta esteira, o excessivo apego de alguns civilistas tradicionais à doutrina civil francesa se afigurará desnecessária. Mais valerá, como guia de interpretação ler autores civilistas portugueses e italianos do que os franceses. Tal proximidade com os modelos legislativos português, italiano e alemão pode se afigurar imprópria para a realidade nacional. O Estado brasileiro não tem condições materiais e econômicas de se tornar um Estado provedor do bem-estar social, apesar de ter sido este o modelo preconizado na Constituição Federal.

2.3. Eticidade

O legislador renunciou aos pressupostos positivistas de rígida separação entre ética e direito a fim de que, via cláusulas gerais e conceitos jurídicos indeterminados, permitisse que a moral voltasse a permear a aplicação do Direito.

O exemplo principal de eticidade é configurado nos artigos 133 e 422 do Novo Código, que tratam da positivação do princípio da boa-fé objetiva como fator de limitação da autonomia da vontade na fase pré e pós contratual e mesmo durante a execução do contrato. Trata este princípio de impor deveres de conduta às partes contratantes implícitos à natureza do tipo contratual celebrado, dentre eles deveres de esclarecimento, informação, prestação de contas.

---

[39] FREITAS, Teixeira de. *Consolidação das leis civis*. Rio de Janeiro: Garnier, 1896.

2.4. Socialidade

O legislador buscou "humanizar" o direito civil, na esteira da doutrina jurídica européia de colocar a pessoa humana e sua dignidade no cerne do Direito. Isso se dá por meio dos institutos da função social da propriedade, do contrato, da posse (embora controvertido este último). Essa "humanização" do direito civil ou "repersonalização" do direito privado resulta da influência do movimento de direitos humanos e da constitucionalização do direito civil.

Se a intenção do legislador é boa, até hoje não existem, entre os juristas, como dito acima, evidências empíricas de resultados concretos efetivos do papel da função social dos institutos de Direito Privado no desenvolvimento econômico e social de um povo.

Em realidade, este ideal humanista abre perigoso espaço, diante da realidade judiciária nacional, para leituras político ideológicas do Direito Privado. Talvez fosse mais adequado tivesse o legislador simplesmente se referido à proibição do abuso de direito (termo já corrente na doutrina civil ocidental e mesmo na jurisprudência pátria) ao invés de referir à "função social". O sistema recursal nacional não tem mecanismos que garantam a necessária uniformização interpretativa da função social do contrato e da propriedade.

O resultado disso já foi comentado acima, isto é, altos custos de transação e criação de um ambiente institucional desfavorável ao crescimento econômico, à geração de renda. Sem falar de uma fuga à arbitragem, ao direito estrangeiro, a cortes de outros países em que ainda vigora o *pacta sunt servanda.*[40]

É importante reter que socialidade não significa socialismo, mas apenas a idéia de que a lei confere direitos aos agentes privados não de maneira absoluta, de sorte a ensejar que seu exercício cause dano a outrem, mas condicionado a uma finalidade socialmente reconhecida (não esquecendo que estas relações entre privados são estabelecidas no mercado). Vale dizer, a sociedade, nas suas interrelações travadas fundamentalmente no mercado utilizam-se espontaneamente de institutos jurídicos disponibilizados pelo ordenamento jurídico ou mesmo criando outros, devendo o Direito reconhecer este espaço dos entes privados, inclusive como limitador ao abuso de direitos. O exemplo mais concreto de abuso são as cláusulas abusivas reguladas pelo artigo 51 do Código de Defesa do Consumidor, o abuso do poder econômico, disciplinado pelo artigo 20 da Lei 8884/94 (Defesa da Concorrência) e o abuso do poder de controle nas sociedades anônimas.

Com isso, quer-se dizer que pelo menos no âmbito dos contratos e da empresa, a sociedade não deixa de integrar o espaço público do mercado, podendo, nesse sentido, ser considerado atentatória à função social do contrato uma deci-

[40] *Printing and Numerical Registering Co v Sampson* (1875) LR 19 Eq 462 por George Jessel MR: "*If there is one thing more than another which public policy requires, it is that men of full age and competent understanding shall have the utmost liberty in contracting and that their contracts, which they entered into freely and voluntarily, shall be held sacred and shall be enforced by courts of justice*".

são irracional do ponto de vista econômico que desarranje o mercado, ou seja, que tenda a gerar mais custos à sociedade do que benefícios.

Carecemos hoje de análises empíricas mais detidas sobre o reflexo em termos de custos econômicos e sociais liminares que garantem o descumprimento do contrato, ou seja, sobre quem realmente sai perdendo com o descumprimento do contrato. Provavelmente se descobrirá, com certa surpresa, que não é a coletividade. Isso porque o século XX não gerou nenhum outro mecanismo mais eficiente do que a Economia para avaliar cientificamente o problema da escassez de recursos, ou seja, de como solucionar necessidades ilimitadas com recursos escassos. E a resposta da Economia certamente é de interesse da sociedade, e não apenas dos agentes econômicos.

Note-se que propositalmente alguns autores buscam traçar uma irreal e contra-fática distinção entre o plano econômico e o plano social, esquecendo que as relações sociais são estabelecidas no mercado, e, em contrapartida, as relações de mercado são relações sociais. Nenhuma opção economicamente ruim pode ser socialmente boa. O desperdício de recursos não pode ser bom socialmente.

2.5. Operabilidade

O Direito é feito para ser executado, i.e., praticado pelos tribunais e advogados, assim que o código é coberto de normas abertas que funcionam como um mandato em branco ao juiz. Questiona-se aqui se o assoberbado Poder Judiciário, que está inclusive sendo objeto de reformas em discussão no Parlamento, terá condições de cumprir este papel de produtor de normas jurídicas em concreto.

A despeito de evidentes conquistas deste novo monumento legislativo que de fato é, é possível antever problemas no âmbito da prática jurídica. O primeiro é o que o volume de processos na justiça não permitirá um tratamento do caso a caso, que este código exige (os típicos julgamentos padronizados que se vê sobretudo no STJ não se afeiçoam a este modelo legal). O segundo problema previsível é consectário deste primeiro. Como o volume de processos é imenso, os juízes não terão tempo para analisar detalhadamente os processos para criar regras para o caso, tornando praticamente inócua na prática as cláusulas gerais. Um terceiro problema diz respeito a uma grande probabilidade de injustiças e insegurança, ante a falta de tradição nos juízes brasileiros de fundamentarem adequadamente as suas decisões e na falta de respeito aos precedentes judiciais. Quem já discutiu uma decisão da justiça brasileira com advogados norte-americanos ou já apresentou uma opinião legal sobre uma determinada operação econômica a uma empresa estrangeira com certeza saberá o que está se dizendo aqui.

Efetivamente, com instrumentos novos que são as cláusulas gerais (função social do contrato, onerosidade excessiva) e que dão muita margem à subjetividade do juiz, o que esperar de uma justiça em que os próprios tribunais, por meio de suas câmaras, dão decisões contraditórias? Imagine-se só, sem vinculações a precedentes, o que será a função social da propriedade para um mesmo Tribunal de Justiça? Para auxiliar nesta racionalização e previsibilidade das decisões, ter-se-ia que recorrer à tópica aristotélica, à teoria da argumentação jurídica. Mas estes juízes assoberbados, educados dentro daquele modelo positivista e subsuntivo terão tempo para se atualizarem neste novo paradigma? Por fim, tem sido uma tendência observada em alguns juízes brasileiros uma certa vinculação ideológica, uma certa preferência *a priori* por soluções jurídicas conforme demonstrado no estudo de Armando Castelar Pinheiro já citado na Introdução. Qual a garantia dos agentes econômicos contra a arbitrariedade judicial?

Espera-se que o mecanismo da súmula vinculante criada pela Emenda Constitucional nº 45/2004 possa contribuir para minimizar o problema, mas a cultura jurídica nacional é tão restritiva deste importante sistema garantidor de maior previsibilidade judicial que até agora, quase um ano após a Reforma do Judiciário, nenhuma súmula vinculante foi aprovada no âmbito do STF.

Ora, esta preferência ideológica, seja à esquerda, seja à direita, sem o esforço de imparcialidade e isonomia que devem orientar o julgador, poderá ser catastrófica com as cláusulas gerais. Muitos diriam que nos Estados Unidos da América a identificação de juízes com a política (ideologia) não foi problema na experiência de cláusulas gerais (lembre-se que a Constituição Norte-americana não tem quinze artigos). No entanto, lá existe a doutrina do precedente, que oferece um grau mínimo de previsibilidade e racionalidade ao sistema. Ademais naquele mesmo país, os juízes são eleitos com base em uma plataforma, seja democrática, seja republicana, o que igualmente contribui para previsibilidade do sistema.

— III —

As origens do contrato no novo Código Civil: uma introdução à função social, ao welfarismo e ao solidarismo contratual[1]

Sumário: Introdução; 1. A escola do direito social e a funcionalização social do direito; 2. A nova racionalidade jurídica e a "Engenharia Social"; 3. Socialização e regulação do contrato; Conclusão.

Introdução

O Novo Código Civil, em seu artigo 421, trata da "função social do contrato" como um limitador da "liberdade contratual". O conteúdo e extensão desta verdadeira "norma programática" somente podem ser bem compreendidos se entendido e examinado o paradigma teórico em que tal princípio foi concebido – ou seja, o solidarismo jurídico (também aqui chamado de Direito Social). Se a doutrina e a jurisprudência começam a desenhar a sua significação dogmática nos casos concretos (como a prevalência de interesses coletivos sobre individuais),[2] cumpre aqui resgatar a origem do modelo *welfarista* de contrato na história do pensamento jurídico e dotar aquela tão vaga norma de um contexto teórico fundante, a fim de que se possa balizar a interpretação judicial nos casos surgidos perante o Poder Judiciário em conflitos atinentes a relações contratuais. Como se verá, a compreensão desse novo paradigma significa admitir uma nova concep-

[1] Esse artigo foi originalmente publicado na Revista dos Tribunais, volume 844, página 91 e ss.

[2] Ver exemplificativamente o Acórdão nº 70002855328, da lavra do Desembargador Nereu Giacomolli, do Tribunal de Justiça do Estado do Rio Grande do Sul, em que ficou assentado: "A partir da Constituição de 1988, o nosso modelo político é o Estado Democrático e Constitucional de Direito. Neste preconiza-se a independência harmônica e funcional dos poderes, a defesa dos direitos individuais e sociais, com amparo na Carta Magna. O instituto do contrato não pode ser simplesmente concebido como ícone do princípio da liberdade contratual ou da autonomia privada (poder negocial) na medida em que atua como revestimento jurídico de operações financeiras em geral e participa da constituição econômica da sociedade. Essas características específicas demonstram que o contrato não diz respeito apenas aos interesses individuais, mas também, aos sociais, porque o contrato inegavelmente possui uma função social. O novo Código Civil, orientado pela diretriz da socialidade, ou seja "colocação das regras jurídicas num plano da vivência social fazendo prevalecer os valores coletivos sobre os individuais, sem perda, porém, do valor fundante da pessoa humana (REALE...)." No mesmo sentido, Apelação Cível nº 70007162027 do mesmo Tribunal de Justiça. Em sentido um pouco diverso, o Agravo de Instrumento nº 70009005380 no qual a função social do contrato foi associada a "paz social" e a não alteração da contratação original sem justo motivo.

ção de sociedade e de contrato social, de Estado e dos institutos jurídicos tradicionais como o contrato.

1. A escola do direito social e a funcionalização social do direito

A função social dos institutos de direito privado e particularmente do contrato para os fins deste artigo, trata-se, originalmente, de criação dos solidaristas[3] ou dos defensores do Direito Social (do qual Durkheim, Duguit,[4] Hauriou,[5] Salleilles[6] e Gurvitch[7] são os fundadores), os quais romperam com o paradigma individualista do modelo jurídico liberal das codificações oitocentistas por acreditar que análise jurídica não deveria partir do direito subjetivo de uma pessoa, mas sim da função que aquele direito desempenha no tecido social.

Por estar fundado no organicismo social durkheimiano,[8] é um modelo jurídico fundado sobre o caráter funcional "radical" do sistema social (e de seus elementos), aos quais se reconheceu um papel fundamental na solidariedade, na coesão e na transformação social[9] – tudo dentro de uma visão "holista"[10] da socie-

---

[3] Para um excelente ensaio sobre o surgimento do solidarismo na doutrina jurídica, ver FARIAS, José Fernando de Castro. *A origem do direito de solidariedade*. Rio de Janeiro: Editora Renovar LTDA, 1998. Para um interessante depoimento e uma crítica contra o solidarismo, ver RIPERT, Georges. *O regime democrático e o direito civil moderno*. São Paulo: Saraiva, 1937. Para um histórico do pensamento jurídico a esse respeito, ver HESPANHA, Antônio Manuel. *Panorama histórico da cultura jurídica européia*. Lisboa: Publicações Europa América, 1997. Ver também a obra de ITURRASPE, Jorge Mosset. *Justicia contractual*. Buenos Aires: Ediar, s/d, p. 07 e ss.

[4] DUGUIT, Leon. *Droit Constitutionnel*. Paris: Ancienne Librairie Fontemoign & Cie Editeurs, 1927. Do mesmo autor, *Le droit social, le droit individuel et la transformation de l'État*. Paris: Félix Alcan Éditeur, 1911.

[5] HAURIOU, Maurice. *Derecho Público y Constitucional*. Madrid: Editorial Reus, 1927, p. 82. O autor em comento defende uma teoria jurídica que faz uma solução de compromisso entre o individualismo moderno e o objetivismo social de Durkheim e Duguit: a teoria da instituição ("(...) ou seja, todo o elemento da sociedade cuja duração não depende da vontade subjetiva de indivíduos determinados (...)", como o casamento, por exemplo), Para uma explicação da teoria de HAURIOU na doutrina nacional ver MACEDO, Ronaldo Porto. *Carl Schmitt e a fundamentação do Direito*. São Paulo: Max Limonad, 2001.

[6] SALLEILLES, Raymond. *La declaration de la volonté*. Paris: L.G.D.J., 1929. Este autor tratou de mostrar o desnível entre os contratantes na realidade do mundo dos negócios, que, no mais das vezes, são fechados por meio de contratos de adesão.

[7] GURVITCH, Georges. *La déclaration des droits sociaux*. Paris: Édtions de la Maison Française, 1944. Em síntese, este autor acreditava em um pluralismo jurídico, ou seja, um direito produzido espontaneamente em diversos segmentos sociais (portanto, um direito brotado espontaneamente no seio da sociedade, como um "direito vivo", na expressão de Ehrlich).

[8] CASTEL, Robert. A escolha do Estado Social. In *Sociologias*, Porto Alegre, ano 2, nº 03, jan/jun 2000, p. 19.

[9] É interessante notar como o paradigma solidarista é reflexo de uma abordagem sociológica do fenômeno jurídico, ao contrário da percepção jusnaturalista ou liberal, que é filosófica ou metafísica. Cf. EWALD, François. *A concept of Social Law*, o que acaba por explicar a passagem para um enfoque orgânico funcionalista. In *Dilemmas of the Law in the Welfare State*. TEUBNER, G. (org.). Berlin: Walter de Gruyter, 1988, p. 41.

[10] No "holismo metodológico", parte-se do fato de que o homem é um ser social, sendo a sociedade – enquanto fato delimitado no tempo e no espaço – um todo irredutível. Dessa forma, poder-se-ia entender o paradigma jurídico moderno do contrato como uma forma de "individualismo metodológico", pois toda construção jurídica parte do indivíduo; e, no solidarismo contemporâneo, ter-se-ia a construção das categorias jurídicas (dentre elas, o contrato) a partir da sociedade, sendo uma espécie de "holismo (ou coletivismo) metodológico". Cf. DUMONT, Louis. *Essais sur l'individualisme – une perspective anthropologique sur l'idéologie moderne*. Paris: Éditions du Seuil, 1983, ps. 11-29. No mesmo sentido, LOPES, José Reinaldo de Lima. *Direito e transformação*

dade, e, portanto, antiindividualista (pois a parte é função do todo).[11] Tratar-se-ia de um direito institucionalizado socialmente (*socially embedded*). Daí a expressão Direito Social.

O Direito Social (ao contrário do Liberal) é uma nova forma de perceber a relação entre o todo e a parte (grupo e indivíduos) no seio da sociedade (um "novo contrato social").[12] Com efeito, segundo o modelo "welfarista", no Estado Social, o grupo tem existência autônoma e não se confunde com o Estado, mas a ele se adiciona. Como a sociedade antecede ao indivíduo, este último passa a ter alguns deveres derivados da repartição ou da socialização do risco com a coletividade; algo essencialmente solidário, fundado na concepção de justa distribuição dos ônus e dos lucros sociais, funcionando o Direito Social como um equilíbrio entre interesses conflitantes das pessoas (o que se faz tratando desigualmente os desiguais, ou seja, protegendo o mais fraco).[13] É o caso, por exemplo, do Direito do Trabalho, do Direito Previdenciário e mesmo do Direito do Consumidor.[14]

Esse Direito Social está inserido no contexto político e econômico do Estado Social, que sucedeu ao modelo de Estado liberal.[15] Sobre a definição do termo *Welfare State*, Andersen comenta que:

> (...) O *Welfare State* tem sido abordado tanto estritamente quanto amplamente. Aqueles que assumem uma visão estreita, vêem-no em termos do terreno tradicional de melhorias sociais: transferência de rendas e serviços sociais (...). A visão mais ampla estrutura as suas questões em termos de política

---

social. São Paulo: Edições Ciências Jurídicas, 1997, p. 50 e ss. Foge ao escopo desse trabalho a discussão acerca do caráter holista ou individualista da filosofia utilitarista e da comunitarista. Remete-se aqui o leitor para a obra de BENTHAM, Jeremy. *Uma introdução aos princípios da moral e da legislação*. São Paulo: Nova Cultural, 1989, p. 09-18 e para a obra de MACINTYRE, adiante citada.

[11] Há em Durkheim uma analogia do sistema social com o sistema biológico. Assim como o pulmão não vive para si, mas em função do sistema respiratório, o indivíduo também cumpre um papel social. Daí a análise freqüente da "função social" do objeto de estudo analisado. Nesse sentido, "na explicação dos fenômenos sociais se pode utilizar a análise funcional, que consiste em estabelecer a correspondência entre o fato em consideração e as necessidades gerais do organismo social e explicar em que consiste esta correspondência". Cf. RODRIGUEZ, Darío & ARNOLD, Marcelo. *Sociedad y Teoría de sistemas*. Santiago do Chile: Editorial Universitaria, 1991, p. 28.

[12] JAMIN, Christophe. Plaidoyer pour le solidarisme contractuel. In *Le contrat au début du XXIe siècle*. Org. Christophe Jamin *et alli*. Paris, LGDJ, 2001, *p*. 441 e ss. Ver, igualmente, MACNEIL, Ian R. *The new social contract: an inquiry into modern contractual relations*. New Haven, Yale, 1979.

[13] Cf. MACEDO, Ronaldo Porto. *Contratos relacionais*. São Paulo: Max Limonad, 1999, p. 42 e ss. Do mesmo autor, Mudanças dos contratos no âmbito do Direito Social. In *Revista de Direito do Consumidor*, vol. 25, p. 99 e ss. No mesmo sentido, LOPES, José Reinaldo de Lima. Responsabilidade do Estado por Empresas Fiscalizadas. In *Revista de Direito do Consumidor*, vol. 18, p. 77 e ss. Ver também EWALD, François. *Histoire d'État Providence*. Paris: Grasset & Fasquelle, 1996 e A concept of Social Law. In *Dilemmas of the Law in the Welfare State*. TEUBNER, G. (org.). Berlin, Walter de Gruyter, 1988, p. 40.

[14] Cf. LOPES, José Reinaldo de Lima. Direito do Consumidor e privatização. In *Revista de Direito do Consumidor*, vol. 26, p. 119.

[15] Cf. LOPES, José Reinaldo de Lima. Direito do Consumidor e privatização. In *Revista de Direito do Consumidor*, vol. 26, p. 119 e ss; FLICKINGER, Hans-Georg. *Em nome da liberdade: elementos da crítica ao liberalismo contemporâneo*. Porto Alegre: EDIPUCRS, 2003, p. 32 e ss.; CAMPILONGO. *Política, Sistema Jurídico e Decisão Judicial*. São Paulo: Max Limonad, 2002, p. 27 e ss. OLIVEIRA JUNIOR, José Alcebíades. A atualidade da teoria do Direito de Norberto Bobbio. In *Teoria Jurídica e Novos Direitos*. Rio de Janeiro: Lúmen Juris, 2000, p. 39 e ss.

econômica, focando seus interesses no papel do Estado de organizador e administrador da economia (questões macroeconômicas ou keynesianas).[16]

A caracterização desse Estado Social é feita por Lopes através de dois elementos: seguros compulsórios e atividades distributivas. "O incentivo e o planejamento econômico correspondem à atividade do Estado promocional, quem sabe keynesiano",[17] afirma Lopes. Daí ser um Estado regulador, planejador, empreendedor e prestador de serviços. Segundo Lopes, o seguro compulsório público é um elemento-chave para compreender o novo paradigma. Nesse sentido, há uma transformação de mentalidade: os riscos são percebidos como fatores sociais sobre os quais se pode tentar alguma atuação coletiva. Segundo o mesmo autor:

> O acidente é regular, estatístico, previsível, calculável, enfim, fruto das relações sociais e não do acaso do destino. A própria pobreza deixaria de ser fruto da natureza para se converter em risco de existência enfrentável por seguros mínimos, rendas mínimas. O seguro público substituiria as redes familiares de solidariedade e assistência, típicas de sociedades pré-capitalistas.[18]

Dessa forma, busca-se, através de normas jurídicas, estimular formas obrigatórias de cooperação, de solidariedade entre a comunidade, fundamentalmente para viabilizar a convivência, a paz social, dirimir conflitos latentes. Criam-se, portanto, mecanismos de distribuição dos benefícios sociais da vida comum. O Direito Social quer gerar justiça, permitindo a acumulação capitalista, mas evitando alguns impactos negativos, que colocariam em risco a coesão social.[19]

Complementando essa visão, Barroso defende que o Estado Social assume diretamente alguns papéis na atividade econômica com o fim de promover o desenvolvimento econômico e social e outros papéis de cunho regulatório e distributivo, com o intuito de preservar o mercado e amparar aqueles que ficaram de fora do sistema.[20] Com isso, cria-se um modelo regulatório do contrato com variadas formas de intervenção estatal (judicial) na autonomia dos contratantes.

Essas são importantes premissas teóricas do tema da função social do contrato, sem as quais a compreensão do tema ficaria prejudicada. O contrato tem uma função social porque a análise jurídica deve partir primeiro do todo (da so-

---

[16] Cf. ANDERSEN, Gosta Esping. "The three worlds of welfare capitalism". Princeton, Princeton University Press. 1990, p. 09 e ss. O mesmo autor ainda alerta que os Estados variam muito em sua atuação "welfarista", ainda que a maioria dos países ocidentais, a partir da década de 60 do século XX, tenham empregado alguma política de bem-estar social. Ele atribui fundamentalmente às coalizões políticas de classe a emergência do Welfare State. Hobsbawn, como Guidens, prefere atribuir à guerra a principal causa das políticas de bem-estar social. Sobre o histórico do *Welfare State*, ver FRASER, Derek. "The evolution of the British Welfare State". London, Macmillan Press Ltd., 1976.

[17] Para um aprofundamento na teoria keynesiana, ver, por todos, ROBINSON, Joan. "Contribuições à Economia Moderna". Rio de Janeiro: Zahar Editores, S.A., 1978 e DILLARD, Dudley. "A teoria econômica de John Maynard Keynes". São Paulo: Livraria Editora Pioneira, 1964

[18] Cf. LOPES, "Direito do Consumidor e privatização" p. 119. ss.

[19] Cf. LOPES, José Reinaldo de Lima, "Direito do Consumidor e privatização". *In* Revista de Direito do Consumidor, vol. 26, p. 119 e ss.

[20] BARROSO, Luís Roberto. "Temas de Direito Constitucional". 2ª ed. Rio de Janeiro, Renovar, 2002, p. 389 e ss. No mesmo sentido, SARMENTO, Daniel. "Direitos Fundamentais e Relações Privadas". Rio de Janeiro: Editora Lumen Júris, 2004, p. 31 e ss.

ciedade) para somente depois chegar aos indivíduos contratantes. Nesse contexto, um contratante depende do outro, devendo-se mutuamente solidariedade cooperativa a fim de que ambos sobrevivam em sociedade. Caberá ao Estado Juiz, em situações de crise, transformar a realidade social egoísta até que se chegue aquele ideal de "justiça social".

2. A nova racionalidade jurídica e a "Engenharia Social"

A bandeira principal do solidarismo para o contrato é a promoção, por meio de normas jurídicas e do Estado, da "solidariedade orgânica"[21] quando ela não se encontrar espontaneamente praticada na ordem social, como era o caso da Europa do século XIX e do início do século XX (caracterizada pelo estado de "anomia" ou de "patologia social" gerados pela desigualdade social, pela falta de oportunidades iguais e em virtude da "injusta" divisão do trabalho).[22] Isso se refletiu, no pensamento jurídico, através de uma absoluta funcionalização social do Direito, seja pela exigência de uma "ética social"[23] ou "cooperativa",[24] seja pela defesa de uma "justiça comutativa e distributiva",[25] seja pela busca de uma "igualdade material"[26] e pela "democratização" econômica e social.[27]

---

[21] Sobre "solidariedade orgânica" e "solidariedade mecânica", ver mais adiante no trabalho. Em uma primeira aproximação, significa aquela forma de coesão social gerada pela divisão do trabalho, pela mútua dependência dos outros, sendo também ela caracterizada pela "religião" do respeito à dignidade humana que veio a superar a consciência coletiva homogeneizada de valores, típica de uma sociedade estamental medieval. Remete-se aqui a DURKHEIM, "Da divisão do trabalho social". V. 1. 2ª ed. Lisboa, Editorial Presença, p. 87 e ss e 131 e ss. Sobre a natureza dos vínculos hierárquicos medievais, ver, por todos, MAINE, Henry S. "L'ancien droit". Guillaumin, Paris, 1874, p. 107 e ss e 288 e ss.

[22] Para uma precisão conceitual e crítica dessa dicotomia "normalidade"/"anomia" social, remete-se a LUKES, Steven. "Bases para a interpretação de Durkheim". *In* "Sociologia: para ler os clássicos". Organizado por COHN, Gabriel. São Paulo: Editora Livros Técnicos e Científicos S.A., 1977, p. 38.

[23] Não se discutirá neste trabalho as origens mais ou remotas do solidarismo. Nesse sentido, Peces-Barba traz interessante histórico sobre o solidarismo na doutrina cristã e no socialismo utópico do século XIX e o define genericamente como "adesão à causa ou empresa dos outros", "sinônimo de fraternidade", "(...) união e boa correspondência entre irmãos ou entre os que se tratam como tais". Juridicamente, ele situa a solidariedade no âmbito social e político como impulso ético de ações da sociedade e dos poderes públicos para satisfazer necessidades básicas a serem satisfeitas por serviços públicos; expressariam valores "(...) contrários aos da economia clássica e em geral, ao pensamento liberal individualista que vinculava os indivíduos através de um contrato e que atribuía ao Direito um papel garantidor e repressor e não promocional". Cf. PECES-BARBA, *op. cit.*, p. 167.

[24] BETTI, Emilio. *Teoria do negócio jurídico*. Coimbra: Coimbra Editora, 1969. Do mesmo autor, *Teoria general de las obligaciones*. Madrid: Revista de Derecho Privado, 1970.

[25] Menciona Durkheim: "Na parte da ética que acabamos de percorrer – ou seja, a moral humana –, distinguem-se geralmente dois tipos de deveres muito diferentes: uns que chamamos deveres de justiça e outros que são os deveres de caridade, entre os quais admitimos uma espécie de solução de continuidade. (...) Na justiça, mais uma vez se faz uma nova distinção: justiça distributiva e justiça retributiva (...)". Cf. DURKHEIM, E. *Lições de Sociologia*. São Paulo: Martins Fontes, 2002, p. 302. Cf. ainda, DUGUIT, Leon. *Droit Constitutionnel*. Paris: Ancienne Librairie Fontemoign & Cie Editeurs, 1927.

[26] DUGUIT Leon. *Droit Constitutionnel*. Paris: Ancienne Librairie Fontemoign & Cie Editeurs, 1927; GURVITCH, Georges. *La déclaration des droits sociaux*. Paris: Édtions de la Maison Française, 1944.

[27] Afirma, a esse respeito, Canotilho: "A realização da democracia econômica, social e cultural ('princípio da socialidade') é uma conseqüência política e lógico-material do princípio democrático no núcleo firme do Estado Constitucional democrático. (...) A constituição distingue entre a 'democracia política' e a 'democracia

Tudo isso a fim de promover uma diminuição dos conflitos sociais através da distribuição dos riscos de atividades empresariais capitalistas e das vantagens econômicas por elas geradas no seio da sociedade e da proteção da parte fraca nas relações sociais. Ou seja, dito em outras palavras, a adoção do modelo de Estado Social no âmbito do Direito Privado: um Direito Social.

Para tal desiderato, o ideário solidarista exige uma nova racionalidade jurídica, caracterizada por uma maior abstração das normas jurídicas ("normas programáticas" na maioria das vezes), justamente para dar espaço ao juiz para resolver os conflitos sociais, cada vez mais complexos, diante de uma sociedade cada vez mais especializada e funcionalizada.[28] Mas não se trata de qualquer racionalidade, mas de uma racionalidade dirigida à redistribuição dos benefícios do capitalismo para com os menos favorecidos, protegendo, através da lei, os fracos – em síntese, uma racionalidade essencialmente material e não formal.[29]

---

econômica social e cultural'. Esta é um objetivo a realizar mediante a observância das exigências do princípio democrático e do princípio do estado de direito (soberania popular, respeito dos direitos e liberdades fundamentais, pluralismo de expressão, organização política democrática). (...) Ele apresenta duas dimensões específicas (...): (1) uma dimensão teleológica, pois a democracia econômica e social é um 'objetivo' a realizar no contexto de um processo público aberto – 'Estado social como processo' – e, por isso, ela apresenta-se como um fim do Estado; (2) uma dimensão impositivo-constitucional, pois muitas das suas concretizações assentam no cumprimento de fins e tarefas por parte dos órgãos e entidades públicas. (...) O princípio da democracia econômica e social constitui uma autorização constitucional no sentido de o legislador democrático e os outros órgãos encarregados da concretização político-constitucional adoptarem as medidas necessárias para a evolução da ordem constitucional sob a ótica de uma justiça constitucional nas vestes de uma 'justiça social'. O princípio impõe tarefas ao Estado e justifica que elas sejam tarefas de conformação, transformação e modernização das estruturas econômicas e sociais, de forma a promover a igualdade real. (...) O princípio justifica e legitima a intervenção econômica constitutiva e concretizadora do Estado nos domínios econômico, cultural e social ('realização e concretização dos direitos sociais'). O princípio é uma imposição constitucional conducente à adoção de medidas existenciais para os indivíduos e grupos que, em virtude de condicionalismos particulares ou de condições sociais, encontram dificuldades no desenvolvimento da personalidade em termos econômicos, sociais e culturais (ex. rendimento mínimo garantido, subsídio desemprego, etc.)". Cf. CANOTILHO, JJ. Gomes. *Direito Constitucional e Teoria da constituição*. Almedina. 5ª ed., p. 333. Sobre o tema, interessante a obra de MACPHERSON, C.B. *Ascensão e queda da justiça econômica e outros ensaios*. Rio de Janeiro: Paz e Terra, 1991, p. 53: "A expressão *democracia econômica*, cuja definição é a menos clara, geralmente é empregada para designar um dispositivo do sistema econômico capaz de propiciar uma justa distribuição do trabalho, da renda e da riqueza de um país. Cabe talvez perguntar se convém chamar a isso de democracia, ainda que por analogia, pois a característica definidora é aparentemente a existência de justiça distributiva e não de um mecanismo de controle, ao passo que a democracia, qualquer que seja o seu significado, significa ao menos um mecanismo de controle".

Valores estes de "justiça" ou "justiça social", "igualdade" e "solidariedade" consagrados em diversas Constituições européias, como a francesa de 1848 (RIVERO, Jean. *Les libertés publiques*. Paris: Presses Universitaires de France, 1973, p. 61 e ss), a portuguesa de 1976 (ver CANOTILHO, citado acima) e a espanhola de 1978 (MARTINEZ, Gregório Peces-Barba. *Derecho y Derechos Fundamentales*. Madrid: Centro de Estudios Constitucionales, 1993). Com relação à Constituição Brasileira de 1988, ver BARROSO, Luís Roberto. *Temas de Direito Constitucional*. 2ª ed. Rio de Janeiro: Renovar, 2002, p. 389 e ss. Na mesma esteira, SILVA, José Afonso. *Curso de Direito Constitucional Positivo*. 16ª ed. São Paulo: Malheiros, 1999, p. 760 e ss.

[28] FARIA, José Eduardo. O Judiciário e o desenvolvimento sócio-econômico. In *Direitos Humanos, Direitos Sociais e Justiça*, 1998. LOPES, José Reinaldo de Lima. Crise da norma jurídica e reforma do judiciário. In: *Direitos Humanos, Direitos Sociais e Justiça*. 1998, p. 68 e ss.

[29] Cf. SOUSA RIBEIRO, O *problema(...)*, p. 115; DULCE, Maria Jose Fariñas. *La sociologia del derecho de Max Weber*. Madrid: Editorial Civitas, 1991, p. 257-8 e 267. Esse tema é tratado à saciedade, ao tratar do costume e da lei como fontes de direito, por NEVES, Castanheira. "Fontes do Direito: contributo para a revisão do seu problema". In *Boletim da Faculdade de Direito de Coimbra* (Estudos em Homenagem aos Profs. M. Paulo

Trata-se, portanto, de uma tentativa de correção do "egoísmo", do "individualismo" e mesmo, para alguns, do "capitalismo".[30] É esse ideário solidarista que se encontra, em primeiro lugar, na Constituição Federal (vide, por exemplo, os seus artigos 1º e 3º).[31] Mas também é essa visão que aparece claramente nas diretrizes do Novo Código Civil – "socialidade" e "eticidade"[32] – e em diversos artigos espalhados pelo corpo do texto legal (ver, por exemplo, os artigos 157, 187, 421, 422, 424 e 1228). É, portanto, nas entranhas do modelo "welfarista" que se encontra a gênese ideológica do artigo 421 do Novo Código Civil.[33]

3. Socialização e regulação do contrato

Um novo modelo de contrato se faz necessário porque a nova legislação adota uma concepção funcional e social do Direito, própria do paradigma sociológico-solidarista, exercendo o contrato uma função importante na preservação da coesão social. No que tange especificamente ao direito contratual, as teorias solidaristas defendem a sua "socialização",[34] ou a sua "institucionalização",[35] no

Merêa e G. Braga da Cruz), vol. LVIII, 1982, p. 169 e ss. Weinrib define o formalismo como a viabilidade de "(...) uma compreensão interna do direito privado, trazendo consigo as idéias de caracter, espécie e unidade (...)" e que permite a distinção entre Direito e política. Cf. WEINRIB, "The Idea...", p. 22-3.

30 UDA, Giovanni Maria. Integrazione del contratto, solidarietà sociale e corrispettività delle prestazioni. In: *Rivista del Diritto Comerciale e del diritto generale delle obligazioni*, mai-jun, 1990, p. 301 e ss, especialmente p. 332 e ss. Na mesma esteira, os já citados acima Leon Duguit, Gurvitch, Peces-Barba.

31 Essa leitura solidarista do Direito Civil encontra eco na chamada "constitucionalização do Direito Civil" de que falam diversos autores nacionais, a saber: NEGREIROS, Teresa. *Teoria do contrato: novos paradigmas*. Rio de Janeiro: Renovar, 2002; TEPEDINO, Gustavo (coord.). *Problemas de Direito Civil Constitucional*. Rio de Janeiro: Renovar, 2000 e *Temas de Direito Civil*. Rio de Janeiro: Renovar, 1999; FACHIN, Luiz Edson. *Teoria Crítica do Direito Civil*. Rio de Janeiro: Renovar, 2000; MARTINS-COSTA, Judith (org.). *A reconstrução do direito privado*. São Paulo: Editora Revista dos Tribunais, 2002.

32 REALE, Miguel. *O projeto de Código Civil*. São Paulo: Saraiva, 1986.

33 No mesmo sentido, WALD, Arnoldo. O Novo Código Civil e o solidarismo contratual. In: *Revista de Direito Bancário, do Mercado de Capitais e da Arbitragem*, vol. 21, p. 35; NERY, Rosa Andrade. Apontamentos sobre a solidariedade no sistema de direito privado. In: *Revista de Direito Privado*, vol. 17, p. 70. Também parece concordar com essa afirmativa MARTINS-COSTA, Judith; BRANCO, Gerson Luiz Carlos. *Diretrizes teóricas do novo Código Civil*. São Paulo: Saraiva, 2002, p. 65. Até então, o Direito Civil, na esteira do Código de 1916 (de cunho individualista), era tratado como regra do Direito Privado, e o Direito Social (de caráter protetivo) – como a Consolidação das Leis Trabalhistas, o Código de Defesa do Consumidor, a Lei nº 8.245/91 (Lei do Inquilinato), o Estatuto da Criança e do Adolescente – era tratado como exceção, presente apenas em "microssistemas" legislativos. Cf. IRTI, Natalino. L' età della decodificazione. In *Diritto e Società*, nº 03-04, 1978, p. 614 e ss Tal raciocínio não pode mais prevalecer porque agora o próprio Código Civil tem cunho social. Aliás, como defendido por EWALD, François. A concept of Social Law. In *Dilemmas of the Law in the Welfare State*. TEUBNER, G. (org.). Berlin: Walter de Gruyter, 1988, p. 40

34 MARQUES, *Contratos* (...), dedica uma parte de sua obra na descrição dessa "socialização" do contrato (p. 74 e ss). MACEDO, *Contratos relacionais* (...), p. 84, trata da "normalização" do contrato, ou seja, de como as cláusulas contratuais passam ao controle social do que é normal e aceitável em determinadas circunstâncias. EWALD, *A concept* (...), p. 41, refere a "socialização" dos contratos para "(...) designar essa forma de gerar obrigações em que a ligação entre um indivíduo e outro é sempre mediada através da sociedade que eles formam, com a última jogando um papel regulador, mediador e redistributivo".

35 Sobre a institucionalização do contrato, ver PIZZORNO, Alessandro. Uma leitura atual de Durkheim. In: *Sociologia: para ler os clássicos*, org. Gabriel Cohn, Rio de Janeiro: LTC – Livros Técnicos e Científicos Editora, 1977, p. 47: "As duas primeiras noções durkheimianas (...) são as de institucionalização do contrato e a de coerção. A primeira aparece para resolver problemas que acabamos de definir. Por que a divisão do

sentido de se pensar a relação contratual sob um ponto de vista social ou holístico e não como uma relação abstrata de vontades "metafísicas" e apriorísticas, isoladas do ambiente e do interesse social (tal como reconhecido nas normas de ordem pública).[36]

Nessa esteira, argumentam os autores solidaristas que o modelo contratual liberal não atende à complexidade das relações econômicas e de poder no mundo contemporâneo do século XX, caracterizado pela industrialização, pela constante especialização gerada pela divisão do trabalho e por um "novo contrato social" – nele, o todo, a sociedade, tem existência autônoma das partes contratantes. A relação contratual deveria assumir, por isso, uma feição relacional social. Buscam, nesse diapasão, uma superação da concepção liberal de contrato, cuja funcionalidade (se existisse) seria a de expressar a vontade autonomamente formada dos indivíduos (direito natural de liberdade).

Nesse sentido, o modelo solidarista de contrato seria algo mais e algo menos do que uma mera justaposição de duas vontades (oferta e aceitação); ele configuraria uma forma de "relação social" que viabilizaria a circulação de bens e serviços em um mercado que é regrado, fundamentalmente, por "elementos não-consensuais". Por essa razão, as vontades não podem ser abstraídas do ambiente relacional (condicionantes sociais, lingüísticas e econômicas).[37]

É que, como o contrato tem uma função importante no seio da sociedade capitalista (coesão, cooperação, regulação de comportamentos e expectativas dentro da ótica solidarista), o equilíbrio e a justiça da relação contratual será garantida por meio de uma regulação heterônoma à vontade das partes contratantes, seja através de normas legais imperativas de proteção de interesses públicos e sociais (inerentes ao Direito Social)[38] – artigos 421, 157, 187 e 478 do Novo Código Civil), seja pelo respeito aos usos e costumes (artigo 113 do Novo Código) – visualizando-se, em todas essas formas, uma interação e uma mediação da sociedade no seio do contrato a fim de garantir-lhe funcionalidade.

---

trabalho é procurada já que não traz felicidade? Porque engendra a solidariedade. (...) mas essa solidariedade, fruto da divisão do trabalho, é fundada na interdependência entre as funções compartilhadas; pode, portanto, reduzir-se a essa interdependência, sem que caiamos numa dessas concepções que constroem a sociedade a partir dos interesses individuais. Da mesma forma, as relações sociais no seio das sociedades organizadas são de tipo contratual: não obstante, essas relações não se reduzem ao que é estipulado *ad hoc* pelas duas partes. Os termos da questão podem ser mais bem compreendidos à luz da polêmica contra o contratualismo de Spencer. Durkheim queria demonstrar que a coesão social não pode reduzir-se à mútua vantagem das partes que entram no contrato. O acordo contratual seria, por sua própria natureza, instável, já que os interesses dos indivíduos mudam constantemente. Os conflitos latentes, que os contratos particulares supostamente resolvem, reapareceriam incessantemente se não houvesse, no contrato, algo mais do que o próprio contrato. Essa outra coisa é a sua regulamentação, sua institucionalização, a única coisa que pode transformar as relações contratuais em relações estáveis e previsíveis".

[36] Refere REALE, *O projeto* (...), p. 10: "(...) o contrato é um elo que, de um lado, põe o valor do indivíduo como aquele que o cria, mas, de outro lado, estabelece a sociedade como o lugar onde o contrato vai ser executado e onde vai receber uma razão de equilíbrio e medida".

[37] RIBEIRO, Sousa. *O problema do contrato*. Coimbra: Almedina. 2003, p. 11-23.

[38] Cf. UDA, *Intregazione* (...), p. 328 e ss. MARTINS-COSTA, *A reconstrução* (...), p. 624 e ss.

Claro, portanto, que, nesse novo modelo dogmático, o contrato assumiria uma feição "relacional" e "estatutária", como se funcionasse como o outro lado da moeda do novo direito obrigacional, que concebe a relação como um todo e como um processo.[39]

Conclusão

Portanto, o legislador, no Novo Código Civil, como já havia feito em outros diplomas legais (fundamentalmente na Constituição Federal e no Código de Defesa do Consumidor), aceita a principal crítica da visão teórica individualista liberal e de seu reflexo no Direito Privado, feita pela chamada escola solidarista de Durkheim, Duguit e de seus seguidores, propondo um modelo socialmente funcionalizado de legislação e, por via de conseqüência, do contrato (socializado). Foi esse o paradigma teórico adotado no Novo Código Civil brasileiro, que, portanto, rompeu com o modelo liberal do Código Civil anterior de 1916.

Vale dizer, a adoção de um direito contratual próprio do Direito Social somente poderia acontecer, coerentemente, se o legislador adotasse uma concepção de contrato "welfarista", ou seja, como um fato social orgânico ordenado funcionalmente pelo Estado, inspirado na idéia de prevalência do todo sobre a parte (isto é, dos interesses coletivos sobre os individuais). Isso autorizaria o Estado, através do seu Poder Judiciário, a promover o reequilíbrio das partes contratantes, a proteger o pólo mais fraco da relação e a promover o bem-estar social.

Caso contrário, não faria sentido um artigo com norma programática sobre a função social do contrato (artigo 421), e concretizações suas no texto legal como a proibição do abuso de direito (artigo 187), a hipótese de revisão judicial dos contratos por onerosidade excessiva (artigos 317 e 478), a boa fé objetiva (artigo 422), que são mecanismos de intervenção estatal nos pactos.[40]

---

[39] Afirma Larenz que a relação obrigacional como *relação jurídica total* compreende uma série de deveres de prestação e de conduta, além de poder conter para uma e outra parte direitos formativos e outras situações jurídicas. "É, pois, um conjunto não de fatos ou de acontecimentos, do mundo exterior perceptível pelos sentidos, mas de 'conseqüências jurídicas', quer dizer, daquelas relações e situações que correspondem ao mundo da validade objetiva da ordem jurídica". Cf. LARENZ, Karl. *Derecho de obligaciones*. Madrid: Revista de Derecho Privado, 1998. p. 37. Para Couto e Silva, a boa-fé objetiva atua como um novo paradigma na criação de deveres de conduta e na limitação ao exercício incondicional de direitos, estabelecendo entre os participantes da relação jurídica, isto é, "(...) o vínculo contratual imporia uma *ordem de cooperação* formadora de uma unidade que não se esgota na soma dos elementos que a compõem e, em deferência da qual, credor e devedor deixam de ocupar posições antagônicas, dialéticas e polêmicas (...) (formando) *um elo de colaboração, em face do fim objetivo (da obrigação) a que visam*". COUTO E SILVA, Clóvis. *A obrigação como processo*. São Paulo: Bushatsky, 1976, p. 8 e 30.

[40] É a conclusão exarada no acórdão da Apelação Cível nº 70011602091, do Tribunal de Justiça, em que ficou consignado: "A função social do contrato tem por objetivo evitar a imposição de cláusulas onerosas e danosas aos contratantes economicamente mais fracos. Os efeitos legais da função social do contrato são a aplicação da cláusula *rebus sic standibus*, a excessiva onerosidade superveniente e a modificação ou anulação do contrato, em decorrência do aproveitamento de um estado de necessidade comum ao estado de perigo (art. 156, Código Civil) ou captando a inexperiência do outro para a obtenção de vantagem exagerada como ocorre na lesão (art. 157, Código Civil)".

Dessa forma, desvendado o substrato teórico da nova legislação social, mostra-se a verdadeira e mais importante quebra de paradigma do que a mera alteração do texto legal, que se revela na concepção do contrato como um fato social orgânico, no mais das vezes normatizado e disciplinado pelo Estado, e não uma criação voluntária auto-interessada das partes.

— IV —

Direito, economia e a função social do contrato: em busca dos verdadeiros interesses coletivos protegíveis no mercado do crédito[1]

Sumário: Introdução; 1. A caminho do senso comum acerca da função social do contrato; 2. A função social do contrato em uma economia de mercado; Conclusão; Referências.

Introdução

O Novo Código Civil (NCC), que foi publicado em 2002 e entrou em vigor em 2003, trouxe mais inovações qualitativas do que quantitativas. Comparando-se um a um os dispositivos desse NCC com os do Código Civil anterior, de 1916, percebe-se que muitos dos artigos do Código Civil (especialmente em matéria contratual) foram repetidos no atual. Entretanto grandes foram as modificações na principiologia dos contratos. Positivou-se a boa-fé objetiva (artigos 113 e 422), a lesão (artigo 157), o abuso de direito (artigo 187), a onerosidade excessiva (artigos 317 e 478). Talvez a mais controvertida de todas seja a que consta no seu artigo 421, que assim dispõe: "Art. 421. A liberdade de contratar será exercida em razão e nos limites da *função social* do contrato". Trata-se de disposição inédita na legislação do País, que já conhecia, entretanto, há muito tempo, regras constitucionais sobre a função social da propriedade e de uma doutrina de certa forma consolidada sobre os demais institutos antes referidos (que não são objeto de análise aqui).

Esse ineditismo acarreta certos receios sobre o impacto desse dispositivo acerca da função social dos contratos no mercado, especialmente no que diz respeito à concessão do crédito. Nesse sentido, o objetivo deste artigo é mapear e descrever o atual *status* da discussão na doutrina (e reflexamente na jurisprudência nacional) sobre a função social do contrato (a que é dedicada a primeira parte), que normalmente identifica a função social do contrato sob a ótica da justiça distributiva inerente ao Estado Social, no sentido de equilibrar os poderes econômico e fático entre as partes.

---

[1] Artigo originalmente publicado na *Revista de Direito Bancário e do Mercado de Capitais*, RT, 2006, vol. 33, p. 15-31.

Em segundo lugar, propõe-se uma sugestão de leitura crítica ao consenso que aparentemente vem se formando entre os juristas e juízes brasileiros sobre o tema da função social, a partir de uma ótica da escola de análise econômica do Direito, tendo como referência a obra de Cooter e Ulen (2003, p. 10 e seg.), bem como as contribuições da Nova Economia Institucional de North (1990, p. 3), Williamson (1985, p. 15 e seg.) e Coase (1988, p. 7) – que não é necessariamente excludente de outros espectros de abordagem, como a teoria dos sistemas de Luhmann, por exemplo. No Brasil, as referências são as obras organizadas por Sztajn e Zylbersztajn (2005) e Pinheiro e Saddi (2005).

É demonstrado, ao final do ensaio, que o senso comum encaminhado pela doutrina nacional pode conter equívocos, ao sustentar a função social do contrato a partir de uma idéia de justiça distributiva e ao se buscar, por meio do contrato, fazer "justiça social"; ou, na pior das hipóteses, ele pode trazer mais prejuízos coletivos do que benefícios, se se levar em conta a realidade econômica de mercado. Ou seja, defendendo que o contrato já não seria mais um espaço dos contratantes, mas da sociedade (ou comunidade), onde prevaleceriam os interesses coletivos e o bem comum,[2] essa linha de raciocínio acaba por embasar um posicionamento jurisprudencial favorável à constante revisão judicial dos pactos, com interferência estatal no acordo estabelecido entre as partes, em favor da parte contratante menos favorecida (hipossuficiente).

Em uma perspectiva econômica, ainda que não se renuncie à preponderância do interesse social, essa tese de utilização de critérios distributivos ou de Direito Público aos contratos (espaço privado) não faz sentido, pois acaba confundindo o interesse coletivo com a proteção da parte mais fraca (que, muitas vezes, espelha um interesse individual e não coletivo) ou mesmo com a redistribuição dos benefícios econômicos do contrato entre as partes arbitrariamente, descurando da autonomia privada. Nem sempre aquele interesse social significa interferir no contrato em favor de uma das partes. Ao contrário, exemplos recentes no mercado de crédito dão conta de que a interferência estatal no acordo entre as partes pode favorecer a parte mais fraca no litígio e prejudicar a posição coletiva, ao desarranjar o espaço público do mercado que é estruturado em expectativas dos agentes econômicos.

Nesse sentido, a revisão judicial dos contratos empresariais pode trazer instabilidade jurídica, insegurança ao ambiente econômico, acarretando mais custos de transação para as partes negociarem e fazerem cumprir o pacto. Ademais, aqueles casos de revisão dos pactos demonstram que, muitas vezes, o risco ou mesmo o prejuízo da interferência é distribuído entre a coletividade, que acaba por pagar pelo inadimplente judicialmente protegido (como acontece paradigmaticamente com os juros bancários e como aconteceu em casos de contratos de financiamento da soja no Estado de Goiás)

[2] Arrow (1970) expõe a dificuldade de se chegar ao bem comum por meio de escolhas individuais, como acontece em processos de deliberação coletiva.

Mas não é só isso, a crise financeira dos governos, a globalização, a sociedade em rede, a formação de blocos econômicos colocam em xeque o próprio modelo de Estado Social e, por via de conseqüência, o modelo distributivista baseado no ideal da "justiça social", de "humanização" do capitalismo via o instituto contrato. Na verdade, é o desenvolvimento do sistema econômico capitalista (complementado por um adequado sistema tributário que permita a redistribuição de renda por meio de um *good governance*) que acaba viabilizando os meios de progressão social. Portanto, deve-se pensar numa interpretação do sistema jurídico que melhor contribua para esse fim, e não que com ele colida.

Lembra-se, finalmente, que o presente estudo não aborda e não pretende trabalhar com as implicações da função social no Direito do Trabalho e no Direito do Consumidor, cuja especialidade foge ao escopo geral aqui proposto para o Novo Código Civil (que, inclusive, lhes é residual na regulação da vida privada).

1. A caminho do senso comum acerca da função social do contrato

Estamos a caminho de um consenso na doutrina jurídica nacional acerca do sentido da função social do contrato prevista no Novo Código Civil brasileiro. Essa opinião quase[3] comum deduz-se do levantamento dos artigos publicados nos principais periódicos nacionais, entre os anos de 2003 e 2005.[4] Parte significativa

[3] Diz-se quase, porque foram encontrados quatro artigos com posicionamentos (mais ou menos) diferentes dos demais: *Princípios do novo Direito Contratual e desregulamentação do mercado* (AZEVEDO, 1998, p. 113--120), *A doutrina do terceiro cúmplice:* autonomia da vontade, o princípio *res inter alios acta,* função social do contrato e a interferência alheia na execução dos negócios jurídicos" (RODRIGUES JÚNIOR, 2004, p. 81), *A teoria das redes contratuais e a função social dos contratos: reflexões a partir de uma recente decisão do Superior Tribunal de Justiça* (LEONARDO, 2005, p. 100), *Função social dos contratos de transferência de tecnologia* (AMARAL, 2003, p. 37). Azevedo vê a função social do contrato na relativização do princípio da força relativa dos contratos – de modo que o contrato poderia trazer efeitos para terceiros à relação contratual; idéia esta compartilhada por Rodrigues Júnior. Leonardo enxerga a função social do contrato na rede contratual formada em determinadas estruturas de mercado, como o financiamento habitacional e, eventualmente, o próprio seguro.

[4] Citam-se as principais autoridades, para evitar uma lista muito extensa: *O Novo Código Civil e o solidarismo contratual* (WALD, 2004, p. 35), *Apontamentos sobre o princípio da solidariedade no sistema do Direito Privado* (NERY, 2004, p. 70), *Princípios de direito das obrigações no novo Código Civil* (DA SILVA, 2003, p. 99), *O relativismo da autonomia da vontade e a intervenção estatal nos contratos* (PENTEADO JÚNIOR, s. d., p. 211), *A função social do contrato (causa ou motivo)* (PENTEADO, 2005, p. 9), *Reflexões sobre o princípio da função social dos contratos* (PENTEADO, 2005., p. 41), *Da função social do contrato* (PACHECO, 2003, p. 496), *A função social do contrato* (SANTOS, s. d., p. 99), *Uma reflexão sobre as "cláusulas gerais" do Código Civil de 2002 – a função social do contrato* (WAMBIER, 2005, p. 59), *A função social do contrato e o princípio da boa fé no Novo Código Civil Brasileiro* (THEODORO DE MELLO, 2002, p. 11), além da obra *O contrato e sua função social* (THEODORO JÚNIOR, 2003). Em uma perspectiva um pouco diversa, mas chegando praticamente aos mesmos resultados, têm-se: *Função social do contrato:* primeiras anotações (SALOMÃO FILHO, 2004, p. 67). Salomão Filho enxerga, na função social do contrato, a integração, no contrato, dos interesses difusos e coletivos (teoria dita "institucionalista"). Publicações mais antigas já prenunciavam esse modelo social de contrato, ver, por exemplo: *Contratos relacionais* (MACEDO, 1999), *O contrato:* exigências e concepções atuais (LOBO, 1986), *Um novo paradigma de contratos?* (GRAU, 2001, p. 423 e seg.), *Crise e modificação da noção de contrato no Direito brasileiro* (MARTINS-COSTA, 2005, p. 127-154), *A autonomia privada como princípio fundamental da ordem jurídica* (AMARAL NETO, s. d., p. 7). No Direito Comparado, conferir: *The death of contract* (GILMORE, 1995) e *The rise and fall of the freedom of the contract* (ATIYAH, 1979).

dos autores pesquisados entende a função social como a expressão, no âmbito dos contratos, dos ditames da "justiça social" próprios do *Welfare State*. Trata-se do fenômeno denominado de "publicização" ou "socialização", ou mesmo de "constitucionalização", do Direito Privado, em razão do qual institutos tradicionalmente de Direito Civil – como o contrato, a propriedade – passam a ser orientados por critérios distributivistas próprios do Direito Público.

O princípio da função social é visto, nesse quase-consenso, como uma limitação ao princípio da liberdade contratual – de índole tipicamente burguês e consagrado nos códigos civis do século XIX, como o *Code Civil* e o *Burgerlichesgesetzbuch* (BGB) –, considerado individualista. A função social do contrato garantiria a preponderância dos interesses coletivos frente aos interesses individuais. Isso significa, na prática (embora nem todos os autores citados concordem), a proteção da parte mais fraca na relação contratual, que, muitas vezes, não manifestaria sua vontade livremente, mas sucumbiria ao maior poder de barganha da parte economicamente mais forte. Para outros autores analisados, isso significaria redistribuir o resultado econômico do contrato entre os contratantes. Portanto, trata-se de um modelo de concepção de contrato, em qualquer um dos âmbitos de análise aqui descritos, que supõe fictícia a liberdade contratual, sendo mais correto falar em submissão, quando o poder econômico desequilibra o poder de barganha entre as partes. Significaria também identificar legítimos interesses de terceiros (portanto, estranhos ao contrato) a serem tutelados (interesses difusos e coletivos). Daí a necessidade de reequilíbrio das partes pelo Estado (legislador e juiz).

Paradigmáticas, nesse sentido, são as palavras de Judith Martins-Costa:

> O princípio da função social, ora acolhido expressamente no Código Civil, constitui, em termos gerais, a expressão da socialidade no Direito Privado, projetando em seus corpos normativos e nas distintas disciplinas jurídicas a diretriz da solidariedade social (Constituição Federal, art. 3º, III, *in fine*). [...] o princípio da função social, [...] indica um caminho a seguir, oposto ao do individualismo predatório (MARTINS-COSTA , 2005).

E a jurisprudência? No Brasil, como nos países de tradição romano-germânica em geral, é fortemente influenciada pela doutrina, que joga um papel fundamental na *práxis* jurídica. Portanto, esses ensinamentos doutrinários acabam refluindo para os acórdãos dos tribunais.

Nesse sentido, com base na função social dos contratos, alguns juízes têm revisado contratos sob o argumento político de proteger o fraco contra o forte, a coletividade (por exemplo, o mutuário) frente à individualidade (por exemplo, a instituição financeira). Com o mesmo argumento, parte do Judiciário tem proibido o corte no fornecimento de água, de luz e tudo mais que disser respeito à dignidade da pessoa humana, ainda que o corte esteja permitido nas respectivas leis de água, de luz e nos contratos entabulados entre as partes. Veja-se, exemplificativamente, a ementa da Apelação Cível nº 70.010.372.027, 9ª Câmara Cível do Tribunal de Justiça do Rio Grande do Sul (TJRS), de 10.08.2005:

SISTEMA FINANCEIRO DA HABITAÇÃO. AÇÃO DE REVISÃO CONTRATUAL. PLANO DE COMPROMETIMENTO DE RENDA. TABELA PRICE. CAPITALIZAÇÃO. FUNÇÃO SOCIAL DO CONTRATO SEGURO.

Possibilidade de revisão e adequação do contrato, estabelecendo o equilíbrio nas relações negociais existentes entre as partes, dentro daqueles parâmetros que confere o Estado de Direito e a função precípua do Poder Judiciário.

[...]

6. Afasta-se a incidência iníqua da TABELA *PRICE*, adotando-se o método de cálculo de juros simples, com o intuito de evitar o anatocismo e a progressão geométrica e exponencial dos juros.

7. Quando o contrato estipula correção do saldo devedor pela poupança, são embutidos juros mês a mês no valor remanescente da dívida, incidindo sobre os anteriores, incorporados ao saldo, o que significa computação de juros sobre juros. Estes hão de ser excluídos, mantendo-se somente a TR, a qual, admite-se como índice de correção.

No caso em comento, como de praxe em literalmente milhares de casos que tramitam na Justiça gaúcha, o Tribunal de Justiça do Rio Grande do Sul alterou o contrato de financiamento habitacional firmado entre o banco e o mutuário, para gerar um equilíbrio no contrato. Entendeu o Tribunal que a Tabela Price (método de cálculo de juros próprio da matemática financeira), utilizada para calcular os juros, era abusiva, porque geraria a incidência da cobrança de juros sobre juros, isto é, anatocismo, o que, no entendimento do mesmo Tribunal, não seria legal.

Em outro acórdão do TJRS, ficou assentado: "A *função social do contrato* tem por objetivo evitar a imposição de cláusulas onerosas e danosas aos contratantes economicamente mais fracos" (Aresto da Apelação Cível nº 70.011.602.091, Décima Quinta Câmara Cível, Tribunal de Justiça do RS, julgado em 08.06.2005). No próprio Superior Tribunal de Justiça (STJ), em nome da função social do contrato, foi enfraquecido o direito real de hipoteca de bancos que operavam linhas de crédito em favor de construtoras. Preferiu o STJ, em mais de uma ocasião, proteger os interesses do adquirente do imóvel (Superior Tribunal de Justiça, Recurso Especial nº 187.940, Relator Ministro Ruy Rosado de Aguiar Jr., e Recurso Especial nº 316.640, Relatora Ministra Nancy Andrighi). Nesses casos, a construtora havia feito financiamento bancário para construção do prédio (respaldada em hipoteca sobre o bem construído), concomitante ao compromisso de venda do futuro apartamento ao adquirente final (o que não é proibido por lei, diga-se de passagem). Assim, a construtora recebia recursos do banco e dos adquirentes do imóvel, tornando-se mais capitalizada. Acontece que, nos casos citados, a construtora não efetuou o pagamento ao banco, que acabou por executar a hipoteca imobiliária, que incidia sobre os imóveis comprometidos aos adquirentes.

Além disso, em outra decisão paradigmática, o TJRS não reconheceu o direito de hipoteca do banco – que fizera um financiamento habitacional com garantia hipotecária –, com base na idéia de interpretação da lei conforme a sua função social (artigo 5º da Lei de Introdução ao Código ivil) e ainda de acordo com direito fundamental ao acesso à moradia. No caso concreto, o mutuário deixou de pagar o financiamento bancário de seu imóvel que servia como garantia ao contrato de mútuo habitacional junto à instituição financeira. Diante disso, o banco executou judicialmente a garantia, para, com o resultado da execução, saldar a dívida. O Poder Judiciário gaúcho não permitiu o prosseguimento dessa execução pelos motivos expostos (função social e acesso à moradia).

Cumpre esclarecer outra particularidade do sistema legal brasileiro, que acaba por aumentar os custos de transação das partes contratantes. Os precedentes das altas cortes não são vinculantes, então, embora o Superior Tribunal de Justiça tenha determinado a não- -intervenção judicial nos juros bancários (como regra geral) – por esse assunto se tratar de política monetária afeita ao Banco Central do Brasil – ainda assim um tribunal estadual pode seguir julgando diferentemente.

É digno de nota que um dos pontos mais evidentes desse modelo "social", ou, como vem sendo chamado, "solidarista", é o grande risco de "politização" do Direito, ou, para utilizar a linguagem de Luhmann (1988, p. 242 e seg.) – e quem sabe de Weber (Dulce, 1991, 257-8 e 267)[5] e de Parsons[6] –, de tentativa de dominação da racionalidade jurídica pela racionalidade política. Dessa forma, o sistema jurídico, que tem a sua linguagem, o seu código binário (lícito-ilícito), passa a ser contaminado pela linguagem, pelo código (poder-não poder) e mesmo pela racionalidade da política.

Essa politização do sistema jurídico transborda ao Poder Judiciário, pelo domínio que acaba tendo dos círculos acadêmicos (Engelmann, 2006). Estudo de Armando Castelar Pinheiro evidencia que mais de 70% dos juízes pesquisados preferem fazer "justiça social" a aplicar a "letra fria" da lei e do contrato (Castelar, 2005).[7]

Nesse modelo "solidarista", portanto, a função social do contrato significaria corrigir o desequilíbrio de poder no espaço do contrato e distribuir o resultado econômico do relacionamento entre as partes para corrigir a desigualdade social, não importando, genericamente falando, os reflexos no sistema econômico. Em uma análise econômica, esse raciocínio não faz sentido, especialmente se se tiver em conta que o Direito e especificamente o contrato tem como ambiente um sistema econômico de mercado, como se verá no próximo item.

2. A função social do contrato em uma economia de mercado

Em uma perspectiva de análise econômica do Direito, não se rejeita que existam interesses coletivos dignos de tutela nas relações contratuais. Contudo, a coletividade é identificável na estrutura do mercado que está por trás do contrato que está sendo celebrado e do processo judicial relacionado ao litígio a ele pertinente (em verdade, a própria Lei 8.884/94 reconhece ser o mercado protegido

---

[5] Para um aprofundamento do tema, que foge ao escopo do presente estudo, ver o próprio Weber (1999, p. 1-153) e Freund (1978, p. 69 e seg.).

[6] Ver Rocher (s. d., p. 30 e seg. e, especialmente, 39 e seg.). O complexo sistema de ação social parsoniano aparece em Parsons (s. d., p. 15 e seg.).

[7] No mesmo sentido, ver o Prefácio de Gustavo Franco na mesma obra citada (TIMM, 2005).

por ela um interesse difuso ou coletivo digno de tutela). Nesse sentido, o todo em um contrato de financiamento habitacional é representado pela cadeia ou rede de mutuários (e potenciais mutuários), que dependem do cumprimento do contrato daquele indivíduo para alimentar o sistema financeiro habitacional, viabilizando novos financiamentos a quem precisa.[8] Assim, se houver quebra na cadeia, com inadimplementos contratuais, quem sai perdendo é a coletividade (que ficará sem recursos e acabará pagando um juro maior). Até porque, conceitualmente e mesmo na vida real, os bancos não emprestam o seu dinheiro, mas uma moeda captada no mercado.

Esse entendimento vale também para o contrato de seguro. Nesse diapasão, é feliz a percepção cunhada pelo jurista Ovídio Baptista da Silva a propósito das relações contratuais securitárias e previdenciárias onde subjaz, assim como no sistema financeiro habitacional, uma "relação comunitária de interesses" (Babtista da Silva, 2002, p. 82). Nessas operações, é necessário gerar um grande número de contratos análogos, a ponto de formar o fundo coletivo que suportará o interesse de todos, cujas satisfação e segurança dependerão, em larga medida, da preservação e do cumprimento dessa rede de contratos dentro dos cálculos probabilísticos atuariais.

Portanto, não há como se pensar no todo social, em uma relação contratual, sem descurar do ambiente em que ele é celebrado – que é indubitavelmente o mercado.[9] O foco de análise não pode ser a relação em si, que é sempre bilateral. A sociedade estará representada nos participantes (efetivos ou potenciais) que integrarem um determinado mercado de bens e serviços (no caso do exemplo do financiamento habitacional, aqueles mutuários integrantes do sistema financeiro habitacional).

Para tanto, é preciso saber que mercado existe, enquanto espaço de interação social e coletiva. Com efeito, o mercado existe enquanto instituição social espontânea, ou seja, enquanto fato social. Nas palavras de Coase, o mercado "[...] é a instituição que existe para facilitar a troca de bens e serviços, isto é, existe para que se reduzam os custos de se efetivarem operações de trocas" (COASE, 1988, p. 7). Em realidade, ao servir como espaço público de trocas, ele garante um referencial de comportamento que afeta as expectativas dos agentes econômicos (aqueles que participam do jogo de forças da oferta e da procura), cujo resultado é uma situação de equilíbrio (positivo ou negativo) – boa ou ruim inclusive. Se o mercado enquanto fato não existisse, como explicar que em seguida a uma supersafra de soja (e, portanto, de uma grande oferta no mercado), o seu preço tenda a

8 Com o que parece concordar Leonardo (2005, p. 100).

9 "[...] o mercado é amplamente aceito como uma ferramenta, não um inimigo, do desenvolvimento econômico e social" (TREBILCOCK, 1993, p. 268). O mesmo autor mostra ainda, com clareza, como a sociedade ocidental contemporânea optou pelo sistema de mercado para definir as escolhas de eficiência econômica e social. Nessa, "[...] as decisões sobre a produção e o consumo estão descentralizadas e dependem de uma miríade de decisões individuais de produtores e consumidores, agindo em conseqüência de preferências individuais e incentivos, minimizando, portanto, o papel jogado por convenções sociais e *status*" (TREBILCOCK, p. 268).

baixar? Como negar que o aluguel de imóveis de praia tende a aumentar no verão (chamado de alta temporada), quando justamente aumenta a procura?

De modo que o mercado não está separado da sociedade; é parte integrante dela. Nesse sentido, como qualquer fato social, ele pode ser regulado por normas jurídicas (com maiores ou menores eficácias social e econômica). Se não existisse mercado, ele certamente não poderia ser objeto de relações jurídicas. Portanto, não se pode dizer que mercado seja algo artificialmente garantido pelo ordenamento legal, como querem alguns que atacam a característica espontânea das forças do mercado. O que se pode discutir é se ele funciona adequada e eficazmente sempre. E a resposta a isso é negativa. Daí, a possibilidade de intervenção ou de regulação pelas instituições jurídicas.

Como os mercados são imperfeitos, existem custos de transação (custos incorridos pelas partes para negociar e para fazer cumprir um contrato) (COASE, 1988, p. 7). É papel do Direito diminuir esses custos de transação. O que se pode afirmar, inclusive, é que, pelo menos dentro de uma perspectiva econômica, quanto mais desenvolvidas as instituições, mais propício é o ambiente para seu natural desenvolvimento, pela diminuição dos custos de transação. Quanto mais sólidos os tribunais e as agências reguladoras e quanto mais íntegro e previsível o sistema jurídico de um país (garantindo a concorrência, a propriedade e os contratos empresariais), melhores são suas instituições.[10] Por isso, busca-se, com este artigo, uma leitura do artigo 421 do Novo Código Civil que fortaleça as instituições jurídicas (dentre elas, o contrato) para uma boa *performance* do sistema econômico, sem descurar de um estudo conjunto dele com a Lei nº 8.884/94 – Lei da Concorrência (LC) –, que reflete os interesses coletivos subjacentes aos negócios.

Inclusive, a análise econômica fornece instrumentos de mensuração dessa funcionalidade social dos contratos (ou de "externalidades", no jargão econômico) dentro do mercado, como a análise de Pareto (não haverá melhora coletiva a não ser que a melhora de uma pessoa não corresponda proporcionalmente a uma perda de outra), ou de Kaldor-Ricks (que admite algumas ponderações entre o custo-benefício de ganhos e perdas em determinadas trocas).

Para exemplificar o argumento, veja-se a pesquisa conduzida pelo Instituto PENSA – USP para o caso que se convencionou chamar de "soja verde".[11] Por meio dela, comprovou-se, empiricamente, que a revisão judicial de contratos agrários no Estado de Goiás dificultou o financiamento da safra no ano seguinte para os agricultores daquela localidade, demonstrando que o benefício daqueles da ingressaram com ações na Justiça foi prejudicialmente contrabalançado pelo prejuízo do resto da coletividade que atuava naquele mercado de plantio de soja.[12]

---

[10] Nesse sentido, ver North (1990). Ver ainda Williamson (2005, p. 16 e seg.) e Williamson (1985, p. 15 e seg.). Mais radical ainda é a posição de Granovetter (1985, p. 481). Interessante, mas não no mesmo sentido, a abordagem de Malloy (2004).

[11] Para um diagnóstico do problema, ver *Newsletter Valor Econômico* (15.02.2006).

[12] Conforme divulgado no Seminário do Instituto PENSA, na USP, em 05 de dezembro de 2005.

A situação enfrentada lá foi a de que algumas culturas, como a soja, eram financiadas, em muitos casos, com capital privado, ou seja, negociadores (*traders*) faziam a compra antecipada da produção, entregando o pagamento imediatamente ao produtor, que, com isso, se capitalizava para o plantio. E, no ano seguinte, esse agricultor, que já havia computado seu lucro no preço de venda antecipada, entregava o produto.

Houve uma inesperada valorização da soja, e alguns produtores ingressaram com ações de revisão judicial dos contratos, alegando imprevisibilidade, enriquecimento injustificado, etc., para não cumprirem o pactuado, ou seja, a fim de evitar a entrega do produto de seu plantio.

O Tribunal de Justiça de Goiás, com base na função social do contrato, revisou os contratos e liberou os produtores que ingressaram com as ações, ditos hipossuficientes, do cumprimento integral do contrato, em decisões assim ementadas:

> APELAÇÃO CÍVEL. AÇÃO DE RESCISÃO CONTRATUAL. COMPRA E VENDA DE SOJA. FUNÇÃO SOCIAL DO CONTRATO. LESÃO ENORME. ONEROSIDADE EXCESSIVA. OFENSA AO PRINCÍPIO DA BOA-FÉ OBJETIVA E DA EQUIVALÊNCIA CONTRATUAL. RESCISÃO. POSSIBILIDADE. Nos contratos de execução continuada ou diferida, o desatendimento da função social do contrato e a ofensa aos princípios da boa-fé objetiva e da equivalência contratual faz exsurgir para a parte lesionada o direito de rescindir o contrato, mormente se ocorrerem acontecimentos extraordinários e imprevisíveis que tornem excessivamente oneroso o cumprimento da prestação a que se obrigará. exegese dos arts. 421, 422 e 478, todos da Lei 10.406/02, novo Código Civil Brasileiro. apelação conhecida e improvida (apelação cível nº 79.859-2/188, 1ª Câmara Cível, TJ-GO).

> VENDA A FUTURO. SOJA. PREÇO PRÉ-FIXADO. DESPROPORÇÃO DAS OBRIGAÇÕES. Dissolução do contrato de compra e venda. no atual estágio do direito obrigacional, há que se ter em destaque axial os princípios da boa-fé objetiva, da probidade, do equilíbrio econômico e da repulsa à onerosidade excessiva, de modo que, verificada a quebra deste microssistema, mormente em razão da manifesta desproporção das obrigações, tal circunstância importa resolução do pacto, ao teor dos arts. 187, 421, 422, 478 e 2035, parágrafo único, todos do código civil brasileiro. apelação cível conhecida e improvida (apelação cível nº 82.254-6/188, 1ª Câmara Cível, TJ-GO).

> AÇÃO DE NULIDADE DE CONTRATO DE COMPRA E VENDA DE SOJA. CERCEAMENTO DE DEFESA. JULGAMENTO ANTECIPADO. PRINCÍPIO DA EQUIVALÊNCIA CONTRATUAL. ALEGAÇÃO DE DESEQUILÍBRIO CONTRATUAL. REVISÃO. POSSIBILIDADE. I – Não há falar no cerceamento do direito de defesa em face do julgamento antecipado da lide, quando as provas inclusas aos autos são suficientes para o convencimento do julgador. II – Ferido o princípio da equivalência contratual, sobretudo no que tange à boa-fé objetiva, face as desproporções das obrigações, face o contrato estipular deveres tão-só ao vendedor (produtor rural), tal circunstância importa resolução do pacto, ao teor do art. 478 do CC, por estar vislumbrada a onerosidade excessiva impingida a uma das partes. III – O princípio do *pacta sunt servanda* encontra-se abrandado com a vigência do Código Civil de 2002, que sedimentou o posicionamento, frente aos princípios erigidos pela nova teoria contratual, dos quais destacam-se: da função social do contrato, da boa-fé e do equilíbrio econômico (artigos 421, 422, parágrafo único do art. 2.036). IV – A teoria da imprevisão vem socorrer justamente esta situação, pois determina adequação do contrato à realidade fática, principalmente para restabelecer o equilíbrio do pacto, quando ocorrer fato superveniente, extraordinário e imprevisível, que interfere substancialmente na sua efetivação e produz grande prejuízo para uma das partes. V – cabe ao judiciário repelir as práticas abusivas do mercado para coibir principalmente o lucro excessivo de um em detrimento do prejuízo de outrem, revisando ou declarando nulas as cláusulas contratuais que

ocasionem um desequilíbrio flagrante entre os contratantes. apelo conhecido e improvido. sentença confirmada (apelação cível nº 91.921-2/188, 3ª Câmara Cível, TJ-GO).

A conseqüência (coletiva ou social) disso foi a de que todos os outros agricultores que não haviam ingressado com ações foram prejudicados, pois os *traders* da região não mais queriam seguir fazendo (ou pelo menos viam com desconfiança) a operação de compra antecipada do produto, diante do flagrante risco de prejuízo, já que, se o preço da soja, no ano seguinte ao contrato, fosse inferior ao pactuado, eles arcariam com a perda e, se o preço fosse mais elevado, os produtores ingressariam com ações para não cumprir o contrato.

Existem, de outro lado, interessantes decisões judiciais que, mesmo sem recorrer ao instrumental da análise econômica, intuitivamente percebem essa função social do contrato num ambiente de mercado:

> Admitir-se a legalidade do procedimento pretendido pelos requerentes (revisão contratual de contrato de financiamento imobiliário) implicaria o surgimento de perigoso precedente com sérias conseqüências para todo o complexo e rígido sistema de financiamento da habitação, cuja estrutura e mecanismo de funcionamento foi bem exposta por Caio Tácito [...]: "ademais, os contratos imobiliários são, no caso, parte integrante de um todo interligado, de um sistema global de financiamento que tem, como outra face, a manutenção da estabilidade de suas fontes de alimentação financeira [...]" (TRIBUNAL REGIONAL FEDERAL – 4ª Região. Embargos Infringentes na Apelação Cível nº 17.224, Relator Desembargador Federal Luiz Carlos Lugon). *Quid,* em relação ao argumento, de natureza econômica, de que, numa conjuntura de inflação mensal próxima de zero, os juros que excedam de 1% ao mês são abusivos? *Com a devida licença, não há aí racionalidade alguma, muito menos de caráter econômico.* Em qualquer atividade comercial ou industrial, o preço de venda do produto não pode ser menor do que o respectivo custo. [...] A taxa de juros é inteiramente desvinculada da inflação. *A inflação é baixa, mas o custo do dinheiro é alto [...] e não pode ser reduzido por uma penada judicial. Trata-se de política econômica, ditado por ato de governo, infenso ao controle judicial* (Recurso Especial nº 271.214 do Superior Tribunal de Justiça, Relator Ministro Ari Pargendler, de 12 de março de 2003, grifo do autor).

Com isso, como já se disse, não estamos admitindo que o mercado é um ambiente regulatório perfeito e que nada poderá fazer o Direito senão fazer cumprir os contratos. De outra parte, a revisão de contratos livremente firmados em ações individuais não tende a resolver o problema de desequilíbrio nas relações privadas, já que o problema está relacionado à estrutura concorrencial do mercado.

Com efeito, o maior ou menor poder de barganha dos contratantes em uma determinada relação nada mais é do que o reflexo de uma questão estrutural e maior que está relacionada à estrutura de mercado em jogo. Quanto maior a concentração em um dado mercado (oligopólios e monopólios, por exemplo), maior a disparidade de poder entre os agentes econômicos contratantes. De modo que um problema estrutural de mercado é muito mais eficazmente resolvido perante a LC do que perante a revisão de contratos individuais, porque, neste último caso, se favorece apenas a parte que ingressou em juízo, sem que isso traga reflexos positivos para a coletividade subjacente ao contrato. Mais, acaba exigindo (salvo no caso de ações coletivas) que cada contratante ingresse em juízo, o que aumenta os custos para manutenção da burocracia estatal com milhares de demandas idênticas, sem efetivamente enfrentar o problema estrutural causador do desequilíbrio contratual.

Portanto, imperfeições no mercado existem: (a) pode ser na estrutura concorrencial, que dificulta a livre concorrência e a livre iniciativa por conta de grande concentração de poder econômico; e (b) pode haver problemas de assimetria de informações, dentre outros.[13]

Para o primeiro problema antes aventado, existe, no Brasil, o chamado Direito Antitruste – Lei nº 8.884/94 (LC) –, que cuida das estruturas do mercado e busca coibir o abuso do poder econômico, resultando na criação da agência brasileira de regulação da concorrência: o Conselho Administrativo de Defesa Econômica (CADE). Controlando o poder econômico que possa razoavelmente afetar o mercado – via proibição de abuso de posição dominante e via acordos entre concorrentes, como os cartéis –, estar-se-á indiretamente controlando o desnível de poder entre os contratantes (FORGIONI, 1998).

Para corrigir o problema de assimetria de informações, existe o Código de Defesa do Consumidor (CDC) (Lei nº 8.038/90), que garante, no seu artigo 6º, o mais amplo direito de informação acerca de produtos e serviços negociados no mercado, sob pena inclusive de responsabilidade civil objetiva do fornecedor. Por isso, o Direito do Consumidor é a cara metade do Direito da Concorrência, e ambos se completam na regulação do mercado (MARQUES, 1995, p. 27).

Dessa forma, a melhor leitura do que vem a ser a função social do contrato em uma economia de mercado parece ser aquela sistemática, ou seja, que leva em conta as demais normas que compõem o eixo regulatório das relações privadas entabuladas no mercado, fundamentalmente a LC e o CDC. Os interesses difusos e coletivos (os terceiros, no jargão do Direito Contratual) podem ser identificados claramente no mercado; são aqueles agentes econômicos efetivos ou potenciais que atuam naquele segmento de produção e consumo de bens e serviços, cujas expectativas são formadas sobre as leis, os comportamentos e as decisões judiciais tomadas em casos concretos. Quanto mais concorrência (ou eficiência em alguns casos excepcionais) e quanto menor o custo de transação, melhor para a coletividade.

Diante dessas premissas regulatórias, o que o Direito Contratual privado pode oferecer ao bom funcionamento do mercado (diminuindo os custos de transação) nessa linha de pensamento?[14] Pode:

a) oferecer um marco regulatório previsível e passível de proteção judicial;

b) minimizar problemas de comunicação das partes;

c) salvaguardar os ativos de cada agente (por exemplo, a tecnologia, o *know how,* a propriedade intelectual, o bom nome dos contratantes);

---

[13] Sobre este assunto, ver mais detidamente Cooter e Ulen (2003, p. 10 e seg.).

[14] Poder-se-ia complexificar a análise do contrato como sistema de regulação que envolve aspectos institucionais, interativos e sociais, mas esse assunto já foi abordado no artigo denominado *A hipercomplexidade do contrato em um sistema econômico de mercado* (TIMM, 2005).

d) criar instrumentos contra oportunismo;

e) gerar mecanismos de ressarcimento e de alocação de riscos.

Em síntese, o contrato dá segurança e previsibilidade às operações econômicas e sociais, protegendo as expectativas dos agentes econômicos. A isso corresponde importante papel institucional e social que o Direito Contratual pode oferecer em um regime de mercado.

Nesse ponto, o Direito Material deve combinar-se com o Direito Processual, sendo este visto não mais como um fim em si mesmo, mas como um instrumento posto a serviço do Direito Material. O Poder Judiciário deveria funcionar agilmente, fazendo cumprir rapidamente as obrigações assumidas pelas partes, e não servir como um incentivo para a parte que busca nele apenas ganhar tempo. Ele pode também, complementarmente ao CADE, fazer atuar a Lei da Concorrência, evitando o abuso do poder econômico e os acordos empresariais que visam a minar a estrutura concorrencial do mercado, comprometendo-se efetivamente com a livre iniciativa e a livre concorrência. Ainda, o Poder Judiciário deve concentrar sua atuação em ações coletivas, que trazem mais impactos à estrutura social, ao invés de focar repetidas ações individuais idênticas, próprias de uma sociedade menos complexa, como as sociedades antigas romanas, nas quais foram forjados princípios de processo civil ainda repetidos em manuais da matéria.

Last but not least, os juízes devem respeitar os precedentes de tribunais hierarquicamente superiores, para se diminuírem os números de demandas repetidas, devendo as partes que litigarem contra esses precedentes serem multadas por litigância de má fé. Nesse sentido, se existem interesses coletivos por trás de relações contratuais, certamente existem interesses sociais também escondidos em uma demanda individual. E, em um regime econômico de livre iniciativa, eles se encontram nos participantes do mercado (Lei nº 8.884/94, artigo 1º, parágrafo único). É o momento em que o *pacta sunt servanda* se reencontra com o Direito Contratual.

Isto porque há um interesse comunitário no que diz respeito ao cumprimento das regras do jogo, à previsibilidade e à agilidade das decisões do Judiciário, estando o direito de ação e de defesa das partes e a livre convicção do magistrado, sob certo aspecto, condicionados a esse bem maior.

Nesse contexto, com instituições mais sólidas que reforcem, ao contrário de minar, a estrutura do mercado, serão preservados os interesses coletivos e difusos presentes nas relações contratuais. Isto porque, com a diminuição dos riscos, das incertezas e dos custos de transação, o crédito tende a ser facilitado, dinamizando a economia e, portanto, favorecendo a posição daqueles agentes econômicos externos ao contrato individual entabulado entre as partes.

No caso da soja verde analisado, o rápido cumprimento dos contratos com os *traders* estimularia que novos agentes financiadores ingressem no mercado, melhorando as condições para os plantadores em novas negociações. Do contrário, um desestímulo a esse mecanismo de financiamento "desintermediado" (pois feito sem a participação de instituições financeiras), fará com que produtores tenham que recorrer aos bancos, aumentando o seu custo financeiro com uma taxa de juros elevada diante dos riscos inerentes à atividade agropecuária. Isso, se eles tiverem acesso ao financiamento do agro-negócio das instituições financeiras pela necessidade do oferecimento de garantias, níveis mínimos patrimoniais, etc.

Conclusão

Buscou-se demonstrar como os juristas brasileiros e o Poder Judiciário nacional estão manifestando-se a respeito do polêmico artigo 421 do Novo Código Civil, que, supostamente, limita a liberdade dos contratantes à sua função social.

Examinou-se que a grande maioria dos juristas (e dos juízes) tende a enxergar esse artigo como uma manifestação da "publicização" do Direito Privado, o qual passaria a ser orientado por critérios de justiça distributiva em prol dos menos favorecidos. Esse entendimento tem justificado posicionamento de alguns tribunais do País em favor da revisão do contrato, podendo o juiz (Estado) interferir no acordo entabulado entre as partes, anulando cláusulas, estabelecendo direitos e obrigações não barganhadas pelas partes, uma vez que o contrato não seria um espaço de liberdade, mas de opressão, cabendo ao mesmo juiz reequilibrar as forças dos contratantes.

Defendeu-se, neste artigo, que a análise econômica do Direito pode ser empregada para explicar a função social do contrato em um ambiente de mercado. Essa perspectiva permite enxergar a coletividade não na parte fraca do contrato, mas na totalidade das pessoas que efetivamente ou potencialmente integram um determinado mercado de bens e serviços, como no caso do crédito. Ademais, a análise econômica do Direito permite medir, sob certo aspecto, as externalidades do contrato (positivas e negativas), orientando o intérprete para o caminho que gere menos prejuízo à coletividade, ou mais eficiência social, dito de outro modo.

Referências

AMARAL, Pedro Eichin. Função social dos contratos de transferência de tecnologia. *Revista da Associação Brasileira da Propriedade Intelectual*, n. 66, set.-out. 2003.

AMARAL NETO, Francisco dos Santos. A autonomia privada como princípio fundamental da ordem jurídica. *Revista de Direito Civil*, v. 47, s. n. t.

APELAÇÃO CÍVEL nº 79.859-2/188, 1ª Câmara Cível, TJ-GO.

APELAÇÃO CÍVEL nº 82.254-6/188, 1ª Câmara Cível, TJ-GO.

APELAÇÃO CÍVEL nº 91.921-2/188, 3ª Câmara Cível, TJ-GO.

ARROW, Kenneth. *Social Choice and Individual Value.* New Haven: Yale U. Press, 1970.

ATIYAH, P. *The rise and fall of the freedom of the contract.* Oxford: Clarendon Press, 1979.

AZEVEDO, Antônio Junqueira de. Princípios do novo direito contratual e desregulamentação do mercado. *RT*, São Paulo, v. 750, abr. 1998.

BAPBTISTA DA SILVA, Ovídio Araújo. In: *Forum de Direito do Seguro José Sollero Filho*, 2. Porto Alegre, 2001. São Paulo: IBDS, 2002.

CASTELAR. Direito e Economia no mundo globalizado: cooperação ou confronto?. In: TIMM, Luciano (Org.). *Direito e Economia*. São Paulo: Thomson/IOB, 2005.

COASE, Ronald H. *The firm, the market and the law*. Chigago: The University of Chicago Press, 1988.

COOTER, Robert; ULEN, Thomas. *Law & Economics*. Boston: Addison Wesley, 2003.

DULCE, Maria Jose Fariñas. La sociologia del derecho de Max Weber. Madrid: Editorial Civitas, 1991.

ENGELMANN, Fabiano. *Sociologia do campo jurídico: juristas e usos do Direito*. Porto Alegre: Editora Sergio Antonio Fabris, 2006.

FORGIONI, Paula Ana. *Os Fundamentos do Antitruste*. São Paulo: Editora Revista dos Tribunais, 1998.

FREUND, J. La rationalisation du droit selon Max Weber. *Archives de Philosophie du Droit*, v. 23, 1978.

GILMORE, Grant. *The death of contract*. Columbus: Ohio State University Press, 1995.

GOGLIANO, Daisy. A função social do contrato (causa ou motivo). *Revista Jurídica*, n. 334, s. l., ago. 2005.

GRANOVETTER, Mark. Economic action and social structure: the problem of social embeddedness. *American Journal of Sociology*, v. 91, n. 03, 1985.

GRAU, Eros. Um novo paradigma de contratos?. *Revista da Faculdade de Direito da Universidade de São Paulo*, v. 96, s. n. t..

LEONARDO, Rodrigo Xavier. A teoria das redes contratuais e a função social dos contratos: reflexões a partir de uma recente decisão do Superior Tribunal de Justiça". *Revista dos Tribunais*, v. 832, fev. 2005.

LOBO, Paulo Luiz Neto. *O contrato: exigências e concepções atuais*. São Paulo: Saraiva, 1986.

LUHMANN, Niklas The Unity of the Legal System. In: TEUBNER, Gunther (Org.). *Autopoietic Law:* A New Approach to Law and Society. Florença, Berlin: Walter de Gruyter, 1988.

MACEDO, Ronaldo Porto. *Contratos relacionais*. São Paulo: Max Limonad, 1999.

MALLOY, Robin Paul. *Law in a Market Context*. Cambridge: Cambridge University Press, 2004.

MARQUES, Cláudia Lima. *Contratos no Código de Defesa do Consumidor*. 2. ed. São Paulo: Editora Revista dos Tribunais, 1995.

MARTINS-COSTA, Judith. Crise e modificação da noção de contrato no Direito Brasileiro. In: *Revista Direito do Consumidor*, v. 3, São Paulo: Editora Revista dos Tribunais.

——. Reflexões sobre o princípio da função social dos contratos. *Revista Direito GV*, v. 01, s. n. t.

NERY, Rosa Maria Andrade. Apontamentos sobre o princípio da solidariedade no sistema do direito privado. *Revista de Direito Privado*, v. 17, s. n. t.

NEWSLETTER VALOR ECONÔMICO, ano 5, n. 990, quarta-feira, 15.02.2006, Caderno Agronegócios.

NORTH, Douglas. *Institutions, institutional chage and economic performance*. Cambridge: Cambridge University Press, 1990.

PACHECO, José da Silva. Da função social do contrato. *Revista Advocacia Dinâmica*, Informativo Mensal, n. 34, 2003.

PARSONS, Talcott. *O sistema das sociedades modernas*. São Paulo: Editora Pioneira, s. d.

PENTEADO JÚNIOR, Cássio M. C. O relativismo da autonomia da vontade e a intervenção estatal nos contratos. *Revista de Direito Bancário, do Mercado de Capitais e da Arbitragem*, v. 21, s. n. t.

PINHEIRO, Armando Castelar; SADDI, Jairo. *Direito, Economia e mercados*. São Paulo: Campus, 2005.

ROCHER, Guy. *Talcott Parsons e a Sociologia americana*. São Paulo: Editora Francisco Alves, s. d.

RODRIGUES JÚNIOR, Otavio Luiz Rodrigues. A doutrina do terceiro cúmplice: autonomia da vontade, o princípio *res inter alios acta*, função social do contrato e a interferência alheia na execução dos negócios jurídicos. Revista dos Tribunais, v. 821, mar. 2004.

SALOMÃO FILHO, Calixto. Função social do contrato: primeiras anotações. *Revista dos Tribunais*, v. 823, maio 2004.

SANTOS, Eduardo Sens. A função social do contrato. *Revista de Direito Privado*, v. 13, s. n. t.

SILVA, Jorge Cesa Ferreira da. Princípios de Direito das Obrigações no Novo Código Civil. In: SARLET, Ingo (Org.). *O Novo Código Civil e a Constituição*. Porto Alegre: Livraria do Advogado, 2003.

SZTAJN, Rachel; ZYLBERSZTAJN, Décio. *Direito e Economia*. São Paulo: Campus, 2005.

THEODORO JÚNIOR, Humberto. *O contrato e sua função social*. Rio de Janeiro: Forense, 2003.

THEODORO DE MELLO, Adriana Mandim. A função social do contrato e o princípio da boa fé no Novo Código Civil Brasileiro. *Revista dos Tribunais*, v. 801, jul. 2002.

TIMM, Luciano (Org.). *Direito e Economia*. São Paulo: Thomson/IOB, 2005.

TREBILCOCK, Michael J. *The limits of Freedom of Contract.* Cambridge: Harvard University Press, 1993.

TRIBUNAL REGIONAL FEDERAL – 4ª Região. Embargos Infringentes na Apelação Cível nº 17.224, Relator: Desembargador Federal Luiz Carlos Lugon.

WALD, Arnoldo. O Novo Código Civil e o solidarismo contratual. *Revista de Direito Bancário, do Mercado de Capitais e da Arbitragem*, v. 21, s. n. t.

WAMBIER, Teresa Arruda Alvim. Uma reflexão sobre as "cláusulas gerais" do Código Civil de 2002 – a função social do contrato. *Revista dos Tribunais*, v. 831, jan. 2005.

WEBER, Max. *Economia e sociedade.* v.2. Brasília: Editora UnB, 1999.

WILLIAMSON, Oliver. Por que Direito, Economia e organizações? In: ZYLBERSTAJN; SZTAJN (Org.). *Direito e Economia.* São Paulo: Campus, 2005.

——. *The economic institutions of Capitalism.* Nova Iorque: Free Press, 1985.

— V —

Direito, mercado e função social[1]

Sumário: 1. Introdução; 2. O mercado como fato e necessidade social; 3. As múltiplas relações entre Direito, Economia e Mercado; 4. A regulação da Economia pelo Direito: como obter uma maior função social?; 5. Conclusões.

1. Introdução

Este artigo tem dois objetivos: (1) sustentar que o mercado existe como fato social, ou seja, não se trata simplesmente de uma construção jurídica, mas sim de uma realidade e mesmo de uma necessidade das sociedades pós-divisão do trabalho social e (2) salientar que a proteção deste espaço público do mercado, se devidamente compreendida e isenta de preconceitos, pode constituir-se em uma das mais importantes funções sociais do Direito, nas sociedades contemporâneas.

2. O mercado como fato e necessidade social

Existe muito preconceito entre alguns juristas acerca da instituição social do mercado; normalmente, ele é associado ao liberalismo econômico e ao individualismo burguês. Alguns costumam criticar o que entendem como sendo uma pseudonaturalidade do funcionamento do mercado;[2] ou ainda, qualificando este como uma arena de disputa entre fortes e fracos, nos quais os primeiros sempre (ou quase sempre) são favorecidos já que detentores do capital.

No entanto, estas opiniões e preconceitos parecem se valer de uma concepção demasiadamente simplista e caricata do mercado, no mais das vezes fundindo a análise dos fatos com juízos de valor. Nesse sentido, em uma análise que se pretenda científica, cremos que é preciso, antes de valorar ou de estudar as normas, examinar detidamente os fatos (ou eventos para os que seguem a escola do Professor Paulo de Barros Carvalho e sua teoria da linguagem), já que o Direito pode ser concebido tanto como fato, como valor e como norma, de acordo com a famosa teoria tridimensional do Direito do Professor Miguel Reale.

---

[1] Co-autoria com RAFAEL BICCA MACHADO.

Originalmente publicado na Revista da AJURIS, julho-setembro/2006.

[2] IRTI, Natalino. "Teoria generale del Diritto e problema del mercato". In *Rivista di Diritto Civile*, n. 02, jan/mar, 1999, p. 1. Ver, também, do mesmo autor, "Persona e mercato". In *Rivista di Diritto Civile*, n. 03, mai/jun, 1995, p. 289.

Defende-se neste ensaio, como já informado, que o mercado, enquanto instituição social, é um fato – e, portanto, antes de mais nada, existe![3] Como conseqüência, tem-se que esta realidade (do mercado) não pode ser negada pela análise jurídica, sob pena de prejuízos à organização e ao funcionamento da própria sociedade – que, pelo menos desde o século XVII, organiza-se sob esta forma (ou "modo") de produção e de consumo. E é como fato social, portanto, que o mercado pode ser influenciado pelo Direito (com maior ou menos eficiência social) para garantir determinados valores e princípios constitucionais e legais de uma determinada sociedade.

Tem-se alguma dúvida de que os preços dos calçados produzidos na China podem afetar as empresas do Vale dos Sinos? Alguém questiona que o preço das ações de sociedades de capital aberto seja usualmente fixado em bolsa de compradores e vendedores? É possível negar que um excesso na oferta de *commodities* como a soja ou o café tende a provocar uma baixa nos preços das mercadorias nas feiras e nos supermercados? Ou, ainda, será que a proibição da comercialização de álcool pela "Lei Seca" norte-americana evitou o consumo e o tráfico de bebidas? E, por fim, alguém tem dúvida de que o preço para alugar um imóvel no litoral provavelmente será muito mais caro na alta do que na baixa estação (devido ao aumento na procura)?

Certamente que não, porque a existência de um referencial de valor das mercadorias e dos serviços, fruto do surgimento de regras espontâneas de comportamento dos agentes econômicos referenciado pelo espaço público do mercado, é empiricamente evidente. Ou seja, quem quiser concorrer no mercado externo, terá que inexoravelmente enfrentar a China; quem quiser atuar no mercado acionário, enfrentará as oscilações da bolsa e quem quiser alugar uma casa na praia na alta temporada pagará um preço mais alto.

Desse modo, o mercado como hoje o conhecemos, portanto, existe como fato social, e não como construção jurídica. Trata-se de uma instituição social das mais relevantes, porque é resultado de um longo e complexo espontâneo processo de divisão do trabalho social, do qual resultou a sociedade atual: diversificada e heterogênea, como lembrava Durkheim.[4] Em síntese, ninguém é mais auto-suficiente; todos precisam trocar bens e serviços.

Com efeito, nesta sociedade contemporânea, como diz Trebilcock, "(...) as decisões sobre a produção e o consumo estão descentralizadas e dependem de uma miríade de decisões individuais de produtores e consumidores, agindo em conseqüência de preferências individuais e incentivos, minimizando, portanto, o

[3] Contra esta análise, MARTINS-COSTA, *A reconstrução (...)*, p. 613, que trata o mercado apenas como instituição jurídica, ou seja, um espaço normatizado e controlado pelo Direito (posição recentemente defendida também por Eros Grau, em palestra no IX Congresso Brasileiro de Direito do Consumidor promovido pelo BRASILCON na cidade de Ouro Preto, 04 de maio de 2004), na esteira da obra de IRTI, Natalino. Teoria generale del Diritto e problema del mercato. In: *Rivista di Diritto Civile*, n. 02, jan/mar, 1999, p. 01. Ver, também, do mesmo autor, Persona e mercato. In: *Rivista di Diritto Civile*, n. 03, mai/jun, 1995, p. 289.

[4] DURKHEIM, Émile. From the division of labor society. *In* DOBBIN, Frank. *The new economic sociology*. New Jersey: Princeton University Press, 2004, p. 227.

papel jogado por convenções sociais e *status*". Nesse ambiente, portanto, "(...) o mercado é amplamente aceito como uma ferramenta, não um inimigo, do desenvolvimento econômico e social".[5]

O mercado, portanto, além de ser um fato social, é uma necessidade social. A sociedade contemporânea não consegue se estabelecer (muito menos atingir níveis adequados de vida) sem as práticas de mercado, porque as trocas sociais em espaços públicos físicos (como as feiras, por exemplo) ou virtuais (como as bolsas de valores eletrônicas) são conseqüências inarredáveis do ambiente de especialização verificado após o processo de divisão do trabalho, onde as necessidades ilimitadas e os recursos escassos – o conhecido problema central da Economia – exigem otimização.

E porque o mercado é um fato e uma necessidade social? Porque é ele a instituição que, com melhor eficiência econômica, viabiliza as trocas em uma sociedade complexa, oportunizando a melhor resposta a este dilema de necessidades ilimitadas com recursos escassos. Não é à toa que, nas palavras de Coase, o mercado "é a instituição que existe para facilitar a troca de bens e serviços, isto é, existe para que se reduzam os custos de se efetivarem operações de trocas".[6]

Assim, exemplificativamente, quem quer vender seu automóvel muitas vezes recorre a uma empresa que atua no mercado de carros, centralizando informações, potenciais compradores, etc.; quem quer vender um apartamento, busca uma imobiliária atuante no mercado de bens imóveis. O custo para a sociedade seria muito maior se cada um deixasse seus afazeres (ou seja, aquilo que em que é especialista) para tentar vender esporadicamente alguns bens.

Portanto, ao se falar em mercado, é importante ter em mente que o mercado é – antes de mais nada – um espaço social de troca de bens e serviços que tem uma enorme função social: viabilizar com que os indivíduos (e conseqüentemente a sociedade) possam obter aquilo que necessitam mas que não produzem isoladamente, por meio de um contínuo processo de comercialização daquilo que, pela especialização do trabalho, agora geram de excedentes. Mais, o mercado é um espaço público que gera eficiência, ao ensejar a concentração de agentes interessados em um determinado bem ou serviço, facilitando as trocas.

Nem se diga que esta funcionalidade coletiva do mercado é destruída pelo fato de todos indivíduos nele atuarem em seu próprio interesse, e não em nome do bem comum.

Primeiro, porque agir em favor de seu próprio interesse não significa necessariamente egoísmo. Ora, não há, mesmo se se tiver em conta a discussão psicanalítica sobre a essência (egoísta) humana,[7] nada de errado do indivíduo

[5] TREBILCOCK, Michael J. *The limits of Freedom of Contract*. Cambridge: Harvard University Press, 1993, p. 268.

[6] COASE, Ronald H. *The firm, the market and the law*. Chicago: The University of Chicago Press, 1988, p. 07.

[7] TRATENBERG, Maurício. "A contribuição de Freud para o esclarecimento do espaço político". *In* Revista Espaço Acadêmico, Ano II, Abril/2003, disponível no site <*http://www.espacoacademico.com.br/023/23mt_220979.htm*>.

cuidar de seu próprio interesse, sendo tarefa por demais hercúlea fazer com que pessoas auto-interessadas se tornem altruístas. Ademais, quando o padeiro acorda de madrugada e produz o pão que nós consumimos no café da manhã, o que o move não é o nosso bem-estar (dos consumidores), mas sim o dele, padeiro, de vender mais e mais pães.

Aliás, com alerta o prêmio Nobel Amartya Sem,[8] esta confusão entre agir em seu próprio interesse e descurar da ética é uma das grandes injustiças que se fez ao longo da história com o pensamento de Adam Smith, que era, como todos sabem, professor de ética na Escócia. Smith, como qualquer bom economista, jamais defendeu que os indivíduos devam se comportar de qualquer maneira no mercado. Sabe-se que quanto maior a confiança entre as pessoas, melhor o ambiente para o desenvolvimento das relações econômicas.[9]

Ademais, quanto ao bem comum, não se deve mesmo dar esta tarefa isoladamente ao mercado e às relações econômicas. O que estes podem fazer, de regra, é gerar riqueza. A atribuição do bem comum, desde Aristóteles,[10] é essencialmente tarefa do sistema político e da democracia. Inclusive, para muitos economistas, como para o prêmio Nobel Kenneth Arrow, é matematicamente inatingível.[11] Daí a combinação perfeita entre democracia política e economia de mercado tão bem defendida por Hayek[12] ou mesmo a idéia do "desenvolvimento como liberdade" de Sem.[13]

3. As múltiplas relações entre Direito, Economia e Mercado

Fixada este premissa de que o mercado existe como fato social e que cumpre importante papel na sociedade contemporânea, deve se questionar agora a forma como este deve se relacionar com o Direito.

Defendemos aqui a necessidade de uma convergência entre o Direito, o mercado e a Economia para um melhor resultado social (na feliz expressão de Franco[14]). Mas por que o Direito deveria dialogar e se aproximar da Economia?

---

[8] SEN, Amartya. *Sobre Ética e Economia.* 3ª impressão. São Paulo: Companhia das Letras, 2002.

[9] FUKUYAMA, Francis. *Trust: The social virtues and the creation of prosperity.* Nova Iorque: Free Press, 1995.

[10] ARISTÓTELES. *A ética.* São Paulo: Editora Atenas, s/d. ARISTÓTELES. *Retórica.* Lisboa: Imprensa Nacional, s/d. Ver sobre Aristóteles, BERTI, Enrico. *As razões de Aristóteles.* São Paulo: Loyola e também PEREIRA, Oswaldo Porchat. *Ciência e dialética em Aristóteles.* São Paulo: Editora Unesp, 2000

[11] ARROW, Kenneth. *Social Choice and Individual Value.* New Haven: Yale U. Press, 1970. Para uma excelente explicação do teorema de Arrow que demonstra a falibilidade do sistema democrático para a eleição de preferências coletivas a partir de interesses individuais, ver SALES, Carlos. As máscaras da democracia. In: *Revista de Sociologia e Política,* junho/2005, p. 233-245.

[12] HAYEK, Friedrich A. *The Constitution of liberty.* Chicago: The University of Chicago Press, 1997; do mesmo autor, *O caminho da servidão.* 5ª ed., Rio de Janeiro: Instituto Liberal, 1990. Trad. Leonel Vallandro; *Law, legislation and liberty.* The mirage of social justice. Chicago: University of Chicago Press, v. 2, 1995.

[13] SEN, Amartya. *Desenvolvimento como liberdade.* São Paulo: Companhia das Letras, 2000.

[14] FRANCO, Gustavo. *Celebrando a convergência. In Direito e Economia.* Org. Luciano Benetti Timm, São Paulo: Thomson-IOB, 2005, p. 11.

Em primeiro lugar, porque a Economia é a ciência que descreve de maneira adequada o comportamento dos seres humanos em interação no mercado, que é tão importante para a vida em sociedade.

Em segundo lugar, porque a análise econômica do Direito é hoje uma das campeãs dentre os acadêmicos dos Estados Unidos levando em conta o número de citações nos periódicos mais importantes. Não precisa ser lembrado aqui que o sistema universitário norte-americano é o melhor e mais respeitado do mundo.[15]

Em terceiro lugar, porque a Economia é uma ciência comportamental que atingiu respeitável e considerável padrão científico, sendo hoje a grande estrela dentre as ciências sociais aplicadas pelo grau de comprovação matemático e econométrico dos seus modelos.[16]

Em verdade, a Economia é uma ciência que trata da ação humana;[17] situação ademais antevista pelo genial Aristóteles, que classificava a Economia como ciência prática, ou seja, uma ciência que trata da conduta humana.[18] Em síntese, seu principal problema é o da eficiência econômica, respondendo à pergunta de como necessidades sociais ilimitadas são melhor satisfeitas diante de recursos que são escassos.

Nessa esteira, embora não seja um consenso, há já nos dias de hoje um razoável acordo na Ciência Econômica[19] no sentido de que é o mercado a instituição que melhor responde àquele dilema de lidar com necessidades ilimitadas diante de recursos escassos.

É importante aqui se fazer uma distinção. Uma coisa é reconhecer a função social do mercado, admitindo que é ele, por excelência, a instituição que de forma mais profícua viabiliza as trocas em uma sociedade complexa. Outra, bastante diversa (e aqui não endossada), é afirmar que o mercado prescinde de qualquer amparo no sistema jurídico.

Dessa forma, convergir Direito, Economia e mercado não significa, bem entendido, submissão absoluta das normas jurídicas ao sistema econômico, pois não se pode jamais querer simplesmente submeter o Direito, que lida com toda a complexidade do sistema social, à ótica de apenas um ângulo de visão científico ou sistêmico da realidade, como alertado por Wald[20] e por Teubner.[21]

Ademais – e até para se sepultar de vez qualquer resquício de preconceito – são os próprios economistas que, rompendo um isolamento nas Ciências

[15] COOTER, Robert e ULEN, Thomas. "Law & Economics". Boston: Addison Wesley, 2003, p. 10 e ss.

[16] Idem, ibidem.

[17] VON MISES, Ludwig. *Ação Humana – um tratado de economia*. 2ª ed. Rio de Janeiro: Instituto Liberal, 1995.

[18] ARISTÓTELES. *A ética*. São Paulo: Editora Atenas, s/d. ARISTÓTELES. *Retórica*. Lisboa: Imprensa Nacional, s/d. Ver sobre Aristóteles, BERTI, Enrico. *As razões de Aristóteles*. São Paulo: Loyola e também PEREIRA, Oswaldo Porchat. *Ciência e dialética em Aristóteles*. São Paulo: Editora Unesp, 2000.

[19] Utiliza-se aqui, como referência para esta observação, os trabalhos que nos últimos anos foram agraciados pelo Prêmio Nobel de Economia.

[20] WALD, Arnold. *Prefácio*. In: *Direito, Economia e Mercados*. PINHEIRO, Armando Castelar e SADDI Jairo, Rio de Janeiro: Elsevier, 2005, p. 22.

[21] TEUBNER, G. Altera Pars Audiatur: o direito na colisão de discursos. In: *Direito e Cidadania na Pós-modernidade*. Org. J.A. Lindgren Alves. Piracicaba: Editora Unimep, 2002, p. 93 e ss

Sociais,[22] vêm nos últimos anos alertando para a importância fundamental que o Direito desempenha para um bom desenvolvimento econômico. São os autores da chamada Nova Economia Institucional, que embora agregue uma série de correntes e linhas de pensamento, de um modo geral se notabiliza por adotar a premissa de que as instituições importam para o desenvolvimento econômico, rejeitando assim os postulados econômicos ortodoxos (neoclássicos).[23]

E por que estes economistas reconhecem que as instituições importam? Porque as instituições são as regras (formais e informais) do jogo em uma sociedade, na célebre definição de Douglas North.[24] São as instituições que definem a campo em que as trocas econômicas serão feitas, entre os mais diversos indivíduos e organizações.

A conseqüência de adotar esta premissa de que as instituições importam é reconhecer que o Direito, parte fundamental das instituições sociais contemporâneas, possui uma grande capacidade de influenciar as decisões dos mais variados agentes econômicos. E como o Direito desempenha este papel de influência? Basicamente na medida em que ele é um dos principais responsáveis por atribuir segurança às trocas econômicas.

Mesmo que imaginemos um mercado em sua forma mais primitiva, parece óbvio que o fato do comerciante saber se pode ou não vender um determinado bem acabará por afetar o funcionamento do mercado como um todo. Do mesmo modo, a certeza quanto à possibilidade ou não de conseguir cobrar dos devedores o preço dos bens vendidos por certo afetará a disposição deste vendedor em prosseguir no mercado.

Em outras palavras, o Direito importa para o funcionamento do mercado porque a eficiência das trocas econômicas depende de um baixo custo de transação[25] e de uma clara atribuição da propriedade. Tanto o é que países de altos custos de transação – caracterizados por pouca confiança interpessoal, por um judiciário lento e ineficiente – como de regra os países latino-americanos, tendem a se desenvolver menos.[26]

---

[22] GRANOVETTER, Mark; SWEDBERG, Richard. *Introduction to the second edition. In The sociology of economic life*, 2. ed., Westview Press, 2001, p. 2..

[23] ZYLBERSZTAJN, Décio. SZTAJN, Rachel. *Análise econômica do direito e das organizações. In* ZYLBERSZTAJN, Décio. SZTAJN, Rachel. Direito & Economia: *análise econômica do direito e das organizações*, Elsevier, Rio de Janeiro, 2005, p. 2.

[24] NORTH, Douglas. *Institutions, institutional chage and economic performance.* Cambridge University Press, 1990, p. 3.

[25] Na boa definição de Sztajn, custos de transação são aqueles custos em que se incorre, que de alguma forma oneram a operação, mesmo quando não representados por dispêndios financeiros feitos pelos agentes, mas que decorrem do conjunto de medidas tomadas para realizar uma transação. SZTAJN, Rachel. *Externalidades e custos de transação: a redistribuição de direitos no Código Civil de 2002. In* ÁVILA, Humberto (org.). Fundamentos do Estado Moderno: estudos em homenagem ao professor Almiro do Couto e Silva. São Paulo: Malheiros, 2005, p. 320.

[26] Para tanto, ver o relatório do Banco Mundial, *Doing Business,* versão 2004 e 2006. Este relatório demonstra que países com um claro regime de propriedade e com um rápido mecanismo de cumprimento de contratos tende a se desenvolver mais rapidamente. O relatório quantifica o custo da burocracia exagerada e evidencia o quanto ainda falta para o Brasil caminhar no que tange as suas instituições rumo ao desenvolvimento.

Logo, aceitar que o mercado é uma formação social espontânea, que ele serve de referência para o comportamento dos produtores e dos consumidores, e que existe uma lei da oferta e da procura em um determinado mercado descrita pelos economistas, não é uma questão de credo, mas sim uma questão científica.

Pode-se chegar à conclusão, é claro, que alguns mercados específicos dependem de uma intervenção estatal para promover o desenvolvimento econômico e a proteção da livre iniciativa (por uma estrutura concorrencial concentrada em poucos agentes denotando uma imperfeição no mercado, por exemplo; ou ainda por assimetria de informações) – como é o caso da Lei 8.884/94, que disciplinou o funcionamento do Conselho Administrativo de Defesa Econômica e da Secretaria de Direito Econômico. Porém, isso não significa rejeitar que o mercado, enquanto espaço social de trocas, exista. Ao contrário, a intervenção é a prova de sua existência e serve justamente para concretizá-la, reconhecendo a sua importante função social.

O mercado, dessa maneira, pode ser regulado de acordo com os valores e princípios (exteriores ao sistema econômico) de uma determinada sociedade, em um determinado tempo e espaço, como resultado de um amplo processo de discussões políticas e sociais (como no caso de uma ordem econômica constitucional programática[27]).

O que se pretende é destacar é que essa regulação poderá ser mais ou menos eficiente, tanto do ponto de vista social (daí o surgimento de "mercados paralelos" ou "negros") quanto econômico (com elevação de carga tributária, aumento de corrupção e sonegação, etc.), sendo que analisar a qualidade e características desta regulação é também a tarefa dos que dedicam ao Direito. Até porque, como se verá a seguir, a regulação pode trazer mais prejuízos do que benefícios sociais.[28]

4. A regulação da Economia pelo Direito: como obter uma maior função social?

É possível, com apoio em Grau, identificar dois modelos constitucionais regulatórios do mercado, ao que ele denomina de ordem econômica. O tratamento constitucional da Economia ou da ordem econômica depende do modelo de Estado adotado. De acordo com esse critério, conforma-se, institucionaliza-se uma determinada ordem econômica, seja para reconhecer, seja para alterar as relações sociais de mercado. Assim, a ordem econômica é o "conjunto de normas

---

[27] GRAU, Eros. *A Ordem Econômica na Constituição de 1988*. 8ª ed. revista e ampliada. São Paulo: Malheiros, 2003, p. 14 e ss.

[28] SZTAJN, Rachel e ZYLBERSZTAJN, Décio. *Direito e Economia*. São Paulo: Editora Campus, 2005; TIMM, Luciano (org). *Direito e Economia*. São Paulo: THOMSON/IOB, 2005. POSNER, Richard, em *El análisis económico del derecho*. México: Ed. Fondo de Cultura Ecónomica, 1998; POLINSKY, Mitchell. *Introducción al análisis económico del derecho*. Barcelona: Editorial Ariel, 1985.

jurídicas (mundo do dever ser) que define, institucionalmente, um determinado modo de produção econômica (mundo do ser)".[29]

Existe, portanto, um modelo de ordem econômica constitucional liberal (que respeita e institucionaliza as relações espontâneas de mercado) – protetor da propriedade, do contrato e da livre iniciativa – e um modelo de ordem econômica constitucional social – que, sem rejeitar os postulados liberais, busca o planejamento e a intervenção do Estado nas relações de mercado, estabelecendo programas de políticas públicas vinculadas aos poderes do Estado, fundamentalmente o Executivo e o Legislativo.[30] Cada qual dá origem a um determinado modelo de Constituição Econômica. A opção por um ou por outro modelo regulatório do mercado é de ordem político legislativa, sendo o seu reflexo constitucional obra de um poder constituinte legítimo e democraticamente eleito.

Pois bem. A questão que se põe é: dentre os tipos de Estado e conseqüentemente de regulação do mercado, qual é aquele capaz de promover um maior desenvolvimento social e econômico? Em suma, se o Direito tem uma importante função social, em que situação e em que contexto esta função social melhor se perfectibiliza?

Para isso é necessária a escolha de um método. Ao nosso ver, a melhor ferramenta de análise das instituições jurídicas é a escola do Direito e Economia (em qualquer uma de suas matizes, seja fundada no "eficientismo" de Posner, seja no "institucionalismo" de North e Williamson). Isso porque, como já foi dito aqui, aproveita-se do referencial teórico da Ciência Econômica, que tem se mostrado mais evoluída do que outras ciências sociais, ao menos do ponto de vista da comprovação teórica e empírica de seus modelos.

De acordo com esta análise econômica do Direito, o sistema jurídico cumpre maior função social num modelo regulatório em que o Direito respeita, protege e reforça o mercado, pois admite que este é um fato e uma necessidade social permitindo que ele se desenvolva beneficiando toda a coletividade que nele interage. Dessa maneira, por exemplo, equivocam-se aqueles juristas que defendem que a função social do Direito Privado deva ter um caráter redistributivo, de índole publicista ou constitucional, com vistas a gerar maior "justiça social" – tema que tanto vem sendo discutido em razão do polêmico artigo 421 do Código Civil.

Ao contrário, ao gerar maior eficiência das instituições sociais de mercado, será um Direito tipicamente privado que gerará maior riqueza social e, portanto, maiores condições para a própria redistribuição, em seu local adequado, via tri-

---

[29] GRAU, Eros. *A Ordem Econômica na Constituição de 1988*. 8ª ed. revista e ampliada. São Paulo: Malheiros, 2003, p. 14 e ss.

[30] Segundo Barroso, o Estado Social é aquele que assume diretamente alguns papéis na atividade econômica com o fim de promover o desenvolvimento econômico e social e outros papéis de cunho regulatório e distributivo, com o intuito de preservar o mercado e amparar aqueles que ficaram de fora do sistema. BARROSO, Luís Roberto. *Temas de Direito Constitucional*. 2ª ed. Rio de Janeiro: Renovar, 2002, p. 389. No mesmo sentido, SARMENTO, Daniel. *Direitos Fundamentais e Relações Privadas*. Rio de Janeiro: Editora Lumen Júris, 2004, p. 31 e ss, dentre outros autores lá citados.

butação e políticas públicas governamentais (que são inequivocamente o melhor instrumento para gerar "justiça social").[31]

Dito isso, e como o Direito cumpre aquela função social de operacionalização das relações de mercado?

Basicamente se estiver comprometido com aquelas instituições jurídicas que instrumentalizam o seu funcionamento (do mercado): a livre iniciativa, a autonomia privada (o contrato) e a propriedade. Isso porque são esses institutos jurídicos que operam um verdadeiro "acoplamento estrutural" entre o sistema jurídico e o sistema econômico.[32]

Nesse sentido, a função social da concorrência, do contrato e da propriedade está relacionada, em um sistema econômico capitalista, à operabilidade do mercado. Com efeito, se o mercado joga importante papel na sociedade, quanto melhor o seu desempenho, maior a função social do Direito.

Dessa forma, o bom funcionamento do mercado depende certamente de uma estrutura concorrencial favorável, que permita aos agentes econômicos dele entrar e sair, servindo seu comportamento como referência (não necessariamente determinante) para os demais competidores e para os consumidores. Isso implica uma agência regulatória e Poder Judiciário independentes, incapazes de serem "capturados" pelo agente regulado ou por quaisquer outros setores da sociedade.

Ele ainda depende de regras claras sobre riscos e obrigações de cada uma das partes que serão alocadas pelo contrato. Este instituto protegerá assim os envolvidos no negócio de possibilidades de incumprimento, de responsabilidades por danos gerados ao parceiro ou a terceiros, enfim de comportamentos oportunistas ou negligentes. E por isso o contrato, como instrumento jurídico, oferecerá aquilo que de mais precioso o sistema jurídico pode oferecer nestes casos: sanção estatal mediante uma ação judicial da parte que se sinta prejudicada.

E nesse ponto o contrato se imbrica com o processo civil, pois um rápido procedimento garantirá efetividade do contrato e, portanto, das regras e respectivas sanções negociadas pelas partes, tornando o incumprimento um pior negócio do que o cumprimento (porque além de adimplir suas obrigações, com certeza a parte terá que responder por multas, perdas e danos, custas processuais, honorários advocatícios).

Por que as pessoas preferem fazer um seguro de vida na Suíça ou nos Estados Unidos e não na Bolívia ou até mesmo no Brasil? Pela segurança de que, lá, o contrato será cumprido e rapidamente. Por que os juros são altos no Brasil e na Argentina? Porque, dentre inúmeros outros motivos, seus governos já decretaram moratória a credores externos privados e governamentais, ou seja, seus governantes não pagaram títulos líquidos, certos e exigíveis, deixando de

[31] COOTER & UTER, *Law & Economics*, p. 07 e ss.

[32] Sobre "acoplamento estrutural" e a teoria dos sistemas de Luhmann, ver CARVALHO, Cristiano. *Teoria do sistema jurídico*. São Paulo: Quartier Latin, 2005.

cumprir com suas promessas, e, portanto, quebrando contratos num sentido amplo e menos jurídico.

De outra parte, o bom funcionamento do mercado depende também de regras claras sobre atribuição da propriedade. Estudos empíricos demonstram que quanto maior o grau de certeza da propriedade, maiores os investimentos dos agentes econômicos.[33] Quem já alugou seu imóvel sabe bem a diferença que as pessoas dão para coisas suas e coisas dos outros.

Justamente por isso, equivocam-se aqueles que pretendem publicizar os institutos de Direito Privado como o contrato e a propriedade, buscando aplicação direta da Constituição Federal de 1988 nas relações entre particulares, no intuito de gerar maior "justiça social". É que esta proposição acaba agregando incerteza, imprevisibilidade e ineficiência nas operações de mercado, instrumentalizando uma verdadeira "desfuncionalização" do Direito Privado.

Não é flexibilizando o contrato, protegendo eventualmente um hipossuficiente que, necessariamente, gerar-se-á socialmente maior riqueza e conseqüentemente maior equilíbrio no seio das relações sociais. Nesse sentido, a função social do contrato, como roupagem jurídica de operações econômicas, não é a relativização do *pacta sunt servanda,* mas a instrumentalização das trocas, onde quem ganha é a coletividade. E paradoxalmente, na maioria das vezes, a coletividade ganha quando o contrato é cumprido e os custos de um eventual inadimplemento não são redistribuídos aos não participantes da relação !

Aliás, não é nem esta a tendência da ordem jurídica internacional (especialmente no comércio internacional), que tem como grande pilar a liberdade de contratar e a não interferência por terceiro naquilo que fora pactuado entre as partes – veja-se exemplificativamente os princípios UNIDROIT (2004), a Convenção de Compra e Venda Internacional de Mercadorias de Viena da UNCITRAL (1980), a Convenção Interamericana sobre Contratos Internacionais do México (CIDIP V/OEA; 1994). Essa tendência de orientação para o mercado (*market oriented*) é também sentida na conformação do Estado contemporâneo (pós-social para uns, pós-moderno para outros, neoliberal, etc.), que sucedeu ao Estado de Bem-Estar Social (*Welfare State*).[34]

Paradigmática, nesse sentido, é a conclusão de Faria: "A partir dos anos 70, porém, com a crescente instabilidade das principais variáveis macroeconômicas, essa era (do Estado Social) passou a se caracterizar pela drástica redução de seu ritmo de crescimento (...). E nos anos 80, passou a mostrar progressiva incapacidade tanto para planejar racionalmente sua intervenção no processo de mudança social quanto para produzir respostas a um só tempo eficientes e sistematicamente coerentes ao conjunto disperso e contraditório de tensões, conflitos e demandas

[33] SZTAJN e ZYLBERSZTAJN, já citados acima.

[34] Ver os excelentes ensaios de PEREIRA, L. C. Bresser. A reforma do Estado nos anos 90, In: *Uma nova relação entre Estado, Sociedade e Economia.* SALVO, Mauro e PORTO JR., Sabino (org.). Santa Cruz do Sul: EDUNISC, 2004, p. 82 e ss. e também FRANCO, Gustavo. *O novo modelo brasileiro em perspectiva,* publicado na mesma obra citada, p. 13 e ss.

gerados pelos desdobramentos da desorganização monetária e dos dois choques energéticos. A ascensão e decadência do intervencionismo estatal num curto espaço de tempo de quatro décadas, retratam, assim, a trajetória dessa era.".[35]

Uma boa prova de que os agentes econômicos necessitam de segurança e de previsibilidade e que a revisão do contrato pode trazer maiores prejuízos do que benefícios são os estudos de campo do Instituto PENSA da USP, que tem a grande vantagem de sair do debate meramente político ou ideológico e focar na comprovação matemática ou estatística da proposição.

Nesse sentir, comprovou-se, empiricamente, que a revisão judicial de contratos agrários no Estado de Goiás dificultou o financiamento da safra no ano seguinte.[36]

A situação enfrentada lá foi a de que algumas culturas, como a soja, eram financiadas, em muitos casos, com capital privado, ou seja, negociadores faziam a compra antecipada da produção, entregando o pagamento imediatamente ao produtor, que com isso, capitalizava-se para o plantio. E no ano seguinte, este agricultor, que já havia computado seu lucro no preço de venda antecipada, entregava o produto.

Pois houve uma inesperada valorização da soja e alguns produtores ingressaram com ações de revisão judicial dos contratos alegando imprevisibilidade, enriquecimento injustificado, etc., para não cumprir o pactuado, ou seja, a fim de evitar a entrega do produto de seu plantio, pelo preço antes estipulado.

O Tribunal de Justiça de Goiás, com base na função social do contrato, revisou os contratos e liberou os produtores que ingressaram com as ações, ditos hipossuficientes, do cumprimento integral do contrato.

A conseqüência (coletiva ou social) disso foi a de que todos os outros agricultores que não haviam ingressado com ações foram prejudicados, pois os *traders* da região não mais queriam seguir fazendo a operação de compra antecipada do produto, diante do flagrante risco de prejuízo da operação, já que se o preço da soja no ano seguinte ao contrato fosse inferior ao pactuado, eles arcariam com a perda e se o preço fosse mais elevado, os produtores ingressariam com ações para não cumprir o contrato.

Algo, aliás, que foi sentido no Rio Grande do Sul, onde estima-se que os juros seriam superiores à média nacional por conta do excessivo número de revisões judiciais de contratos bancários, tornando o crédito da instituição financeira mais duvidoso e a operação, por conseqüência, mais arriscada para os agentes. Conseqüentemente, haveria a necessidade de redistribuição do risco e do prejuízo entre os adimplentes.

[35] FARIA, José Eduardo. *O Direito na economia globalizada*. 1ª ed., 2ª tiragem. São Paulo: Malheiros, 2000, p. 112.

[36] Conforme divulgado em Seminário do Instituto PENSA na USP em 05 de dezembro de 2005. Existe um relatório parcial da pesquisa divulgado no site do instituto: *<http://www.fundacaofia.com.br/pensa/>*. Também foi publicada uma série de reportagens sobre este tema na Revista Agroanalysis da FGV/SP, entre os meses de agosto e setembro de 2005.

Isso aconteceu também nos condomínios de apartamentos, onde a diminuição da multa condominial para 2% promovida pelo Novo Código Civil gerou um estímulo à inadimplência e esta perda teve que ser distribuída em chamadas extras ou aumento de mensalidades aos demais condôminos.

Portanto, a função social do contrato é a função do contrato em um determinado ambiente coletivo e não individual. É preciso avaliar qual o impacto no bem estar da coletividade de uma determinada revisão do contrato. E isso somente pode acontecer levando em conta o impacto no espaço público de interação coletiva que é justamente o mercado.

No que diz com a propriedade e as garantias, certamente relativizações por conta de função social da propriedade e do valor maior da dignidade da pessoa humana certamente acarretarão empobrecimento do país, com depressão da riqueza nacional.

A ineficiência da publicização do Direito Privado foi já sentida na Inglaterra (um dos berços do Estado Social), provocando, de acordo, com o testemunho de Atiyah, uma reviravolta e um retorno dos princípios da livre iniciativa e da autonomia privada. O professor de Oxford, antigo defensor do "declínio da liberdade contratual" (*fall of the freedom of the contract*), dá o exemplo, na Inglaterra, da legislação sobre locações.

A excessiva proteção do locatário na legislação daquele país escasseou a oferta de imóveis, fazendo com que o preço dos aluguéis subisse demasiadamente. A lei do inquilinato inglesa foi reformulada para dar maior flexibilidade ao contrato, permitindo, mais rapidamente, a recuperação do bem locado. Em consequência, a oferta de imóveis aumentou no mercado, diminuindo conseqüentemente o preço para os locatários, que saíram beneficiados.[37]

E o mundo capitalista é assim. O investidor certamente procurará "portos seguros" para fazer seus investimentos, onde os contratos valham, a sua propriedade seja respeitada e onde o processo se desenrole com agilidade.

5. Conclusões

A primeira conclusão a que se chega é a de que o mercado, como espaço de troca de bens e serviços, existe, não sendo criação do liberalismo ou do "neoliberalismo".

A segunda conclusão é a de que as leis da ciência econômica devem ser conhecidas pelos juristas e/ou operadores do direito; especialmente aqueles que com mais freqüência se envolverem em discussões que versem sobre o mercado ou sobre sua regulação. A análise econômica do Direito, que incorporou o ferramental de análise da Economia, não pode ser mais tida como um movimento "de direita" ou de "neoliberais", mas sim como uma legítima escola de pensamento,

[37] Ver, de ATIYAH, P. "An introduction of the law of contract". Oxford, Clarendon Press, 1994, p. 28 e ss.

cujas idéias podem contribuir bastante para as discussões dos problemas sociais contemporâneos.[38]

A terceira conclusão é a de que o mercado pode ser regulado pela ordem jurídica a partir de um modelo liberal ou de um modelo social ou welfarista. No primeiro caso, há uma tendência à autoregulação do mercado e no segundo caso há uma tentativa de regulação exógena do mercado vinda do Estado, sendo que em nenhum destes modelos se renuncia ao mercado nem ao sistema econômico capitalista.

A quarta conclusão é que a opção por um ou outro modelo de Estado – e de Direito – tem impacto decisivo no desenvolvimento econômico dos países.

A quinta conclusão é que a opção por um modelo que respeite o mercado (e os institutos a si tão caros, como a propriedade, contratos, etc.) é a mais eficiente socialmente, e a que, portanto, melhor atende à função social do Direito.

---

[38] SWEDBERG, Richard. *Principles of Economic Socioloy.* New Jersey: Princeton University Press, 2003, p. 217.

— VI —

O direito fundamental à livre iniciativa[1]

Sumário: Introdução; 1. O mercado e sua regulação; 2. Livre iniciativa; 3. A regulação infraconstitucional da livre iniciativa; 4. Como anda a livre iniciativa na prática institucional brasileira?; Conclusão.

Introdução

O objetivo deste artigo é demonstrar o tratamento jurídico do princípio da livre iniciativa e seu caráter de direito fundamental no ordenamento jurídico brasileiro, buscando recuperar o seu significado e a sua importância preponderante dentro de um sistema econômico capitalista estabelecido pela Constituição Federal. É um direito fundamental porque está umbilicalmente ligado ao direito de liberdade em sentido lato. Ele representa o valor e o princípio preponderante na ordem constitucional, pois, ao contrário do que preconiza a voz dominante entre os constitucionalistas, representa a essência de uma economia de mercado, cuja eficiência é por ele garantido.

Este estudo trabalha com a perspectiva da Nova Economia institucional, que defende (inclusive com a obtenção de mais de um prêmio Nobel) que as instituições conformam o desenvolvimento econômico de um país e é com sólido compromisso daquelas instituições com o sistema eficiente de mercado que garantirá o caminho do desenvolvimento. E a livre iniciativa (e a livre concorrência) são a base do mecanismo de funcionamento do mercado e por isso deve ser o princípio condição dos demais princípios constitucionais.

Se a liberdade política garante o direito de votar e de ser votado, a liberdade econômica garante a entrada e saída do espaço público do mercado. Em um sistema social complexo, não há como misturar estes espaços, ou subsistemas na linguagem de Luhmann. Cada qual tem a sua função, a sua lógica (ou racionalidade) e a sua linguagem. Pretender dominar um por outro é regredir na complexidade social.

A regulação da ordem econômica capitalista pode aparecer de duas formas na constituição de país: ou por meio de um modelo regulatório liberal (ordem

[1] Artigo publicado originalmente na Revista da Ajuris, v. 106, p. 107-124, 2007.

econômica orgânica ou natural), que acredita fundamentalmente na capacidade de auto-regulação do mercado; ou por meio de um modelo regulatório social ou programático, que busca interferir na espontaneidade do mercado, sendo este último o caso da Constituição Federal de 1988.

Em todo caso, em qualquer um dos casos, com maior ou menor grau de respeito a sua integridade, a livre iniciativa assegura aos agentes econômicos, *a priori*, liberdade de atuação no mercado, podendo comprar e vender bens e serviços sem interferências do Poder Público. Evidentemente que não se trata de um princípio absoluto, recebendo limitações no próprio texto constitucional como a necessidade de cumprimento de leis sanitárias, ambientais, municipais, etc. A livre iniciativa ainda requer hoje um controle positivo do Estado para garantir o funcionamento do mercado, evitando abuso de poder econômico em situações definidas em lei.

A curta história do liberalismo econômico no país (que não deve ser confundido com o patrimonialismo e nem com o coronelismo) e o pouco compromisso de nossos legisladores e juristas (e em sentido mais genérico, de nossas instituições) com este valor maior de um regime de mercado justificam este artigo. Nesse sentido, de um lado a história legislativa do direito concorrencial brasileiro, como bem demonstra Forgioni (adiante citada), está mais associada à repressão da atividade empresarial do que a um compromisso com a liberdade individual e empresarial dos agentes econômicos. De outro lado, um estudo de caso paradigmático do Tribunal de Justiça do Rio Grande do Sul evidenciará que a livre iniciativa ainda não foi bem compreendida em toda a sua plenitude. Merece destaque a posição do CADE que com erros e acertos tem demonstrado comprometimento institucional com a liberdade de mercado.

1. O mercado e sua regulação

O mercado existe enquanto instituição social espontânea, ou seja, enquanto fato social. Nas palavras de Coase, o mercado "é a instituição que existe para facilitar a troca de bens e serviços, isto é, existe para que se reduzam os custos de se efetivarem operações de trocas".[2] Em realidade, ao servir como espaço público de trocas, ele garante um referencial de comportamento para os agentes econômicos (aqueles que participam do jogo de forças da oferta e da procura), cujo resultado é uma situação de equilíbrio (positivo ou negativo). Se mercado enquanto fato não existisse, como explicar que em seguida a uma super safra de soja (e portanto de uma grande oferta no mercado) o seu preço tenda a baixar?

De modo que mercado não está separado da sociedade; é parte dela integrante. Nesse sentido, como qualquer fato social, ele pode ser regulado por normas jurídicas (com maior ou menor eficácia social e econômica). Se não existisse mercado, ele certamente não poderia ser objeto de relações jurídicas. Portanto,

[2] Cf. COASE, Ronald. *The firm, the market and the law*. Chicago: University of Chicago Press, 1988, p. 7.

não se pode dizer que mercado seja algo artificialmente garantido pelo ordenamento legal como querem alguns, que atacam a característica espontânea das forças do mercado. O que se pode afirmar é quanto mais desenvolvidas as instituições, mais propício é o ambiente para seu natural desenvolvimento. Quanto mais sólidos os tribunais e íntegro o sistema jurídico de um país, melhores são suas instituições.[3]

Como o mercado não é perfeito e algumas estruturas concorrenciais não garantem que as forças de oferta e procura funcionem corretamente pela concentração de poder econômico em poucos agentes e como o equilíbrio de mercado pode acontecer em situações de depressão social ou de lento desenvolvimento econômico, economistas como Keynes propuseram o *end of laissez faire* e paralelamente advogaram a necessidade de intervenção do Estado no sistema econômico, mas sem romper jamais com o capitalismo.

Diante dessas considerações, é possível, com Eros Grau, identificar dois modelos constitucionais regulatórios do mercado (capitalista), ao que ele denomina de ordem econômica em sentido estritamente jurídico. O tratamento constitucional da Economia ou da ordem econômica, depende do modelo de Estado adotado. De acordo com esse critério, conforma-se, institucionaliza-se uma determinada ordem econômica, seja para reconhecer, seja para alterar as relações sociais de mercado. Assim, a ordem econômica, é o "conjunto de normas jurídicas (mundo do dever ser) que define, institucionalmente, um determinado modo de produção econômica (mundo do ser)".[4]

Existe, portanto, uma ordem econômica constitucional tipicamente liberal ou "neoliberal" (que respeita e institucionaliza as relações espontâneas de mercado) – que protege a propriedade, o contrato e a livre iniciativa – e uma ordem econômica constitucional social – que, sem rejeitar os postulados liberais, busca o planejamento e a intervenção do Estado nas relações de mercado, estabelecendo programas de políticas públicas vincularem os poderes do Estado, fundamentalmente o Executivo e o Legislativo.[5] Cada qual dá origem a um determinado modelo de Constituição Econômica capitalista.

---

[3] Nesse sentido, ver NORTH, Douglas. *Institutions, Institutional Change and Economic Performance*. Cambrigde: Cambridge University Press, 1990. Ver ainda WILLIAMSON, Oliver. Por que Direito, Economia e Organizações? In: *Direito e Economia*. ZYLBERSTAJN e SZTAJN (org.). São Paulo: Campus, 2005, p. 16 e ss. WILLIAMSON, Oliver. *The economic institutions of Capitalism*. Nova Iorque: Free Press, 1985, p. 15 e ss. Mais radical ainda é a posição de GRANOVETTER, Mark. Economic action and social structure: the problem of social embeddedness. In: *American Journal of Sociology*. Vol. 91, nº 03, 1985, p. 481.Interessante, mas não no mesmo sentido, a abordagem de MALLOY, Robin Paul. *Law in a Market Context*. Cambridge: Cambridge University Press, 2004.

[4] POSNER, Richard, em *El análisis económico del derecho*. México: Ed. Fondo de Cultura Ecónomica, 1998; POLINSKY, Mitchell. *Introducción al análisis económico del derecho*. Barcelona: Editorial Ariel, 1985. GRAU, Eros. *A Ordem Econômica na Constituição de 1988*. 8ª ed. revista e ampliada. São Paulo: Malheiros, 2003, p. 14 e ss.

[5] Segundo Barroso, o Estado Social é aquele que assume diretamente alguns papéis na atividade econômica com o fim de promover o desenvolvimento econômico e social e outros papéis de cunho regulatório e distributivo, com o intuito de preservar o mercado e amparar aqueles que ficaram de fora do sistema. BARROSO, Luís Roberto. *Temas de Direito Constitucional*. 2ª ed. Rio de Janeiro: Renovar, 2002, p. 389. No mesmo sentido,

Esses dois modelos de ordem econômica dão origem a dois modelos de Constituição: a Constituição orgânica e a Constituição Programática. A primeira, institucionaliza um sistema econômico (capitalista), assumindo a adequação das relações espontâneas no seio da sociedade. Por isso, ela não precisa estar formalizada (modelo liberal). Já a Constituição programática é um modelo de Constituição que institucionaliza um sistema econômico (capitalista) buscando regulá-lo e enquadrá-lo dentro de um marco valorativo e principiológico político. Ele precisa estar formalizado, já que enfrenta a ordem econômica natural (social), ou seja, realidade.[6]

A opção por um ou por outro modelo regulatório do mercado é questão de ordem político legislativa, sendo o seu reflexo constitucional obra de um poder constituinte legítimo e democraticamente eleito (pelo menos idealmente). Muito embora esta invasão ou "colonização" do espaço da sociedade (i.e., do mercado) pelo Direito possa trazer um preço econômico (via tributação, via ineficiência da máquina pública, via custos de transação) que juristas e políticos, especialmente aqueles pouco afeitos a orçamentos e números, têm condições ou vontade de calcular.[7]

A Constituição de 1988 seguiu este paradigma programático ou welfarista, no sentido de buscar estruturar e controlar as políticas públicas governamentais. Acreditou o constituinte, supõe-se, que isso promoveria mais desenvolvimento econômico e, conseqüentemente, traria maior efetividade à livre iniciativa. Não se fará neste artigo uma análise econômica deste modelo constitucional, muito embora seja facilmente perceptível que o welfarismo estatal se encontra em crise. Além disso, as evidências empíricas bem demonstram que normalmente é um sólido mercado que acarreta uma maior eficácia social do princípio da livre iniciativa. E muitas vezes uma interferência estatal traz mais custos do que benefícios, como tem também mostrado a literatura do Direito e Economia.

Com efeito, contemporaneamente, é o modelo do *Welfare Stat*e que é colocado em xeque, diante da falência do Estado Social frente aos fenômenos da globalização, das privatizações, das crises orçamentárias dos governos, da *internet*, que deu origem a programas de reforma do Estado, inclusive no Brasil.[8]

Paradigmática, nesse sentido, é a conclusão de Faria:

> A partir dos anos 70, porém, com a crescente instabilidade das principais variáveis macroeconômicas, essa era (do Estado Social) passou a se caracterizar pela drástica redução de seu ritmo de cresci-

---

SARMENTO, Daniel. *Direitos Fundamentais e Relações Privadas*. Rio de Janeiro: Editora Lumen Júris, 2004, p. 31 e ss, dentre outros autores lá citados.

[6] GRAU, *A ordem econômica* (...), p. 14 e ss.

[7] Vem daí as percucientes críticas de Luhmann e mais recentemente de Teubner à "engenharia social" pretendida pelo Welfare State. Cf. TEUBNER, G. After legal instrumentalism? Strategic models of post-regulatory law. In: *Dilemmas of the Law in the Welfare State*. TEUBNER, G. (org.). Berlin: Walter de Gruyter, 1988, p. 299.

[8] Ver os excelentes ensaios de PEREIRA, L. C. Bresser. A reforma do Estado nos anos 90. In: *Uma nova relação entre Estado, Sociedade e Economia*. SALVO, Mauro e PORTO JR., Sabino (org.). Santa Cruz do Sul: EDUNISC, 2004, p. 82 e ss. e também FRANCO, Gustavo. *O novo modelo brasileiro em perspectiva*, publicado na mesma obra citada, p. 13 e ss.

mento (...). E nos anos 80, passou a mostrar progressiva incapacidade tanto para planejar racionalmente sua intervenção no processo de mudança social quanto para produzir respostas a um só tempo eficientes e sistematicamente coerentes ao conjunto disperso e contraditório de tensões, conflitos e demandas gerados pelos desdobramentos da desorganização monetária e dos dois choques energéticos. A ascensão e decadência do intervencionismo estatal num curto espaço de tempo de quatro décadas, retratam, assim, a trajetória dessa era.[9]

Cumpre, assim, aos juristas refletir sobre a necessidade de uma rediscussão da Constituição de 1988 no que tange a sua ordem econômica, de sua verdadeira aplicabilidade ao mundo real das relações sociais e econômicas, propondo eventualmente uma interpretação mais moderna de seu texto de acordo com o diagnóstico dos sociólogos e economistas a respeito do atual momento de globalização e de internacionalização das relações estatais e econômicas. O próprio tão citado Direito Constitucional programático português já teve que fazer inúmeras concessões ao pragmatismo do Tratado de Roma e Maastrich da União Européia e à política monetária rígida das instituições européias de Bruxelas.

Vistos os modelos constitucionais regulatórios de um sistema econômico capitalista, que pressupõe o funcionamento de uma economia de mercado enquanto fato social (seja para institucionalizá-la, seja para regulá-la), vejamos a livre iniciativa que é o princípio garantidor da eficiência desse mecanismo de mercado.

2. Livre iniciativa

Independentemente do modelo de constituição econômica adotado pelo constituinte, quer orgânico, quer programático, certo é que enquanto não rompido o sistema econômico de mercado (ou capitalista se se quiser), o valor preponderante inescapavelmente deve ser a liberdade econômica ou livre iniciativa. Há pouca tradição de enaltecimento deste princípio e a história de nosso direito econômico, mais se relaciona à "repressão ao abuso do poder econômico" do que ao enaltecimento de uma liberdade fundamental inerente ao regime democrático como acontece nos Estados Unidos.[10]

Mesmo diante da atual Constituição, muitos juristas renomados têm defendido que, quando houver a colisão de princípios em um caso concreto, deverá optar-se pela dignidade da pessoa humana, como se a "questão social" preponderasse sobre a "questão econômica".[11] Ver, exemplificativamente, a seguinte passagem de Eros Grau:

(O texto constitucional)... resulta em conferir ao trabalho e seus agentes tratamento peculiar.(...) *Valorização do trabalho humano* e reconhecimento do *valor social do trabalho* (...) expressam preva-

[9] FARIA, José Eduardo. *O Direito na economia globalizada.* 1ª ed., 2ª tiragem. São Paulo: Malheiros, 2000, p. 112.

[10] FORGIONI, Paula Ana. *Os Fundamentos do Antitruste.* São Paulo: Revista dos Tribunais. 1998.

[11] SARLET, Ingo Wolfgang. *A eficácia dos direitos fundamentais.* 3ª ed. Porto Alegre: Livraria do Advogado, 2003.

lência dos valores do trabalho na conformação da ordem econômica – prevalência que José Afonso da Silva reporta como prioridade sobre os demais valores da economia de mercado.[12]

No mesmo sentido, José Afonso da Silva argumenta que o *caput* do art. 170 tem dois sentidos principais:

> (...) *consagra[r] uma economia de mercado*, de natureza capitalista, pois a iniciativa privada é um princípio básico da ordem capitalista. (...) [e], embora capitalista, a ordem econômica dá[r] *prioridades aos valores do trabalho humano* sobre todos os demais valores da economia de mercado.[13]

Segundo ele, essa prioridade orienta a intervenção do Estado na economia, a fim de fazer valer os valores sociais do trabalho que, ao lado da iniciativa privada, constituem o fundamento não só da ordem econômica, mas da própria República Federativa do Brasil (art. 1º, IV).

O que está por trás deste pensamento, aparentemente, é a crença de que os aspectos econômicos devam ser tratados secundariamente, diante de uma "humanização" ou "socialização" da ordem econômica, ficando a livre iniciativa, mesmo sendo uma liberdade individual fundamental, em segundo plano na análise.[14] O que revela pouco compromisso institucional com o livre mercado revivendo de certo modo o diagnóstico weberiano das antíteses entre o mundo católico pouco avesso à acumulação capitalista e do mundo protestante instigador da atividade empresarial.

Mas evidentemente que posta a questão daquela forma (justiça social *versus* livre mercado), certamente a maioria dos economistas concordariam com a conclusão dos juristas, pois talvez somente o personagem nietzcheano de Zaratrustra ou um apressado leitor de Darwin preferiria o selvagem embate dos agentes econômicos, desprovido de qualquer resultado "social" a qualquer outra solução que levasse em conta o interesse coletivo. Em verdade, a questão é mais complexa está um degrau acima deste questionamento entre a prioridade "social" ou "econômica" ou entre "justiça social" e "eficiência econômica".

Em primeiro lugar porque a separação entre economia e sociedade é relativa já que as relações econômicas se estabelecem dentro, e não fora da sociedade. Não há ontologicamente (senão cientificamente) como separá-las. É aliás a lição de Polanyi historicamente as relações econômicas sempre integraram as práticas sociais e somente na modernidade (agora com Luhmann) houve uma especialização de comunicações (ou linguagens) do "subsistema" econômico – como resultado da maior complexidade social.[15]

---

[12] Eros Roberto Grau, A Ordem Econômica na Constituição de 1988, São Paulo: Malheiros, 2ª ed., 1991, p. 219.

[13] DA SILVA, *Curso* (...), p. 762.

[14] BERCOVICI, Gilberto. *Constituição Econômica e Desenvolvimento*. São Paulo: Malheiros, 2005.

[15] Cf. POLANYI, Karl. *La Grande Transformation*. Paris: Gallimard, 1983. Sobre a especialização (ou "formalização") do sistema econômico, ver WEBER, Max. *Economia e Sociedade*. V.2. Brasília: Editora UnB, 1999, p. 1-153.

Em segundo lugar, ainda que admitida uma separação parcial entre sistema econômico e sociedade, ainda assim não há como descurar que o papel deste subsistema econômico para o grande sistema social é a geração de riquezas, como magistralmente mostrou Parsons (uma das grandes fontes da teoria dos sistemas de Luhmann).[16] Assim, o subsistema econômico atende a uma função no sistema social que é a geração de riquezas. E dentre os modelos até hoje experimentados ao longo do século XX, o modelo ou modo de produção que gera maior riqueza social (ou renda nacional ou produto nacional), é o sistema capitalista; por isso é ele que traz as condições materiais para que a maioria saia ganhando. Se as instituições políticas nacionais são deficientes e não há redistribuição das riquezas geradas no âmbito do sistema econômico este problema diz mais respeito ao subsistema político do que ao econômico.

Inclusive, ao contrário do que muitos juristas imaginam, a Ciência Econômica surge para lidar com o grande dilema social da escassez, daí que a grande preocupação dos economistas é medir estes ganhos coletivos, como análises de eficiência de Pareto e de Kaldor- Hicks.[17] Tentar suavizar o mecanismo de funcionamento desse sistema econômico com uma perspectiva "humanizadora" ou "social" não tende a gerar resultados concretos benéficos em que efetivamente o somatório dos benefícios sobrepuje as perdas. Ao contrário, um recente prêmio Nobel na Economia (North) demonstrou que quanto maior compromisso das instituições e organizações de um país com a eficiência do mercado, maior o seu desenvolvimento econômico. Querer estabelecer critérios (ou racionalidades) do sistema político ao sistema econômico seria uma involução do pensamento social, se se seguir Weber, ou mesmo Kelsen, Hart ou Luhmann.

Evidentemente que com isso não se está ingenuamente a advogar que não devam existir mecanismos redistributivos no sistema econômico capitalista. Ao contrário, para que ele funcione melhor (ou seja com menores conseqüências nas suas épocas de crise) são importantes políticas públicas governamentais que provejam, na medida das possibilidades orçamentárias, saúde, educação, lazer, etc. Contudo, estes mecanismos redistributivos tendem a funcionar melhor se o sistema econômico gerar mais resultado. Ou seja, não é flexibilizando ou "humanizando" o sistema econômico que se fará uma sociedade mais justa. Talvez seja exatamente o contrário! Interferências diretas à lógica desse sistema tendem

---

[16] Nesse sentido, Parsons trata do "sistema de ação social". Com efeito, Parsons percebeu que a ação humana não se encontra dissociada do ambiente e da situação, principalmente da interação com os demais seres humanos (concebidos como sistema). Foi Parsons, portanto, que concebeu o sistema de ação social como interdependência dos elementos que formam o todo, no qual "(...) movimentos e mudanças não podem se processar de modo desordenado nem ao acaso, sendo fruto de uma interação complexa, da qual resultam estruturas e processos. (...) A ação em qualquer nível que se situe é sempre um composto, produto de uma síntese que pode ser analiticamente decomposta. Ao mesmo tempo, a ação que se considera como um composto nunca é uma realidade isolada. Está sempre ligada a outras ações (...)". Cf. ROCHER, Guy. *Talcott Parsons e a Sociologia Americana*. São Paulo: Editora Francisco Alves, s/d, p. 30 e ss e especialmente 39 e ss. O complexo sistema de ação social parsoniano aparece em PARSONS, Talcott. *O sistema das sociedades modernas*. São Paulo: Editora Pioneira, p. 15 e ss.

[17] ZYLBERSTAJN, Décio e SZTAJN, Rachel. *Direito e Economia*. São Paulo: Campus, 2005.

a gerar fricções e atritos à engrenagem do seu funcionamento gerando perdas e ineficiências coletivas (que poderiam aqui ser chamados de maiores "custos de transação" para utilizar o jargão dos economistas). Aliás, como já dito, o que economistas de destaque vêm mostrando é que uma economia forte é a pré-condição para o desenvolvimento, devendo moldar-se as instituições para este fim.[18]

Por isso é que no mundo real do subsistema econômico baseado no mercado, o valor fundamental e preponderante, independentemente do modelo de constituição ou de Estado, é o da liberdade econômica ou livre iniciativa, que significa a liberdade de atuar e de participar do mercado (produzindo, vendendo ou adquirindo bens e serviços, alienando sua força de trabalho). Dito de outro modo, é um princípio que estabelece, *a priori*, uma liberdade econômica, que antecede a sua regulação pelo Estado. Ela é inerente a um sistema capitalista porque se a economia é planificada e se o Estado detém os meios de produção, fixando preços no mercado, não há espaço para este princípio. Por isso é que ele representa a essência do capitalismo e deve prevalecer sobre os demais na realidade econômica.

Nesse sentido, esclarece Forgioni: "Livre mercado significa poder conquistar novos consumidores, praticando o comércio e a indústria como bem aprouver ao agente econômico. E tudo isso não é possível sem que haja a livre concorrência".[19] E, mais adiante, complementa:

> É bastante natural, entretanto, que, quando nos referimos à "livre iniciativa", tenhamos em mente o conceito tradicional de liberdade (sensibilidade e acessibilidade a alternativas de conduta e de resultado) e pensemos no agente econômico atuando no mercado, com o mínimo de "repressão" estatal.[20]

De acordo com a autora em comento, três são os elementos característicos da livre concorrência: (i) liberdade de estabelecimento; (ii) liberdade de fabricação e (iii) liberdade de circulação de mercadorias, em conformidade com as leis econômicas, principalmente a lei da oferta e da procura.

Já do ponto de vista da teoria econômica, "(...) numa economia de livre iniciativa, nenhum agente econômico (indivíduo ou empresa) se preocupa em desempenhar o papel de gerenciar o bom funcionamento do sistema de preços. Preocupam-se em resolver isoladamente seus próprios negócios".[21]

Por ser uma extensão da liberdade humana, a livre iniciativa é um direito fundamental. Em realidade, em uma economia de mercado, não há como existir dignidade humana sem liberdade econômica. Se num regime democrático a liber-

[18] SEN, Amartya. *Desenvolvimento como liberdade*. São Paulo: Companhia das Letras, 2000.

[19] FORGIONI, Paula Ana. *Os Fundamentos do Antitruste*. São Paulo: Revista dos Tribunais, 1998, P. 59 e 229. Para um aprofundamento dogmático desse conceito, ver SHUARTZ, Luiz Fernando. *Dogmática Jurídica e a Lei 8.884/94*. Revista de Direito Mercantil. vol. 107, ago. 2003, p. 70-98. Ver, igualmente, NOBRE JÚNIOR, Edilson Pereira. Intervenção estatal sobre o domínio econômico – livre iniciativa e proporcionalidade. Revista de Direito Administrativo, Rio de Janeiro: Renovar, v. 224, p. 285-300, ABR/JUN/2001.

[20] FORGIONI, op. cit, p. 229.

[21] Cf, PINHO, Diva Benevides; VASCONCELLOS, Marco Antonio (Org.) "Manual de Economia". 3ª ed. São Paulo: Saraiva. 1998, p. 18.

dade se manifesta na participação do cidadão pelo voto, no sistema capitalista é o seu acesso ao mercado que lhe garantirá dignidade e outros direitos fundamentais como o trabalho. Por esta razão, afigura-se equivocado Eros Grau quando afirma que a *livre iniciativa* não é consagrada como *direito fundamental,* no sentido de que tal liberdade é tão-só e puramente a liberdade pública de *não-sujeição restrição estatal senão em virtude de lei.*[22] Em realidade, ela é uma expressão da liberdade individual, garantido a eficácia do funcionamento do mercado, para onde confluem todos.

É nesse caráter de direito fundamental que o constituinte fez constar do texto da Constituição Federal a livre iniciativa. Em realidade, o direito fundamental à livre iniciativa é tão importante na ordem jurídica brasileira que foi escrita em três momentos da Constituição de 1988. Veja-se o teor dos arts. 1º, inciso IV, e 5º, inciso XIII, em conjunto com o parágrafo único do art. 170, *in verbis*:

> Art.1º A República Federativa do Brasil, formada pela união indissolúvel dos Estados e Municípios e do Distrito Federal, constitui-se em Estado Democrático de Direito e tem como fundamentos:
>
> (...)
>
> IV – Os valores sociais do trabalho e da livre iniciativa
>
> (...)
>
> Art. 5º.
>
> XIII – É livre o exercício de qualquer trabalho, ofício ou profissão, atendidas as qualificações profissionais que a lei estabelecer.
>
> (...)
>
> Art. 170. A ordem econômica, fundada na valorização do trabalho humano e na livre iniciativa, tem por fim assegurar a todos existência digna, conforme os ditames da justiça social, observados os seguintes princípios: (...)
>
> Parágrafo único – É assegurado a todos o livre exercício de qualquer atividade econômica, independentemente de autorização dos órgãos públicos, salvo nos casos previstos em lei.

É, portanto, a livre iniciativa, descrita dessa forma, um direito fundamental contra o Estado, um verdadeiro direito de abstenção contra o Poder Público. Como qualquer direito ou mesmo princípio, a livre iniciativa não é um princípio absoluto e encontra limitações em outros direitos e princípios – por exemplo, o interesse público em áreas estratégicas como saúde coletiva, meio ambiente, etc. Dependendo do modelo regulatório constitucional, estas limitações serão maiores ou menores, pois o Estado Social, como visto, tem um caráter interventor maior no mercado, o que acarreta diminuição do espaço da liberdade econômica dos agentes.

Mas certamente a livre iniciativa é o princípio, e não resultado do Direito, ao contrário do que defende José Afonso da Silva. Segundo ele, a livre iniciativa "não pode significar mais do que 'liberdade de desenvolvimento da empresa no quadro estabelecido pelo poder público, e, portanto, possibilidade de gozar das facilidades e necessidade de submeter-se às limitações postas pelo mesmo.' *É legítima,*

[22] GRAU, op. cit., p. 225-227.

enquanto exercida no interesse da justiça social. Será ilegítima, quando exercida com objetivo de puro lucro e realização pessoal do empresário".[23] Nada mais equivocado. No mundo real, o acesso ao mercado e o seu bom funcionamento criam pressupostos fáticos para a eficácia de outros direitos fundamentais.

A desculpa de maior intervenção do Estado no domínio econômico não deve obscurecer a importância desse princípio da Constituição Federal, inerente ao um sistema econômico capitalista ou de mercado. Diante da opção de todas as economias ocidentais contemporâneas, desde o século XVII – com a exceção de regimes ditatoriais de esquerda e de direita – por um sistema de mercado, bem se percebe que a livre iniciativa se funde com outros princípios constitucionais como o do trabalho e da dignidade da pessoa humana.

O princípio da livre iniciativa é complementado pelo direito de propriedade (outro direito fundamental, ainda que mitigado pela função social). Este último garantirá a apropriação dos resultados obtidos com o exercício de uma determinada atividade econômica, gerando estímulo ao *swet of the brow.* De nada adiantaria uma garantia de livre atuação no mercado se o produto disso vertesse para terceiros (inclusive para o Estado) justamente pelo caráter de direito individual da livre iniciativa.

3. A regulação infraconstitucional da livre iniciativa

Equivocam-se os que acreditam que a livre iniciativa rejeita qualquer forma de regulação. Exemplificativamente dessa noção que acaba por confundir livre iniciativa com liberalismo econômico, comenta Soares:

> a chamada livre iniciativa, ou economia de mercado, ou seja, a liberdade no campo da produção, do comércio, das relações de produção em geral, sem qualquer intervenção do Estado, em matéria de disciplina ou regulamentação, ou seja, chamada economia liberal.[24]

Em verdade, o direito fundamental à livre iniciativa é tão importante que deixa transparecer no texto constitucional também um dever positivo do Estado que é a regulação do mercado, quer das ações dos agentes econômicos, quer da estrutura concorrencial no § 4º do artigo 173:

> Art. 173. (...)
>
> § 4º A lei reprimirá o abuso do poder econômico que vise à dominação dos mercados, à eliminação da concorrência e ao aumento arbitrário dos lucros.

Diz-se dever de atuação do Estado, uma vez que a Constituição delegou ao Estado (em sentido lato ou seja englobando também o Poder Judiciário), o papel de zelar pela concorrência e pela livre iniciativa.

---

[23] DA SILVA, José Afonso. Curso de direito constitucional positivo. São Paulo: Malheiros, 1998, p. 762.

[24] SOARES, Orlando. *Comentários à Constituição da República Federativa do Brasil.* 11ª ed. Rio de Janeiro: Forense. 2002, p. 585

A lei infraconstitucional responsável pela normatização de tão importante princípio constitucional é a Lei 8.884/94, que criou o sistema brasileiro da concorrência como está em funcionamento até hoje, ou seja, com a criação da Secretaria de Direito Econômico (SDE) e do Conselho Administrativo de Defesa Econômico (CADE).

Essa legislação permite que a regulação do mercado seja feita por meio do monitoramento da SDE das condutas dos agentes econômicos que possam buscar prejudicar ou falsear a concorrência como no caso dos acordos de preços entre os concorrentes (cartéis) – ditos acordos horizontais –, ou no caso da fixação de preços a franqueados ou distribuidores em alguns casos, vendas casadas em outras situações – chamados de acordos verticais.

Exemplificando, um agente econômico que tenha prejudicada sua livre iniciativa, ou seja, seu direito de participar no mercado, seja porque seus concorrentes combinam preços, seja porque controlam a produção, seja porque negociam seus bens de consumo abaixo do preço custo, seja porque abusam seu poder de mercado tem o direito de solicitar à SDE a instauração de um procedimento administrativo com vistas à eventual configuração de ilícito econômico. Poderá também solicitar ao Poder Judiciário uma medida para coibir a prática abusiva (ação de obrigação de fazer ou de não fazer, ação indenizatória) – arts. 20 e 21 da Lei 8.884/94.

O controle estatal da livre iniciativa via sistema brasileiro de proteção da concorrência se dá também, na esteira da Lei 8.884/94 por meio do controle das estruturas do mercado, o que acontece nos atos de concentração empresarial (fusões, aquisições, parcerias, *joint ventures,* transferência de tecnologia, etc.) – art. 52 da Lei 8.884/94.

Com efeito, os atos de concentração empresarial que possam criar empecilhos à concorrência devem ser submetidos à aprovação do CADE – que pode impedir o ato ou aprová-lo com os sem restrições. Presume-se este risco à livre iniciativa quando um dos agentes econômicos tem 20% do mercado relevante do produto ou um faturamento igual ou superior a R$ 400.000.000,00 (quatrocentos milhões de reais).[25]

4. Como anda a livre iniciativa na prática institucional brasileira?

Houve casos paradigmáticos no CADE de proibição de atos de concentração e/ou de autorização condicionada à venda de ativos (inclusive marcas)

[25] O conceito de mercado relevante é um dos mais tortuosos do direito econômico. Envolve a idéia de produto (mercado relevante do produto) e de localização (mercado relevante geográfico). Exemplificando, para se analisar uma prática antieconômica, deve-se se examinar os possíveis efeitos no mercado. Assim, dificilmente a atuação dos postos de gasolina de São Paulo afetarão o mercado gaúcho, pois o motorista deste Estado não se deslocará até São Paulo para encher seu tanque de combustível (mercado relevante geográfico). Ainda, a atuação dos postos de gasolina na área de combustíveis não afeta o mercado de consumo de água potável já que não há fungibilidade entre gasolina e água potável, tratando-se de mercados relevantes de produtos distintos.

como o caso Kolynos-Colgate, o caso Nestlé-Garoto e caso Brahma-Antartica (AMBEV). Todos eles demonstram o grau de amadurecimento institucional da agência reguladora da concorrência do país no que diz respeito à proteção do direito fundamental da livre iniciativa (e da livre concorrência).

No primeiro caso (Colgate-Kolynos), tratava-se de um ato de concentração submetido ao CADE, em que a empresa Colgate adquiriu a marca Kolynos e demais extensões, proporcionando-lhe o percentual de 78,1% de poder de mercado no mercado relevante de creme dental. Para justificar a concentração, alegou a empresa Requerente, que a união fornecerá, ao respectivo mercado, a geração de eficiências econômicas.[26] Foram analisados os Mercados Relevantes dos seguintes produtos: creme dental, escova dental, enxaguante bucal e fio dental.

No entanto, conforme a avaliação do referido ato de concentração pelo CADE, compreendeu a Conselheira Relatora, Lucia Helena Salgado e Silva, que o percentual de 78,1% de concentração em poder de uma única empresa seria danoso em demasia à livre iniciativa e concorrência. O mercado relevante material de creme dental estaria à mercê da empresa Colgate, uma vez que a segunda empresa líder do mercado (Colgate) adquire a marca de maior destaque (Kolynos). Além disso, não fora aceita a alegação da requerente de determinar o mercado relevante material como de "higiene bucal", argumento que provocaria considerável diminuição do poder de mercado da empresa sob estudo.

De acordo com o entendimento exarado pelo CADE, este ato de concentração não pode vir a preencher os requisitos do sistema de autorizações, previsto no artigo 54 da Lei 8.884/94. Por conta disso, o CADE condicionou a aprovação da operação a uma abstenção de uso da marca Kolynos por no mínimo quatro anos, decisão esta que foi respeitada pelas empresas em questão.

No segundo caso (Nestlé-Garoto), ato de concentração se refere à aquisição da Chocolates Garoto S/A pela Nestlé Brasil Ltda. Segundo as Requerentes, o Ato foi submetido à apreciação do CADE com fundamento no artigo 54, §3º, da Lei 8.884/94. A operação decorreu da "necessidade crescente de escala operacional, recursos financeiros e capacidade de gerenciamento" para concorrer em melhores condições no mercado nacional e internacional e deter as perdas "leves mas progressivas" de participação de mercado verificadas nos últimos anos. Diante deste quadro, os acionistas da Chocolates Garoto S/A optaram pela "alienação das participações acionárias da Garoto a uma empresa de tradição no setor com toda a qualificação e capacitação para manter e desenvolver os ativos da empresa". Em relação à Nestlé Brasil Ltda., a aquisição representou, também segundo as Requerentes,"uma oportunidade de desenvolvimento de seus negócios, de modo a melhor atender à demanda por confeitos e chocolates no Brasil". Foi analisado o mercado relevante dos seguintes produtos: cobertura de chocolate

---

[26] Para detalhes do caso, ver o *site* do CADE: www.cade.gov.br.

líquida, cobertura de chocolate sólida, achocolatados, chocolates em pó, chocolates variados, caixas de bombons, ovos de páscoa.[27]

Tendo em vista o risco de concentração de mercado, e, portanto, à livre concorrência nos mercados dos produtos analisados, optou o CADE pela desconstituição da operação o que, em conformidade com o § 9º do art. 54 da Lei nº 8.884/94, significaria que a Nestlé deveria alienar os ativos da Garoto ou ativos equivalentes àqueles adquiridos quando da realização do Ato – de modo a envolver um negócio inteiro, independente e sustentável – a um terceiro interessado, aprovado pelo Plenário, que não possua participação de mercado superior a 20% no mercado relevante e que apresente-se como competidor capaz de sustentar a marca.

No terceiro caso AMBEV, as empresas Brahma e Antártica celebram atos com o fim de reunir sob o mesmo controle acionário as respectivas companhias controladas, por meio da constituição de uma nova sociedade anônima, denominada companhia de Bebidas das Américas – AmBev. Os mercados relevantes envolvidos foram: cervejas, refrigerantes, águas, chás, isotônicos, sucos e maltes. As discussões versavam sobre o implemento das disposições do art. 54 da Lei 8.884/94. Os referidos dispositos positivam desde os requisitos de submissão à exame das operações até os parâmetros de sua aprovação.[28]

Conforme a Conselheira-Relatora Hebe Romano, o CADE constatou que não existem fatos concretos de natureza comportamental que comprovem qualquer dano ao mercado. No que concerne às estruturas, "as Requerentes demonstram que os benefícios privados da operação são maiores que aqueles passíveis de serem repassados à coletividade". Não obstante, a elevação das barreiras à entrada serão superadas pela adoção de restrições ao ato de concentração. Analisado detidamente o caso, os Conselheiros observaram que o item I do § 1º do artigo 54 da Lei nº 8.884/94, foi atendido, "(...) pois a operação resultará em aumento da produtividade, na melhoria da qualidade dos bens ofertados e proporcionará a eficiência e o desenvolvimento tecnológico".[29]

Em termos de políticas públicas governamentais protetoras da livre iniciativa, insere-se o Programa Redes de Cooperação da Secretaria de Desenvolvimento e Assuntos Internacionais do Governo do Estado do Rio Grande do Sul, que busca estimular o associativismo de pequenas e médias empresas para que estas ganhem poder de barganha no mercado globalizado e competitivo. Tem-se assim a formação de associação de farmácias (como a AGAFARMA), de empresas de material de construção (como a REDEMAC, por exemplo) que poderão concorrer com mais poder de barganha com grandes conglomerados transnacionais.[30]

[27] Para detalhes do caso, ver o *site* do CADE: www.cade.gov.br.

[28] Idem, ibidem.

[29] Idem, ibidem.

[30] Cf. "Redes de Cooperação: uma nova organização de pequenas e médias empresas no Rio Grande do Sul". Org. Jorge Renato S. Verschoore. Porto Alegre: Fundação de Economia e Estatística (FEE), 2004.

No Poder Judiciário, houve interessante caso julgamento pela 6ª Câmara Cível do Tribunal de Justiça do Rio Grande do Sul, assim ementado:

> DEMANDA INDENIZATÓRIA E MANDAMENTAL. ALEGAÇÃO DE ABUSO DO PODER ECONÔMICO E DE PRÁTICA DE MONOPÓLIO. EMPRESA DE RADIOLOGIA QUE PRETENDE SER CREDENCIADA JUNTO A HOSPITAL MANUTENDOR DE PLANO DE SAÚDE. ACOLHIMENTO PARCIAL DO PEDIDO EM 1º GRAU DE JURISDIÇÃO. ALEGAÇÃO DE NULIDADE DA SENTENÇA.
>
> I – Exceção de prescrição. Caso, em tese, de infração continuada, a afastar a alegada prescrição. Inteligência do art. 28 da Lei 8.884/96.
>
> II – Ausência de abuso econômico ou monopólio. Liberdade de escolha da demandada, que se insere na autonomia privada da vontade, constitucionalmente garantida.
>
> III – Nulidade da sentença afastada, porque julgado o mérito a favor da parte a quem aproveitaria a declaração da eiva. Incidência do art. 249, § 2º, do CPC.[31]

Do relatório do acórdão, extrai-se que se trata de paradigmático caso de discussão do princípio da livre iniciativa, já que a autora, empresa da área médica de Bento Gonçalves, sustentou estar sendo cerceada no exercício de sua profissão pela ré que mantém plano da saúde que acaba atendendo a grande maioria da população e se que nega a credenciá-la, retirando-lhe boa parte do mercado consumidor. Veja-se o que diz o relator:

> Narra a inicial que a demandada mantém há muito anos, em Bento Gonçalves, o Hospital Tacchini, que é o único da cidade. Desde outubro de 1980 mantém também um plano de saúde, com nome de fantasia Plano de Saúde Tacchimed, que conta hoje com mais de 30.000 associados. A autora, por sua vez, presta serviços de raio X em geral e de ecografia. Nunca obteve êxito de se credenciar junto à demandada e os associados do plano são compelidos a realizar exames na própria mantenedora do plano. Entende estar configurado monopólio do hospital e monopólio do plano de saúde. Ao impedir o credenciamento da autora, a ré está ferindo os direitos básicos da livre concorrência, violando os incisos I, II, e IV do art. 20, assim como os incisos IV, V e VI do art. 21 da Lei 8.884, de 11.6.1994. Também viola o art. 18, inciso III, da Lei 9.656/98, e os arts. 4º, incisos III, VI, e 6º, incisos II e IV, do CDC. Não bastasse isso a ré infringe a própria Constituição Federal, arts. 170, incisos IV e V, e art. 173, § 4º.

Sendo estes os fatos, um pouco decepcionante foi a fundamentação adotada pelo Tribunal diante dos parcos argumentos de direito econômico trazidos no corpo do voto do relator que se tornou vencedor – independentemente do acerto ou não do mérito da decisão, que dependeria de provas técnicas que não foram produzidas no caso pelo que lê do caso. Com efeito, o Tribunal limitou-se a proclamar que a autonomia privada garantiria o direito de escolha das empresas credenciadas pelo plano de saúde réu. Esqueceu-se de considerar o mercado relevante por meio de uma perícia, que poderia levar à conclusão de que grande concentração de mercado e de abuso de poder econômico conseqüentemente contra a autora – e portanto, evidenciando uma violação sim de seu direito de livre iniciativa.

Sem falar que o Tribunal acaba confundindo autonomia privada com livre iniciativa, como se percebe da seguinte passagem do voto do relator:

---

[31] TJ/RS, 6ª Cam. Civ., Apelação Cível nº 70007157498, Rel. Des. Carlos Alberto Alvaro de Oliveira.

Mais ainda, a autonomia privada, garantida constitucionalmente no ordenamento jurídico brasileiro, a exemplo de outros sistemas, impõe essa liberdade de escolha, que a autora pretende transmudar em ato ilícito, passível de indenização.

Como bem acentua Francesco Galgano (apud Ana Prata, *A Tutela Constitucional da Autonomia Privada*, Coimbra, Almedina, 1982, p 198-199), em lição perfeitamente aplicável entre nós, A liberdade de iniciativa econômica é liberdade dos privados de dispor dos recursos materiais e humanos; é, em segundo lugar, liberdade dos privados de organizar a atividade produtiva e, conseqüentemente, é liberdade dos privados de decidir o que produzir, quando produzir, como produzir, onde produzir (...) pressupõe, de forma mais geral, a liberdade contratual, sendo o contrato, fundamentalmente, o instrumento mediante o qual o empresário, por um lado, obtém a disponibilidade dos recursos a utilizar no processo produtivo e, por outro, coloca o produto no mercado (...).

Nada mais equivocado, já que autonomia privada deve ser entendida, com o perdão das opiniões em contrário, como sinônimo de liberdade contratual ou mais precisamente como esfera normativa ou negocial dos indivíduos deixada pelo ordenamento jurídico – em outras palavras, é o mundo dos negócios jurídicos, dos contratos. Já a livre iniciativa, como se viu, está associada à livre atuação no mercado pelo agente econômico, comprando e vendendo bens. Ainda que a autonomia privada seja instrumental à livre iniciativa, são conceitos jurídicos diversos, que respondem a finalidades diferentes.

Em contrapartida, independentemente do acerto ou não de seu posicionamento, mostrou-se o voto divergente do revisor, que bem explorou o direito econômico e especialmente o texto da Lei 8884/94. Afirma o Desembargador Artur Ludwig:

Em que pese, o respeitável voto do em. Relator, diante da peculiaridade do caso concreto, tenho que o procedimento da ré, em negar o credenciamento da empresa autora, junto a seu plano de saúde, ainda que não possa caracterizar monopólio, viola a livre concorrência, o que é defeso por lei, porque o único serviço de radiologia, oferecido pelo plano que administra, é em seu próprio hospital.

Cumpre citar o elucidativo artigo de Duciran Van Marsen Farena, que fala da livre concorrência, sob o título "O Monopólio no transporte rodoviário de passageiros frente ao direito do consumidor", publicado na Revista do Consumidor nº 33, São Paulo: Revista dos Tribunais, p. 196, copio parte aplicável ao caso concreto:

"... De um ponto de vista político, a livre concorrência é garantia de oportunidades iguais a todos os agentes, ou seja, é uma forma de desconcentração de poder. Por fim, de um ângulo social, a competitividade deve gerar extratos intermediários entre grandes e pequenos agentes econômicos como garantias de uma sociedade mais equilibrada."

Ademais, tenho que violado o § 2º, do art. 20, da Lei nº 8.884, de 11 de junho de 1994, pois a posição dominante, que a requerida possui no município de Bento Gonçalves, controla uma parcela substancial do mercado, como fornecedora de serviços, o que constitui infração à ordem econômica, conforme bem sentiu a magistrada de primeiro grau, que convive no município.

Aplicável, também, o disposto no inciso IV, do art. 21 da referida lei.

Realmente, a razão está com o Desembargador revisor, no sentido de que a concentração de mercado pode induzir abuso de posição dominante, corrigível por meio de decisão judicial. Como dito, o correto seria uma perícia econômica para determinar estes dados e ver em que medida há poder de mercado relevante como faz normalmente o CADE/SDE. Existem conceitos da Economia que devem ser trazidos ao debate se se quiser atingir a plena eficácia deste direito fundamental da livre iniciativa, sendo um campo fértil para a interdisciplinariedade.

De qualquer sorte, foi uma oportunidade que teve o Tribunal de Justiça de Rio Grande do Sul para discutir a proteção do direito constitucional de livre iniciativa.

Conclusão

A conclusão a que se chega é a de que mercado, como espaço de troca de bens e serviços existe, não é criação do liberalismo ou do neoliberalismo.

A segunda conclusão é a de que o mercado pode ser regulado pela ordem jurídica a partir de um modelo liberal (ou "neoliberal") ou de um modelo social ou welfarista. No primeiro caso, há uma tendência à autoregulação do mercado e no segundo caso há uma tentativa de regulação exógena ao mercado vinda do Estado.

Em ambos os modelos, contudo, não se renuncia ao mercado nem ao sistema econômico capitalista, do qual a livre iniciativa emerge como um direito fundamental inerente ao sistema e à própria dignidade da pessoa humana.

A livre iniciativa importa deveres de abstenção do Estado na liberdade econômica dos agentes, de um lado, e dever de atuação nos casos de proteção da concorrência no mercado.

Na realidade institucional brasileira, o CADE tem tido destaque na proteção desta liberdade individual, ao passo que o Poder Judiciário ainda titubeia um pouco na sua efetivação.

— VII —

Custos de transação no contrato de seguro: proteger o segurado é socialmente desejável?[1]

Sumário: 1. Introdução; 2. Direito & Economia; 2.1. Instituições e custos de transação; 2.2. A importância dos contratos; 3. Contrato de seguro; 3.1. Socialização do risco e sua distribuição por meio do mutualismo; 3.2. Características; 3.3. Regulamentação estatal; 4. As conseqüências e o impacto das decisões judiciais; 5. Conclusão; Referências bibliográficas.

1. Introdução

A sociedade contemporânea, como muito propriamente afirma Ulrich Beck, é marcada como a *Sociedade do Risco*.[2] Anthony Giddens destaca que desde o Iluminismo, origem da ciência social atual, acreditava-se que quanto mais viéssemos a conhecer o mundo, enquanto coletividade, mais poderíamos controlá-lo e direcioná-lo de acordo com nossos propósitos. Entretanto, hoje nos encontramos diante de "incertezas fabricadas", fruto da industrialização e do desenvolvimento tecnológico, e tais riscos e incertezas atualmente são mais intensos, tendo abrangência global.[3] Mas não somente isso, o próprio sistema capitalista é marcado pelo risco de mercado (vejam-se as oscilações, crises etc.).

Nesse contexto, o contrato de seguro apresenta-se como um dos instrumentos mais adequados e justos para diluir os modernos efeitos dos riscos criados pela humanidade. Tem ele especial importância no desenvolvimento da sociedade, e um papel fundamental diante de um ambiente econômico de mercado globalizado, trazendo segurança e previsibilidade quanto aos riscos, desde que bem regulado e interpretado pelos tribunais dentro de sua verdadeira eficácia econômica. Isso porque o seguro é baseado na estatística, que é a forma matemática de tratar com o risco (eis a característica da ciência atuarial). Os riscos passam a

[1] Em co-autoria com FRANCISCO KÜMMEL FERREIRA ALVES.

Uma versão mais ampla deste artigo, inclusive com o estudo comparativo do caso *Katrina* com a realidade judicial brasileira, encontra-se disponível na Revista de Direito Público da Economia, Vol. 19 (jul/set 2007), Editora Fórum. Agradecemos ao editor da RDPE, Prof. Egon B. Moreira, por disponibilizar a apresentação deste artigo no XVI Congresso Nacional do CONPEDI, que ocorreu em Belo Horizonte, Novembro de 2007.

[2] BECK, Ulrich. *Modernização Reflexiva*. São Paulo: UNESP, 1995.

[3] GIDDENS, Anthony. *Modernização Reflexiva*. São Paulo: UNESP, 1995.

ser calculados e distribuídos entre o grupo que dele participa dentro das possibilidades de acontecimento futuro.

Não obstante, observa-se hoje cada vez mais, reflexo da tendência de justiça social distributiva presente no direito privado brasileiro, inúmeros julgados os quais colidem com aquela lógica quantitativa e atuarial do seguro, nos quais se responsabilizam seguradoras a cobrir sinistros não originariamente previstos em apólices de seguro (mesmo contra a letra clara do contrato).[4] Ao se forçar seguradoras a pagar por hipóteses não provisionadas na formação dos contratos, o Judiciário acaba por levar desequilíbrio à relação contratual, acarretando um custo que será pago por aqueles agentes que utilizam o seguro da forma correta, qual seja, aquela prevista contratualmente. Mas não só isso. Ao intervir desta forma, o Judiciário pode gerar uma cadeia de danos que, além de lesar aqueles leais ao sistema e participantes do contrato, afeta também todo ambiente econômico, impactando empresas, agentes e o próprio mercado, criando incertezas e custos desnecessários.

O presente artigo é um convite à reflexão sobre o papel desempenhado pelo Judiciário no desenvolvimento econômico da atividade securitária, a partir do estudo do que esta representa de acordo com *Direito e Economia*. Desta forma, os temas tratados terão a profundidade necessária para atingir um objetivo específico: tentar detectar quais as conseqüências imediatas e mediatas da intervenção judicial na operação securitária, partindo do pressuposto que há custos para se realizar transações no mercado.

2. Direito & Economia

2.1. Instituições e custos de transação

Fala-se das Instituições com base no estudo de Douglass North (1990) e de Custos de Transação com o primado do estudo de Ronald Coase (1960).[5] Estes dois estudiosos foram responsáveis por grandes avanços e quebras de paradigmas que resultaram num melhor entendimento do ambiente econômico e das conseqüências que o universo jurídico, com toda sua dinâmica particular, traz a este ambiente.

North, historiador econômico, inova ao apreciar de forma coesa o papel das instituições, sua estrutura e funcionamento, no desenvolvimento histórico da performance econômica. Diz ele sobre as instituições:

> Instituições são as regras do jogo na sociedade ou, mais formalmente, são as coações criadas pelo homem que moldam a interação humana. Conseqüentemente elas estruturam os incentivos das trocas humanas, quer políticas, sociais ou econômicas. As mudanças institucionais moldam a forma

[4] Evidentemente que não se advoga aqui que não existam abusividades de cláusulas contratuais corrigíveis pelo Poder Judiciário. Nosso argumento é mais refinado e envolve casos em o julgamento se dá contra qualquer ilegalidade da letra do contrato.

[5] Ambos ganhadores do Nobel de Economia. Ronald Coase em 1991, e Douglass North em 1993.

que as sociedades evoluem pelo tempo e, portanto, são a chave no entendimento das mudanças históricas [...] Elas reduzem incertezas ao prover estrutura para a vida do dia a dia. São um guia para a interação humana [...] No jargão dos economistas, instituições definem e limitam o leque de escolhas dos indivíduos [...] Instituições incluem qualquer forma de coação que seres humanos criam para moldar a interação humana.[6]

Partindo dessa premissa, podemos concluir que o Direito é uma das instituições criadas pelo homem que mais relevância tem nesse processo, assim como o Judiciário, que também podemos considerar o árbitro do jogo. De fato, o modelo democrático de *checks and balances* relevou o Direito, e conseqüentemente o Judiciário, a uma posição de destaque enquanto Instituições. O Judiciário, apesar de vinculado às regras, define quais serão aplicadas, quando podem ou não ser violadas, abrindo exceções para a sua quebra por determinados agentes, e criando incentivos – tanto positivos quanto negativos – às pessoas seguirem ou não as determinações desse jogo.

Dessa forma o Direito, bem como o Judiciário, afetam de forma clara a *performance econômica* e são imprescindíveis na análise econômica do direito. Ademais, o Judiciário cumpre sua função social de operacionalização das relações de mercado se estiver comprometido com aquelas instituições jurídicas que instrumentalizam o seu funcionamento, como livre iniciativa e autonomia privada.[7]

Armando Castelar Pinheiro vai ao encontro desse entendimento ao afirmar que: "o Judiciário é uma das instituições mais fundamentais para o sucesso do novo modelo de desenvolvimento que vem sendo adotado no Brasil [...] pelo seu papel em garantir direitos de propriedade e fazer cumprir os contratos".[8] Com efeito, aduz Zylbersztajn:

A análise econômica deve, então, considerar o ambiente normativo no qual os agentes atuam, para não correr o risco de chegar a conclusões equivocadas e imprecisas, por desconsiderar os constrangimentos impostos pelo Direito ao comportamento dos agentes econômicos. O Direito, por sua vez, ao estabelecer regras de conduta que modelam as relações entre pessoas, deverá levar em conta os impactos econômicos que delas derivarão, os efeitos sobre a distribuição ou alocação de recursos e os incentivos que influenciam o comportamento dos agentes econômicos privados. Assim, o Direito influencia e é influenciado pela Economia.[9]

O problema reside quando no processo de elaboração das regras – seja no plano legislativo, no plano das disputas judiciais ou mesmo nas regras sociais de convivência conhecidas como costume – são deixadas de lado as questões econômicas, devido à baixa qualidade e pouca afirmação das instituições, as quais

[6] NORTH, Douglass C. *Institutions, Institutional Change and Economic Performance.* 1 ed. Cambridge: Cambridge University Press, 1990. p. 3 e 4, tradução nossa.

[7] TIMM, Luciano Benetti; MACHADO, Rafael Bicca. *Direito, mercado e função social.* Revista da Ajuris, Porto Alegre, ano XXXIII, nº 103, set. 2006, p. 205.

[8] PINHEIRO, Armando Castelar. *Direito e economia num mundo globalizado: cooperação ou confronto? in* TIMM (Org), *Direito e Economia*, p. 53.

[9] ZYLBERSZTAJN, Décio; SZTAJN, Rachel. *Direito e economia: análise econômica do direito e das organizações.* 1 ed. Rio de Janeiro: Elsevier, 2005. p. 74.

não desenvolvem corretamente todo o procedimento necessário para determinar e fazer cumprir as regras do jogo de forma eficiente.

E é nesse momento que maiores distorções começam a aparecer, e, conseqüentemente, surgem os chamados Custos de Transação.

Alguns teóricos partem do pressuposto da concorrência perfeita, num ambiente em que não exista assimetria de informações, no qual os agentes atuem de forma a maximizar o bem-estar social com escolhas hiper-racionais baseadas no seu próprio interesse, mas respeitando as regras do jogo. Entretanto, essas hipóteses simplificadoras[10] não condizem com a realidade das interações humanas, devido à racionalidade limitada dos agentes atuantes no mercado, de seu oportunismo ao negociar e do custo existente na alocação de recursos de uma atividade para outra.

Coase em 1937 foi o primeiro a alertar sobre a importância desses custos no estudo das transações econômicas.[11] Referia que o mercado corrigiria nas transações por ele operadas as distorções do ambiente econômico redistribuindo os direitos, e, com o tempo, traria eficiência alocativa aos recursos utilizados. Entretanto, tal redistribuição de direitos somente será realizada quando o aumento no valor de produção, conseqüente da redistribuição, for maior que os custos envolvidos em não realizar tal arranjo.[12]

Mas o que são custos de transação? Pinheiro e Saddi, muito propriamente, afirmam:

> Os custos de transação compreendem, portanto, os custos com a realização de cinco atividades que tendem a ser necessárias para viabilizar a concretização de uma transação. Primeiro, a atividade pela *busca pela informação* sobre regras de distribuição de preço e qualidade de mercadorias; sobre insumos de trabalho e a busca por potenciais compradores e vendedores, assim como de informação relevante sobre o comportamento desses agentes e a circunstância em que operam. Segundo, a atividade de *negociação*, que será necessária para determinar as verdadeiras intenções e os limites de compradores e vendedores na hipótese de a determinação dos preços ser endógena. Terceiro, a *realização e a formalização dos contratos* inclusive o registro nos órgãos competentes, de acordo com as normas legais, atividade fundamental do ponto de vista do direito privado, já que é o que reveste o ato das garantias legais. Quarto, o *monitoramento* dos parceiros contratuais com o intuito de verificar se aquelas formas contratuais estão sendo devidamente cumpridas, e a proteção dos direitos de propriedade contra a expropriação por particulares ou o próprio setor público. Finalmente, a *correta aplicação do contrato,* bem como a cobrança de indenização por prejuízos às partes faltantes ou que não estiverem seguindo corretamente suas obrigações contratuais, e os esforços para recuperar controle de direitos de propriedade que tenham sido parcial ou totalmente expropriados.[13]

Portanto "existem problemas futuros potenciais nos contratos, problemas esses que são antecipados pelos agentes que desenham os arranjos institucionais no presente".[14] Dessa forma, o papel das instituições seria o de minimizar esses

[10] PINHEIRO, Armando C; SADDI, Jairo. *Direito, economia e mercados.* Rio de Janeiro: Elsevier, 2005. p. 61.

[11] Referimo-nos ao artigo "*The nature of the firm*".

[12] COASE, Ronald H. *The problem of social cost in Journal of Law and Economics,* Chicago, 1960. p. 10.

[13] PINHEIRO; SADDI, op. cit., p. 62, grifo nosso.

[14] ZYLBERSZTAJN; SZTAJN, op. cit., p. 8.

custos, permitindo a transação de direitos de propriedade e o arranjo organizacional ao menor custo possível.

Ocorre, todavia, que na realidade nacional deparamo-nos com uma ineficiência da *Instituição Judiciário* e da legislação que ela deve aplicar. Em outras palavras, percebe-se que os incentivos que advêm da atividade jurisdicional são negativos para o ambiente econômico.

2.2. A importância dos contratos

Segundo a dogmática jurídica clássica, contrato é um acordo de vontades para produzir efeitos jurídicos os mais diversos, a fim de adquirir, resguardar, modificar ou extinguir direitos.[15] Porém, como o sistema econômico é um conjunto de relações entre pessoas, físicas e jurídicas, e seu desempenho depende muito do modo como se transcorrem essas relações, os contratos se apresentam como o arranjo institucional concebido pelo homem para concretizar essas relações.

Evidencia-se mais uma vez o papel que Ronald Coase teve para isso. No artigo "*The nature of the firm*", identificava Coase a firma[16] como um conjunto de contratos e, uma vez compreendido isto, se pensava nas firmas como a representação de arranjos institucionais concebidos de forma a governar as transações que concretizavam as promessas definidas pelos agentes. Tal fato influenciou os economistas que passaram a ver as transações como reguladas não exclusivamente pelo sistema de preços, mas também pelos mecanismos lastreados nos contratos.[17]

Tal raciocínio salienta que os contratos são muito mais que acordos de vontade modificativos ou extintivos de direitos. São eles formas de se incentivar os agentes de maneira positiva, visando a uma maior eficiência alocativa dos recursos no ambiente econômico. Deveras entendermos que a partir do momento que nosso modo de produção atual, no entendimento da maioria dos economistas, se baseia nas firmas, o modo como se operacionaliza as relações de produção, o contrato, estabelece o padrão de comportamento dos agentes, atenuando, na medida em que lhe é permitido pelos próprios agentes e pelas outras instituições, os custos de transação. Vê-se que o contrato oferece garantias que os direitos poderão ser plenamente exercidos, reduzindo riscos futuros, gerando cooperação entre os contratantes.

Tatiana Oliveira Druck destaca que a função social do contrato em uma economia de mercado seria a de "dar a segurança necessária à atividade empresarial e dar uma roupagem jurídica a uma operação econômica".[18] Ainda, aduz Timm

---

[15] NADER, Paulo. *Curso de direito civil:* Vol. 3. Rio de Janeiro: Forense, 2005. p. 12.

[16] Firma aqui apresentada como sinônimo de empresa.

[17] COASE, Ronald H. *The nature of the firm.* 1937. p. 3.

[18] DRUCK, Tatiana Oliveira. *O novo direito obrigacional e os contratos in* TIMM, Luciano Benetti (Org). *Direito de empresa e contratos: Estudos dos impactos do Novo Código Civil.* São Paulo: IOB Thomson, 2005. p. 65.

sobre as vantagens ao mercado, ou seja, ao ambiente econômico, ao se perceber contratos de acordo com *Direito e Economia*:

> [...] o que o contrato pode oferecer ao mercado, nessa linha de pensamento? a) oferecer um marco regulatório passível de proteção judicial; b) minimizar problemas de comunicação; c) salvaguardar os ativos de cada agente; d) criar instrumentos contra o oportunismo; e) gerar mecanismo de ressarcimento e de alocação de riscos. Em síntese, o contrato dá segurança e previsibilidade às operações econômicas e sociais, protegendo as expectativas dos agentes econômicos. A isso corresponde importante papel institucional e social.[19]

Não podemos, contudo, sob a pena de omissão, deixar de salientar que os contratos, em alguns casos, não poderão corresponder às expectativas dos agentes, devido a questões além do universo jurídico e econômico. Porém, apesar dos problemas que a realidade nos traz, a eficiência sempre será um dos principais objetivos a ser atingido,[20] influindo o contrato na acepção de risco, e sendo almejo dos agentes, por meio de seu uso, a diminuição dos custos nas transações econômicas, principalmente das diferidas no tempo.

3. Contrato de seguro

3.1. Socialização do risco e sua distribuição por meio do mutualismo

Não se pode negar que viver significa estar exposto a riscos, à aleatoriedade. Ainda mais esta característica resta evidente no mundo dos negócios, no qual a insegurança se apresenta como um dos efeitos colaterais da industrialização, e a necessidade de segurança é maior com relação ao patrimônio, ao que o sociólogo Ulrich Beck denomina de *Sociedade do Risco*, pois, segundo seu entendimento, vivemos num mundo fora de controle.[21]

Entende Beck que o conceito de risco é moderno e não existia em épocas mais remotas, estando ligado às decisões humanas, à modernização progressiva. E mais:

> O conceito de risco, por sua vez, designa a invenção de uma civilização que busca tornar previsíveis as conseqüências imprevisíveis das decisões tomadas, controlar o incontrolável, sujeitar os efeitos colaterais a medidas preventivas conscientes e aos arranjos institucionais apropriados.[22]

Risco é, portanto, o primeiro aspecto que devemos ter em mente quando pensamos o contrato de seguro. Risco de acidentes, de infortúnios, de perdas diante do exercício de uma atividade econômica, enfim, risco de sofrer prejuízos de ordem material. Risco este que não se confunde com incerteza ao passo que o consideramos como estatisticamente mensurável, quantificável. Nas palavras

---

[19] TIMM, Luciano Benetti *in A função social dos contratos em um sistema econômico de mercado*. 2005.

[20] PINHEIRO; SADDI, op. cit., p. 121.

[21] BECK, Ulrich. *Liberdade ou capitalismo? Ulrich Beck conversa com Johannes Willms*. São Paulo: UNESP, 2003. p. 113 – 117.

[22] Idem, p. 115.

de Ernesto Tzirulnik, risco, ao contrário da incerteza, "um sentimento humano imensurável [...] é um dado social objetivo".[23]

Há de se ter, conseqüentemente, um instrumento que garanta as pessoas e seu patrimônio frente aos riscos inerentes à vivência em sociedade – riscos estes que não podem ser totalmente afastados, por mais previdentes que as pessoas possam ser e viver – reduzindo principalmente o "ônus imposto pelo risco à atividade econômica".[24] E este é o papel do contrato de seguro, prevenção do risco de perda patrimonial (princípio indenitário). Beck inclusive afirma que o seguro privado é o "símbolo-chave da prevenção do risco".[25-26]

Quando a sociedade entendeu a perda como risco, compreendeu este problema como coletivamente solúvel.[27] E foi através do mutualismo que se operacionalizou essa solução, mediante, principalmente, a justificativa econômica que "parte do pressuposto que é mais válido suportar coletivamente as conseqüências individuais danosas dos riscos comuns do que suportá-las isolada e individualmente".[28]

Tatiana Druck sobre o mutualismo assim assevera:

> Na operação de seguro, fala-se em "distribuição" do risco e "pulverização" ou "dispersão" do custo, dando a noção de que o risco individual é diluído entre os outros participantes da operação e o prejuízo patrimonial do dano é rateado, através do mutualismo.[29]

É fundamental deixar claro que as contratações securitárias só têm razão de ser quando o risco é atenuado por intermédio da mutualidade. Senão, inclusive, estaríamos diante de uma situação de jogo ou aposta, na qual em ocorrendo um sinistro, sairia ganhando o segurado, e na ausência do sinistro, ganharia a seguradora.

Borges sobre o mutualismo ainda assevera:

> É indispensável destacar que mutualismo – além de implicar, no plano subjetivo, na idéia de solidariedade – induz, de pronto, sob o prisma objetivo, a concepção de um agrupamento sujeito aos mesmos riscos ou perigos, com as mesmas probabilidades de dano, razão da associação e formação de um colegiado aparelhado para o enfrentamento de eventuais prejuízos que possam sofrer.[30]

---

[23] TZIRULNIK, Ernesto; CAVALCANTI, Flávio de Queiroz B.; PIMENTEL, Ayrton. *O contrato de seguro: de acordo com o novo código civil brasileiro.* 2ª ed. São Paulo: Revista dos Tribunais, 2003. p. 37.

[24] PINHEIRO; SADDI, op. cit., p. 125.

[25] BECK, op. cit., p. 114.

[26] Consoante Tatiana Druck (2005) ressalta-se que nem todos os riscos existentes são objetos das operações securitárias, mas sim aqueles que além de mensuráveis, são possíveis, definidos (para esclarecer e limitar o objeto de cobertura), incertos (do contrário estaríamos diante de fraude), futuros (não se segura risco já ocorrido), e que sejam viáveis economicamente. Sobre a viabilidade econômica do risco da operação de seguro levanta três exigências: a) que o risco seja "normal", isto é, que não apresente alta sinistralidade, ou seja, fora do padrão esperado; b) que quanto ao conjunto da operação exista homogeneidade dos riscos agrupados; e c) que o bem tenha valor significativo, caso contrário o preço para segurá-lo não cobrirá o custo da operação. p. 36.

[27] BECK, op. cit., p. 114.

[28] DRUCK, Tatiana Oliveira. *O contrato de seguro e a fraude do segurado.* Dissertação de Mestrado. Porto Alegre: Faculdade de Direito da UFRGS, 2003. p. 18.

[29] Ibidem, p. 19.

[30] BORGES, Nelson. *Os contratos de seguro e sua função social: Revisão Securitária no Novo Código Civil.* Disponível em: <http://www.ibds.com.br>. Acesso em: 10 abr. 2007. p. 8.

Salienta-se, nessa orientação, que, embora a operação securitária seja um negócio jurídico individual entre segurado e segurador, esta "não poderá ser assim tratada em função da cadeia da qual o mesmo faz parte e em decorrência dos efeitos econômicos decorrentes daquele pacto".[31] Nas palavras de Paulo Nader: "Há entre os segurados uma solidariedade implícita, não consciente".[32]

Outro ponto essencial no seguro é a garantia, através de uma associação de pessoas com riscos semelhantes (administrada por uma companhia seguradora), de que na ocorrência de danos se recomporá a situação econômica de antes do evento. Não se evita que o dano ocorra, isto é impossível, mas se garante a preservação do *status quo* patrimonial ou do ser humano (acidentes, vida).[33]

Cabe, por conseguinte, à seguradora organizar o negócio, reunindo pessoas com riscos homogêneos e angariando provisões, ou seja, formando um fundo mutual, para que estas pessoas tenham seus riscos garantidos. A forma como se dá essa organização parte de uma análise estatística. Tatiana Druck aborda com muita propriedade esta questão:

> A operação econômica "pura" do seguro consiste, para a Seguradora, em *agrupar* pessoas/coisas/interesses sujeitos a riscos *equivalentes entre si* e *homogêneos*, dispostas a acautelarem-se mutuamente contras as *conseqüências* deste, e avaliar o *perfil* deste risco, ou seja, na análise dos grandes números, como se comporta tal risco. Significa questionar quais as probabilidades de ele ocorrer, qual o percentual de pessoas/coisas/interesses ele atinge, com que freqüência e intensidade ele aparece no curso normal da vida, entre outras questões, a fim de estabelecer uma *probabilidade estatística* de sinistros para o grupo. [...] Estabelecida, enfim, a *chance* (percentual "x") de tal risco vir efetivamente a se concretizar, começa-se a calcular qual o *valor* necessário para fazer frente ao prejuízo médio que ocorrerá ao "x%" daquele grupo. [...] Tal probabilidade levará em conta a *intensidade* média dos sinistros. Esta avaliação é feita pela *análise atuarial*. Fixado então um *valor médio* para cobrir o prejuízo total, esse valor é dividido entre os participantes do grupo de risco. Então, na verdade, cada integrante do grupo de risco (100%) paga *parte* do prejuízo de um percentual menor de coisas ou pessoas vitimadas (para um exemplo didático, suposto em 60%).[34]

O fundamental, enfim, nas palavras de Pinheiro e Saddi, "é que o contrato pode ajudar os agentes econômicos a reduzir o ônus imposto pelo risco à atividade econômica, e, dessa forma, contribuir para que se chegue a uma situação mais eficiente",[35] ao que acrescentamos estável e segura.

3.2. Características

Com o advento do Novo Código Civil Brasileiro em 2002, houve uma alteração no que é considerado objeto do contrato de seguro. No Código de 1916,

---

[31] ROSA, Cássio Augusto Vione da. *Validade ou invalidade da cláusula de exclusão de cobertura? Um exame dos contratos privados de assistência à saúde*. Dissertação de especialização. Porto Alegre: Faculdade de Direito da UFRGS, 2005. p. 114.

[32] NADER, op. cit., p. 460.

[33] MIRANDA, Pontes de. *Tratado de direito privado*. 3ª ed. São Paulo: RT, 1984, vol. XLV. p. 275.

[34] DRUCK, op. cit., p. 23, grifo no original.

[35] PINHEIRO; SADDI, op. cit., p. 125.

vigia a idéia de que era objeto do contrato o pagamento da indenização ao segurado em caso de sinistro. Já dispõe o Código Civil de 2002, em seu art. 757, que este objeto seria o "garantir interesse legítimo do segurado, relativo a pessoa ou a coisa, contra riscos predeterminados".

Tal concepção trouxe significativa mudança na antiga idéia de que o seguro era, usualmente, um contrato aleatório, devido a incerteza (*álea*) gerada, consoante referem Tzirulnik, Cavalcanti e Pimentel ao citarem Luigi Farenga:

> Não se pode falar, com efeito, da *álea* na perspectiva do segurador, pois, para este último, a ocorrência do sinistro, e a conseqüente obrigação de pagamento da indenização, constitui evento amplamente previsto e precisamente calculado com instrumentos atuariais. O que não se pode prever é "qual" entre os riscos assegurados se realizará em sinistro a ser indenizado; mas a circunstância é absolutamente indiferente para o segurador. Não se pode falar em *álea* para o segurado, pois o eventual pagamento da indenização não significa uma vantagem, mas a simples reparação econômica de um dano inesperado.[36]

Este entendimento salienta que a prestação do segurado, o prêmio, apesar de ser desproporcional ao valor da possível indenização, corresponde, num entendimento moderno, à *garantia* da prestação da indenização, em caso de sinistro, pelo segurador. Borges, citando Sérgio Cavalieri Filho, afirma:

> Essa segurança é mais importante para o segurado do que a própria indenização que eventualmente terá direito. Quem faz um seguro de vida, por exemplo, não fica torcendo para morrer logo só para que seus dependentes recebam a indenização. Ele quer viver o máximo possível (a menos que não esteja em são juízo), mas quer também a certeza de que se faltar os seus dependentes não ficarão no desamparo. [...] O mesmo ocorre com quem faz seguro de automóvel não fica torcendo para que seu veículo seja roubado só para ter a satisfação de receber um cheque da seguradora. Em todos esses casos o que o segurado quer é tranqüilidade, segurança e garantia de que, se os riscos a que está exposto se materializarem em sinistro, terá condições econômicas de reparar as conseqüências.[37]

Logo constatamos que, do ponto de vista da operação global do contrato de seguro, considerando que ele visa dar, conforme a lei e a doutrina afirmam, garantia[38] contra riscos futuros predeterminados, este pode ser considerado como um contrato *comutativo*. Visto que no momento de sua celebração, as partes têm, com grande precisão, as conseqüências e o comprometimento que estão assumindo pelo contrato. A comutação ocorre entre prêmio (prestação) e garantia (contraprestação).[39]

Já, do ponto de vista da indenização, podemos considerar o contrato de seguro como *aleatório*, porquanto, de início, é desconhecido das partes se o risco vai ou não se materializar em sinistro. Tal fato somente é apurado no caso individual concreto. Continua Borges:

---

[36] TZIRULNIK; CAVALCANTI; PIMENTEL, op. cit., p. 30.

[37] FILHO, Sérgio Cavalieri, 1998, p. 87 apud BORGES, 2004, p. 8.

[38] Asseveram TZIRULNIK; CAVALCANTI; PIMENTEL (2003, p. 32) que o interesse é o objeto da garantia, conforme art. 757, interesse este relativo à pessoa ou coisa.

[39] TZIRULNIK; CAVALCANTI; PIMENTEL, op. cit., p. 30.

Na comutatividade sempre se encontrou inserta uma louvável preocupação com o equilíbrio das prestações – mesmo no plano subjetivo – de forma que os contratantes pudessem, tanto quanto possível, se sentir seguros quanto ao fato de que a prestação de um deveria encontrar correspondência na contraprestação do outro.[40]

Importante ressaltar, então, que há um equilíbrio muito preciso no que faz o segurado e no que deve fazer o segurador, sendo essas obrigações correspondentes e reciprocamente dependentes, evidenciando a interdependência e simultaneidade das obrigações, ou seja, o contrato é *sinalagmático*.

3.3. Regulamentação estatal

O contrato de seguro estabelece uma prestação de serviço, e assim representa, muitas vezes, uma relação de consumo entre o segurado e o segurador.[41] Não bastasse a própria natureza do negócio, o art. 3º, §2º do CDC define: "Serviço é qualquer atividade fornecida no mercado de consumo, mediante remuneração, inclusive as de natureza [...] *securitária"*.[42]

Conseqüentemente, na observância de uma relação de consumo, opera-se normalmente a proteção ao consumidor, por exemplo, contra práticas abusivas, ou na defesa da sua segurança e do seu direito à informação. Mas a questão mais importante concentra-se na interpretação das cláusulas contratuais do seguro, "o que se faz, sobretudo, no momento da regulação do sinistro, isto é, quando se afere o dever concreto de indenizar do segurador".[43]

Porém Druck, consoante o que afirma Tzirulnik, alerta os cuidados que se deve ter com relação à interpretação das cláusulas contratuais do contrato de seguro, asseverando:

As regras de interpretação das quais dependa a determinação da prestação a cargo do segurador, a seu turno, serão guiadas pelo *princípio "in dúbio pro segurado"*, segundo o qual as dúvidas devem solver-se em favor do segurado, princípio antiqüíssimo do direito obrigacional securitário, recentemente confirmado no direito positivo (CDC art. 47) e *que deve ser articulado com a natureza e princípios próprios da modalidade obrigacional examinada, sob pena de sucumbimento dos fundamentos técnicos do seguro e a sotoposição dos interesses transindividuais a mero proselitismo consumerista.*[44]

---

[40] BORGES, op. cit., p. 11.

[41] Luiz Felipe Silveira Difini (2005, p. 202) alerta que, para o contrato de seguro ser considerado como de consumo, deve-se ter num pólo o fornecedor e noutro o consumidor, entendido este como o destinatário final do serviço prestado. Ou seja, se o contratante utilizar o serviço como insumo na produção de bem ou serviço, não haverá relação de consumo e não poderá ser aplicado o CDC ao contrato, mas sim as regras da legislação civil comum, restando este sobre a égide do direito comercial. Ver ainda nossa obra, TIMM, Luciano. "Da prestação de serviços". Rio de Janeiro: Forense, 2006.

[42] Apesar da proteção específica ao consumidor ter apenas surgido com o Código de Defesa do Consumidor em 1990, ao instituir a SUSEP e o Conselho Nacional de Seguros Privados (CNSP), o Dec. Lei 73/66 já estabelecia em seu art. 2º que "o controle do Estado se exercerá pelos órgãos instituídos neste decreto lei, no interesse dos segurados e beneficiários dos contratos de seguros".

[43] DRUCK, op. cit., p. 64.

[44] Ibidem, p. 64, grifo nosso.

Alessandro Octaviani pondera os interesses que deram origem a essa regulamentação:

> O seguro privado desenvolveu-se como técnica de pulverização e fragmentação dos riscos econômicos que podem atingir determinados grupos, que em função deste fato, agregam-se a um esquema de mutualidade, obedecendo a regras atuariais. Tal atividade [...] passou a ser objeto de preocupações dos Poderes Públicos. *A conseqüência desta preocupação é uma intervenção legislativa marcante.*[45]

De fato o contrato de seguro não tem seu conteúdo livremente criado pelas partes. Obedece, necessariamente, às normatizações impostas pela SUSEP, sendo objeto de prévia estipulação de suas condições gerais, de diretrizes a serem obrigatoriamente seguidas, e de referenciais que condicionam as normas contratuais integrais, prêmios e tarifas das apólices.

Destaca Druck que alguns autores, entre eles Orlando Gomes, diante de tamanho dirigismo estatal, classificam os contratos de seguro como sendo de *adesão bilateral*, ao passo que as partes não têm liberdade de se afastarem do regulamento que condiciona a vontade negocial.[46] O fato de o contrato ser por adesão não remonta a nenhuma abusividade, apenas que este sofre grande regulamentação e necessita de homogeneidade diante do mutualismo e do grupo econômico que se forma para, solidariamente, suportar os prejuízos decorrentes dos riscos heterogêneos que estão sujeitos. Deixando, assim, às partes, pouco espaço de "manobra". Octaviani estrutura essa regulamentação em quatro dimensões especiais:

> Quanto à definição dos instrumentos jurídicos envolvidos no negócio (os termos da apólice, abrangência do contrato, estatutos das companhias seguradoras); quanto ao aspecto financeiro-contábil das empresas seguradoras (saúde das garantias, solvabilidade das reservas); quanto ao aspecto técnico-atuarial (definição das coberturas, cálculo das reservas necessárias, espécies de tarifas); quanto à formatação do mercado (autorização para a empresa adentrar o mercado, monitoramento da concorrência).[47]

Considera-se, deste modo, o contrato de seguro como um "contrato 'regulamentado', em que normas de interesse público se inserem automaticamente no conteúdo do pacto preponderando sobre a autonomia privada".[48]

4. As conseqüências e o impacto das decisões judiciais

O debate tratado nesta pesquisa (ainda não concluída) centra-se, na sua ampla maioria, na comparação entre o Judiciário brasileiro e o norte-americano no que tange à validade ou não das cláusulas de exclusão de cobertura e no caráter

[45] OCTAVIANI, Alessandro. *Estado moderno, sistema econômico e seguro: Aproximação da regulação pública sobre os seguros privados*. Disponível em: <http://www.ibds.com.br>. Acesso em: 10 abr. 2007. p. 13 e 14, grifo nosso.

[46] Ibidem, p. 50.

[47] OCTAVIANI, op. cit., p. 14.

[48] DRUCK, op. cit., p. 51.

supostamente abusivo das mesma (com ênfase em inundações por conta do caso *Katrina* em Louisiana nos Estados Unidos, que foi tomado como modelo).[49]

O primeiro questionamento que se faz diz respeito à discussão em si das cláusulas restritivas de cobertura. Os contratos de seguro no Brasil sofrem grande intervenção e regulamentação estatal, principalmente pela SUSEP.[50] As cláusulas gerais de adesão são previamente estipuladas e aprovadas, sendo que as seguradoras somente podem "lançar" um seguro no mercado mediante autorização anterior. Pois bem, sendo assim, por que haveria de ser que, após o aval do órgão fiscalizador (uma agência reguladora propriamente dita), confrontar-nos-íamos com uma situação de abusividade? A cláusula foi previamente aprovada, e assim parte-se da suposição que ela é legal e não abusiva, há presunção de boa-fé, não o contrário. Tal realidade é semelhante à norte-americana, a qual também perfaz, por meio de departamentos governamentais, um controle geral e abstrato das cláusulas contratuais da operação de seguro.

A diferença reside nas divergências das premissas usadas nos embasamentos jurídicos e teóricos do judiciário norte-americano e brasileiro. Além de no direito contratual norte-americano a liberdade contratual (*pacta sunt servanda*) ainda exerce papel largamente predominante, Ronald Coase já destacava em 1960 no seu artigo *The Problem of Social Cost* que os juízes americanos, diferentemente dos ingleses, ainda que muitas vezes implicitamente ou inconscientemente, reconheciam constantemente as implicações econômicas de suas decisões, levando-as em conta, juntamente com outros fatores, para chegar às suas decisões.[51]

Já o Judiciário brasileiro, abarrotado de casos e defronte uma legislação com ampla margem interpretativa derivada do modelo solidarista, acaba se limitando ao caso individual e sem pensar nos efeitos de segunda ordem de seus julgados. Muitas vezes, com o anseio de alcançar a desejada celeridade do processo, os juízes obrigam-se a um exame superficial das circunstâncias individuais da ação, não apreciando detidamente todas as razões e fatos da causa. Há um forte comprometimento com metas – para se alcançar um grande número de processos julgados – não com procedimentos. E assim, num exame com pouca profundidade técnica e frente à necessidade, pessoal e legislativa, de aplicar justiça social àquele caso concreto, não são ponderados os efeitos mediatos e imediatos que a decisão trará para coletividade. O juízo, ao invés de técnico, é pessoal, olhando para trás, não para frente.

É claro que em diversos casos deparamo-nos com uma situação de abusividade em determinadas cláusulas, principalmente nas restritivas de direito, assim como na negativa das seguradoras em pagar determinadas indenizações. O sistema não está livre disso, pois está vinculado à racionalidade limitada dos agentes e seu oportunismo. Mas, da mesma forma que os segurados são estimu-

[49] Para uma referência detalhada dos casos pesquisados ver artigo citado na nota de rodapé n. 01.

[50] Lembre-se do que alguns autores falam do contrato de seguro ser por adesão bilateral.

[51] COASE, *The problem of social cost*, 1960. p. 10.

lados a acionar o judiciário para obter indenizações que não tinham direito, as seguradoras, pela conivência e morosidade institucional, também o são.[52] Porém, a correção desse problema deve se dar por meio de um melhor controle dos contratos através de um aperfeiçoamento nos órgãos responsáveis pela regulação da atividade securitária, aos quais incumbe preventivamente aprovar os contratos e eventualmente mediante danos punitivos como no direito norte-americano em casos de má-fé da seguradora.

Existem duas razões técnicas na operação securitária que levam as seguradoras a excluírem a garantia indenizatória. Até porque, não se pode pensar que a exclusão de cobertura de determinadas ocorrências nos contratos são imotivadas; muito antes pelo contrário, são fundadas na técnica probabilística atuarial, visando à manutenção e, principalmente, estabilidade do negócio. É a chamada dispersão dos riscos e a alta sinistralidade de determinado evento que, basicamente, restringem sua cobertura.

Pedro Alvim destaca:

> A probabilidade estatística funciona com a desejada regularidade, quando houver dispersão dos riscos, *de modo que o mesmo evento não afete todos os casos possíveis.* De acordo com os padrões modernos de construção, jamais o mesmo incêndio alcançaria todos os prédios segurados de uma cidade, porque estão dispersos. *Os riscos são isolados*, segundo a linguagem do seguro [...] *É o princípio da dispersão que induz o segurador a excluir do contrato determinados riscos, embora sejam da mesma natureza.* Outros [que apresentam alta taxa de sinistralidade, ou seja, grande probabilidade se materializarem em sinistro] são aceitos sob condições mais onerosas [...] A seguradora tem de prevenir-se contra essa concentração de riscos anormais. Poderá provocar desvios perigosos para sua estabilidade.[53]

Deveria ser fácil, ou ao menos é desejável, pelo modo como se perfaz o contrato de seguro, visualizar que este não pode ser considerado na sua individualidade, restringindo-se apenas as partes litigantes.

Porém, o consumidor, no seu ponto de vista individual, está limitado ao seu caso, não lhe importando o fundamento técnico-jurídico que permitirá que seu risco seja garantido. A "estrutura econômica que viabiliza o seguro, porém, demonstra que este contrato impõe uma operação mutualista, portanto, global".[54] É obrigação do juiz elucidar isso no exame do caso. Não se nega, é claro, que os magistrados, atualmente, encontram-se vinculados à função social do contrato. No entanto, não se pode confundir a função social do contrato com a justiça social a ser implementada pelo Estado através de políticas públicas.

[52] O economista Ricardo Amorin, durante o XX Fórum da Liberdade, realizado entre os dias 16 e 17 de abril de 2007 na PUC/RS, asseverou que uma das funções do Estado, junto com a necessidade de promover desenvolvimento econômico e garantir e expandir os direitos e liberdades individuais, é de proteger os mais fracos. Entretanto alertou que isso não pode ser usado como política de estado equivocada, como no caso do Judiciário brasileiro que, ao invés de respeitar as leis, toma decisões em desacordo com o objetivo delas, favorecendo a parte mais fraca naquele caso específico e, na maioria das vezes, banindo a capacidade de crescimento futuro, gerando menos empregos, investimentos e a crescente necessidade de um estado paternalista.

[53] ALVIM, Pedro. *O contrato de seguro*. 3 ed. Rio de Janeiro: Forense, 2001. p. 61, grifo nosso.

[54] DRUCK, op. cit., p. 53.

Nessa orientação, Pinheiro assevera:

> Para a economia, a justiça social deve ser buscada essencialmente através da redistribuição da receita de impostos, notadamente através das políticas públicas nas áreas de educação, saúde, habitação etc. Os magistrados brasileiros, porém, acreditam que a busca da justiça social justifica sacrificar a segurança jurídica, com uma larga maioria deles sendo de opinião que "o juiz tem um papel social a cumprir, e a busca da justiça social justifica decisões que violem os contratos".[55]

A função social do contrato não significa simplesmente a anulação dos pactos, assim como não significa a literalidade na interpretação das cláusulas. Há de se ter coerência. Em outra ocasião já indagamos:

> Concebido o contrato em sua totalidade ou sistematicidade complexa, é inerente admitir que isso possa acontecer. É, portanto, perfeitamente admissível que em um contrato de plano de saúde, conflitem a racionalidade econômica da empresa seguradora, no sentido de que o consumidor somente receba tratamento de saúde na exata proporção de sua contribuição; a racionalidade política de uma certa "justiça social" de que pessoas de menor condição econômica não morram a espera de um remédio ou tratamento, a despeito de eventual não-contribuição ao sistema securitário privado. O problema mais complexo a saber é qual destas racionalidades deve prevalecer na seara do contrato; ou seja, qual delas atende mais amplamente à função social do instituto?[56]

Não parece desejável, portanto, ficarmos, a cada litígio apreciado pelo judiciário, vinculados apenas à íntima convicção e bom senso do julgador. Abre-se ampla margem para o subjetivismo na análise do caso, e acabamos à mercê de um sentimento humanitário que leva a um posicionamento parcial por parte dos magistrados, os quais, comumente, não possuem formação multidisciplinar, desconhecendo fatores de cunho econômico, político e social. Deve-se ter cuidado no processo legislativo para que as leis não sejam maleáveis ao ponto de serem adaptadas conforme preferir o intérprete.

Os reflexos econômicos da interferência judicial nos seguros são constatados em dois momentos: imediatamente após a sentença e mediatamente, ou seja, a curto e a longo prazo.

Quando a seguradora é condenada a pagar indenização não prevista, deve ela despender quantia não provisionada. Cria-se um desequilíbrio na malha de contratos, pois o padrão é quebrado. Assim acaba a seguradora obrigada a aumentar o preço dos serviços por ela prestados e o valor dos prêmios pagos, também procedendo com a realocação de seus recursos no plano interno da firma.[57] O impacto imediato é verificado, portanto, no sistema de preços. A seguradora não arcará com os prejuízos oriundos das decisões judiciais, mas repassará estes custos "extras" a seus clientes, ou seja, aos outros segurados.[58] "As indenizações

---

55 PINHEIRO in *Direito e economia*, p. 79.

56 TIMM in *Direito e economia*, p. 110.

57 Tal realocação de recursos pode ser no sentido de diminuir os valores percebidos pelos agentes internos da firma (salários) ou na diminuição dos investimentos realizados, por exemplo.

58 *Milton Friedman*, apontado como o economista da 2ª metade do século XX pela revista *The Economist*, defendia a idéia que a responsabilidade social dos negócios é a de aumentar seus lucros. Segundo ele a obrigação primeira de qualquer empresa é com seus acionistas, indivíduos que são donos da corporação, cujo interesse reside na rentabilidade dos recursos aplicados no capital da empresa. Destaca que os recursos aplicados no social

impostas judicialmente, quando possível, passam a integrar o processo produtivo e são transferidas para a sociedade o que é uma externalidade resultante de decisão judicial".[59]

Tal foi ilustrado em reportagem vinculada no *The Wall Street Journal* de 17 de agosto de 2006. Ao noticiar sobre os aspectos legais do Furacão *Katrina*, o periódico afirmou que, se as seguradoras tivessem perdido a ação (criando precedente) e fossem obrigadas a pagar as indenizações não contratadas, as taxas cobradas dos segurados (*insurance rates*) seriam elevadas para cobrir os bilhões de dólares inesperados.[60]

Foge do escopo do contrato a garantia de todo e qualquer risco, não sendo essa a verdadeira eficácia econômica da operação. Esta se encontra na racionalidade que, diante da percepção da necessidade da socialização do risco, seus prejuízos são diluídos pelo mutualismo.[61] O que o seguro faz é transferir as conseqüências econômicas do risco caso ele venha se materializar em sinistro para a coletividade.[62]

O Judiciário ao invalidar cláusulas contratuais de exclusão de cobertura em situações flagrantemente não abusivas, gera insegurança, pois a seguradora já não saberá os limites das indenizações que deverá arcar. Neste instrumento contratual, o qual depende e encontra sua origem na previsibilidade dos acontecimentos, tal ingerência atenta contra seus objetivos, gerando desestímulo para que os agentes atuem, fazendo o mercado operar ineficientemente.

O maior problema é encontrado, pois, mediatamente, ou seja, a longo prazo, com o aumento nos custos de transação dos contratos de seguro.[63] Douglass North pondera que a eficiência econômica institucional é alcançada através de um processo histórico evolutivo, não sendo um dado pronto, mas sim dependente da trajetória.[64] O contrário, a ineficiência econômica institucional, também é originada de um processo evolutivo, processo este que hoje observamos através dessas decisões modificativas. Esta ineficiência está diretamente ligada e é a maior responsável pela elevação dos custos de transação.

As seguradoras vêem-se obrigadas a manter um amplo aparato burocrático para o controle das cinco atividades necessárias para realizar a transação do seguro, as quais estão diretamente associadas a seu custo.

---

envolvem um processo político e assim devem ser distribuídos pela imposição de impostos. (FRIEDMAN *in The social responsability of business is to increase its profits*. The New York Times Magazine, 1970).

[59] SZTAJN. *Externalidades e custos de transação in* ÁVILA. *Fundamentos do estado de direito*. 2005. p. 322.

[60] Cf. reportagem de *Liam Plevem* do jornal *The Wall Street Journal* publicada em 17 de agosto de 2006, um dia após a sentença proferida em *Leonard vs Nationwide Mutual Insurance Company*. Disponível em: <http://www.wsj.com>. Acesso em: 15 mai. 2007.

[61] DRUCK, op. cit, p. 18.

[62] BORGES, op. cit., p. 8.

[63] Efeitos mediatos das decisões judiciais também conhecidos como efeitos de segunda geração das sentenças.

[64] NORTH, *Institutions...*, 1990. p. 6.

A primeira é a *busca das informações*, cuja instabilidade diante das seguidas alterações do ambiente social e econômico gera necessidade de constante atualização. A segunda, a *negociação*, infere o fato da barganha que deve ser feita junto aos órgãos regulamentadores, SUSEP neste caso, para determinação dos preços dos serviços e dos valores dos prêmios e também a maior restrição para que as pessoas acessem os contratos, criando-se novos impedimentos. A terceira reside na *formalização dos instrumentos contratuais* que, devido sua crescente e necessária complexidade, requerem um corpo de técnicos especialistas para apurar e redigir sua forma correta. A quarta diz respeito ao *monitoramento dos contratos* para ver se eles estão sendo cumpridos corretamente pelos contratantes. A quinta e última etapa, por sinal a mais impactada, é a *correta aplicação do contrato*, o que não acontece, pelo contrário: cobra-se das seguradoras além do estipulado.

Em outras palavras, é muito elevado o custo para se manter o negócio de seguros diante da maneira como são tutelados os litígios que o dizem respeito. Pinheiro pondera:

> É importante que os juízes entendam melhor a repercussão econômica das suas decisões. Em particular, que quando eles buscam a justiça social estão mandando sinais e afetando expectativas e comportamentos dos agentes econômicos em geral, no Brasil e no exterior. Assim, precisam entender que aquela justiça que eles buscam pode, num segundo momento, não se verificar, pois os agentes econômicos adaptam-se à forma de decidir do magistrado. Uma justiça que busca privilegiar o trabalhador acaba diminuindo o número de empregos e aumentando a informalidade. O juiz que favorece os inquilinos diminui o número de imóveis disponíveis para aluguel. O magistrado que beneficia pequenos credores estará em um segundo momento aumentando os juros que lhes são cobrados ou mesmo alijando-os do mercado de crédito. *Ainda que a capacidade de reação dos agentes possa ser pequena no curto prazo, ela é razoavelmente alta em prazos mais longos.*[65]

Isto é exatamente o que Coase advoga quando fala no "Problema do Custo Social". Alerta ele que muitas vezes, com o objetivo de se remover deficiências – como o fazem os juízes ao decidir em favor do segurado realizando justiça social – se diverge a atenção daquelas outras mudanças que estão inevitavelmente associadas com as medidas "correcionais". Mudanças estas que podem produzir mais danos que a deficiência original.

A elevação dos custos de transação e conseqüente ineficiência operacional do mercado securitário levarão, no fim, à inviabilidade do negócio. Operando muitas vezes no prejuízo e diante da possibilidade de colapso do sistema, com a perspectiva de quebra das seguradoras, será mais vantajoso para os detentores de capital que investem nas Companhias Seguradoras alocar seus recursos onde eles irão produzir maiores ganhos. Os agentes se sentirão desestimulados para que operem nesse nicho do mercado.

Com os custos de transação elevados acontece também um "desperdício" de recursos, os quais poderiam ser aplicados em lugares mais apropriados, gerando mais bem-estar, do que quando são despendidos para dar suporte à atividade transacional. "É obviamente desejável reduzir a necessidade destas transações e

[65] PINHEIRO *in Direito e economia*, p. 76, grifo nosso.

assim reduzir o emprego de recursos para realizá-las",[66] liberando-os para alocação nos locais onde serão mais eficientes.

O que deve ser decidido, no caso concreto individualmente considerado e na escolha dos arranjos sociais e jurídicos, é se o ganho obtido ao se indenizar um sinistro não previsto no contrato é maior que a perda que acarretará a coletividade de segurados como resultado dessa decisão. Como repetidamente asseverado, não é isto o que ocorre. Segundo a perspectiva de *Direito e Economia*, é maior o ganho obtido ao se preservar aquelas disposições não abusivas que originariamente estão previstas no contrato, diminuindo o custo das transações no mercado e beneficiando a coletividade, do que a perda observada por aquele consumidor vítima de um infortúnio a que todas as pessoas estão sujeitas.

5. Conclusão

A idéia de que a modificação dos instrumentos contratuais securitários se faz pelo bem da sociedade como resultado de um tratamento mais benéfico ao indivíduo que ingressou com uma ação na justiça contra uma seguradora mais forte não deve ser presumida, sendo que a literatura indica justamente uma presunção contrária a essa. O contrato de seguro, como de regra os demais tipos de contratos, é sensível aos estímulos externos, principalmente daqueles advindos das instituições. A ineficiência do ambiente institucional Judiciário, influenciado pela ótica solidarista em maximizar a resolução das demandas da sociedade por meio do direito privado pode acarretar mais prejuízos do que benefícios.

É necessário ponderar o impacto das decisões judiciais, tanto no ambiente social quanto no ambiente econômico. Há de se preservar a idéia da função social do contrato, mas esta sendo a função do contrato em determinado ambiente coletivo e não individual avaliando o impacto no bem estar da coletividade de uma determinada revisão do contrato.

Existe, portanto, a necessidade de se buscar um equilíbrio nas visões e decisões, quebrando-se alguns paradigmas, tais qual a invalidade de toda cláusula de exclusão de cobertura em contratos de seguro ou de que as empresas que atuam no setor só visam o lucro e por isso devem ser penalizadas sem um sinal evidente de má fé.

Parece-nos que a verdadeira justiça social seria encontrada nos anseios da coletividade, disposta a aproveitar os benefícios da socialização do risco por meio dos contratos de seguro ao menor custo (o que não exclui a regulação do contrato, bem entendido por alguma autoridade governamental). Anseios estes que não se confundem com a realização de *redistribuição* de recursos no plano individual. Deve-se criar uma estrutura de incentivos positivos, não negativos, para que o mercado opere. Assim, nas palavras de Coase, ao planejarmos e escolhermos entre os arranjos sociais, ao decidirmos como deve ser feito o ajuste legal, e ao

[66] COASE, *The problem of social cost*, 1960. p. 8.

ponderarmos sobre a delimitação dos direitos, devemos levar em consideração o efeito total.

Referências bibliográficas

ALVIM, Pedro. *O contrato de seguro.* 3 ed. Rio de Janeiro: Forense, 2001.

BECK, Ulrich. *Liberdade ou capitalismo? Ulrich Beck conversa com Johannes Willms.* São Paulo: UNESP, 2003.

——; GIDDENS, Anthony; LASH, Scott. *Modernização reflexiva: política, tradição e estética na ordem social moderna.* São Paulo: UNESP, 1997.

BORGES, Nelson. *Os contratos de seguro e sua função social: Revisão Securitária no Novo Código Civil.* Disponível em: <http://www.ibds.com.br>. Acesso em: 10 abr. 2007.

COASE, Ronald H. *The nature of the firm in Economica,* v. 4, nº 16, 1937.

——. *The problem of social cost in Journal of Law and Economics.* Chicago, 1960.

DIFINI, Luiz Felipe Silveira. *O contrato de seguro à luz do Código de Defesa do Consumidor e do novo Código Civil.* Revista da AJURIS, Porto Alegre, nº 98, jun. 2005.

DRUCK, Tatiana Oliveira. *O contrato de seguro e a fraude do segurado.* Dissertação de Mestrado. Porto Alegre: Faculdade de Direito da UFRGS, 2003.

——. *O novo direito obrigacional e os contratos in* TIMM, Luciano Benetti (Org). *Direito de empresa e contratos: Estudos dos impactos do Novo Código Civil.* São Paulo: IOB Thomson, 2005.

FRIEDMAN, Milton. *The social responsibility of business is to increase its profits.* The New York Times Magazine: New York, 1970.

MIRANDA, Francisco Cavalcanti Pontes de. *Tratado de direito privado: parte especial.* 3ª ed. Rio de Janeiro: Borsoi, 1972, vol. XLV.

NORTH, Douglass C. *Institutions, Institutional Change and Economic Performance.* 1 ed. Cambridge: Cambridge University Press, 1990.

OCTAVIANI, Alessandro. *Estado moderno, sistema econômico e seguro: Aproximação da regulação pública sobre os seguros privados.* Disponível em: <http://www.ibds.com.br>. Acesso em: 10 abr. 2007.

PINHEIRO, Armando Castelar; SADDI, Jairo. *Direito, economia e mercados.* Rio de Janeiro: Elsevier, 2005.

——. *Direito e economia num mundo globalizado: cooperação ou confronto? in* TIMM (Org.). *Direito e Economia.* São Paulo: IOB Thomson, 2005.

SZTAJN, Rachel. *Externalidades e custos de transação: A redistribuição de direitos no Covo Código Civil in* ÁVILA, Humberto (Org). *Fundamentos do estado de direito.* São Paulo: Malheiros, 2005.

TIMM, Luciano Benetti (Org.). *Direito e economia.* 2 ed. São Paulo: IOB Thomsom, 2005.

——. *A função social dos contratos em um sistema econômico de mercado.* Porto Alegre, 2005.

——; MACHADO, Rafael Bicca. *Direito, Mercado e função social.* Revista da Ajuris, Porto Alegre, ano XXXIII, n. 1003, p. 197-209, set. 2006.

TZIRULNIK, Ernesto; CAVALCANTI, Flávio de Queiroz; PIMENTEL, Ayrton. *O contrato de seguro: de acordo com o novo código civil brasileiro.* 2ª ed. São Paulo: RT, 2003.

ZYLBERSZTAJN, Décio; SZTAJN, Rachel. *Direito e economia: análise econômica do direito e das organizações.* Rio de Janeiro: Elsevier, 2005. 315 p.

Agência e representação comercial frente ao novo Código Civil de 2002 à luz da jurisprudência do TJRS[1]

Sumário: Introdução; 1. Do caso em análise; 2. Agência e representação comercial no TJRS; 3. Conseqüências jurídicas da identidade entre agência e representação comercial; 3.1. Direitos e deveres do agente; 3.2 Direitos e deveres do agenciado; Referências bibliográficas.

Introdução

Apesar da recente previsão legal do art. 710 do Código Civil (CC) que tornou o contrato de agência típico no ordenamento brasileiro, a sua nomenclatura não era estranha no âmbito do direito comparado, até mesmo no âmbito da família do *common law* (embora nesta o *agency law* guarde um significado e uma implicação mais ampla que nos países de *civil law*).[2]

Contudo, a doutrina jurídica brasileira ainda não chegou a um consenso sobre a distinção deste (novo ou não) tipo contratual vis-à-vis à representação comercial.

E o assunto não é puramente acadêmico. Dessa divergência conceitual originam-se importantes implicações legais que pretendem ser enfrentadas neste artigo dedicado a refletir sobre o estado da arte acerca do contrato de agência no Brasil.

Infelizmente a tradição em nosso sistema jurídico continua a ser de se escreverem artigos sem consultar a jurisprudência, que é o direito vivo (*law in action* como dito pelos anglo-saxões, e não *law on the books*).

Nossa proposta nesse artigo é fazer o caminho inverso e partir da análise de uma decisão do Tribunal de Justiça e com base nela construir as suas implicações legais na tentativa de auxiliar juízes no julgamento de futuros casos de modo a formar uma jurisprudência coerente, uniforme que contribua para os homens de negócios no Brasil a organizarem seus empreendimentos, alocando riscos e pre-

[1] Em co-autoria com DANIELA BARTELEMBS.

[2] Nos países de *common law*, o *agency law* consiste em um ramo do direito comercial com princípios e regras próprias que disciplina uma série de situações reguladas no âmbito da *civil law* por diferentes tipos contratuais como mandato, agência, comissão e corretagem.

vendo o resultado legal de suas atitudes e de seus contratos (que é o que se espera das cortes ao julgarem matérias atinentes ao direito empresarial).

Assim, o presente artigo consubstancia-se na análise do contrato de agência frente ao instituto da representação comercial autônoma, regulada pela Lei nº 4.886, de 09 de dezembro de 1965 (LRC), à luz da jurisprudência do Tribunal de Justiça do Rio Grande do Sul.

A decisão que se pretende comentar e sugerir como paradigma é a da Desembargadora Marilene Bonzanini Bernardi, no julgamento do caso Apelação Cível nº 70011539947, 9ª Câmara Cível,[3] assim ementada:

> PROCESSO CIVIL. COMPETÊNCIA INTERNA. CONTRATO DE AGÊNCIA. REPRESENTAÇÃO COMERCIAL. COMPETÊNCIA DE UMA DAS CÂMARAS INTEGRANTES DO 8º GRUPO CÍVEL.
>
> Pretendendo-se pagamento de comissões e indenização pela quebra do *contrato de agência* que se deu por inadimplemento de obrigação, o julgamento cabe a uma das Câmaras integrantes do 8º Grupo Cível. É que estabelece o Regimento Interno desta Corte, que compete a 15ª e a 16ª Câmaras Cíveis o julgamento das causas atinentes às matérias *representação comercial* e *comissão mercantil.* (Art. 11, inciso VIII, letras "e" e "f").
>
> Tratando-se de competência em razão da matéria, ou seja, absoluta, pode ser conhecida independentemente de provocação das partes, a qualquer tempo.

Sugere-se este acórdão como paradigma porque ele tratou justamente da competência especializada das câmaras do Tribunal em matéria de representação comercial para julgar contratos de agência. Portanto, foi um momento ímpar para que a Corte estabelecesse, ainda que em julgamento fracionado, um entendimento sobre a relação entre agência e representação comercial a balizar o julgamento de casos futuros, pois, estabelecida a identidade entre ambos, a competência de futuros contratos de agência pertenceria às Câmaras 15ª e 16ª, integrantes do 8º. Grupo do Tribunal.

1. Do caso em análise

Como é comum na jurisprudência brasileira, o relatório do acórdão em comento não aprofunda os fatos da causa, o que seria desejável em um mundo ideal de poucos processos e de uma maior tradição argumentativa de nossos cortes e mesmo de nossas faculdades de Direito.

O que se depreende da leitura do acórdão é que o contrato discutido no Tribunal "visava à divulgação e comercialização de um novo equipamento de informática pela autora (agente), obrigando-se a ré (agenciada ou principal) ao pagamento de comissão sobre as vendas."

Esses fatos são importantes para a caracterização do contrato de agência – que foi distinguido o voto da Desembargadora relatora do de distribuição – justamente por não envolver compra e revenda de mercadorias, mas tão-somente a intermediação de produtos em favor da empresa agenciada.

[3] Decisão disponível no *site* www.tj.rs.gov.br

A questão tratada no acórdão era se este caso deveria ser julgado por uma das câmaras existentes do Tribunal especializadas em matéria de representação comercial ou não.

A 9ª Câmara Cível entendeu unanimemente que sim, porque agência (caso dos autos) e representação comercial (matéria de competência de câmaras especializadas) seriam contratos idênticos, como se vê da seguinte passagem do voto:

> Desta forma, amolda-se o feito à competência das Câmaras integrantes do 8º Grupo Cível. É que estabelece o Regimento Interno desta Corte, que compete a 15ª e a 16ª Câmaras Cíveis o julgamento das causas atinentes às matérias *representação comercial* e *comissão mercantil*. (Art. 11, inciso VIII, letras "e" e "f").

2. Agência e representação comercial no TJRS

A identificação entre o contrato de agência e o de representação comercial é feita na seguinte passagem do voto:

> E, consoante ensina Humberto Theodoro Júnior,[4] na definição do Código, o *contrato de agência* (ou de representação comercial autônoma) é aquele pelo qual uma pessoa – *o agente* – assume, em caráter não eventual, e sem vínculos de dependência, a obrigação de promover à conta de outra – o preponente ou fornecedor – mediante retribuição, a realização de certos negócios, em zona determinada.
>
> O *agente* é um representante autônomo, que organiza sua própria empresa e a dirige, sem interferência dos empresários que utilizam seus serviços. Ele faz da intermediação de negócios sua profissão. Não pratica a compra e venda das mercadorias do representado. Presta serviço tendente a promover a compra e venda, que será concluída pelo preponente. Por isso, na linguagem tradicional do direito brasileiro esse agente recebia o nome de "representante comercial autônomo. (Lei nº 4.886, de 09.12.65).

Esta é precisamente a figura que aparece nos autos, representada pela autora, discutindo exatamente o *contrato de agente de marketing* firmado com a ré".

Portanto, no raciocínio do Tribunal, uma vez que o objeto da agência e o da representação são idênticos, não há que se falar em duas modalidades distintas de contratos.

E decidiu bem o Tribunal de Justiça do Rio Grande do Sul, ao lado inclusive da doutrina majoritária sobre o tema, porque se realmente o objeto for idêntico dos dois tipos contratuais, não há como ambos subsistirem.

Com efeito, ao dispor acerca do contrato de agência, o atual Código Civil o fez através das disposições que também preceituam o contrato de distribuição, vez que ambos encontram-se dispostos conjuntamente (Capítulo XII, Título VI, Livro I, Parte Especial do Código Civil – arts. 710 a 721) no Código Civil (Lei nº 40.406, de 10 de janeiro de 2002).

---

[4] *Do contrato de agência e distribuição no Novo Código Civil*, disponível em http://www.mundojuridico.adv.br, acesso em 13 de maio de 2005.

O contrato de agência é aquele pelo qual uma pessoa se obriga, mediante retribuição, a realizar certos negócios, em zona determinada, com caráter de habitualidade, em favor e por conta de outrem, sem subordinação hierárquica.[5]

Entendimento também de Natália Assis Mello:

> Na agência, esses produtos permanecem na esfera de disposição do proponente, que se liga diretamente à clientela, cabendo ao agente uma comissão pelo agenciamento prestado.[6]

Observa-se para o fato de que o objeto do contrato de agência vem a ser a promoção, intermediação, de negócios, sendo que, a princípio, o agente não compra ou vende objetos materiais. Pode até promover a venda, contudo, geralmente, é o próprio produtor quem a concretiza, por indicação e por trabalho do agente.[7]

> O agente, em senso próprio, intermedeia, sem se encarregar da conclusão dos negócios. Ou se ocupa de vendas, ou de compra, ou de transportes, ou de seguros; não vende, não compra, não transporta, não segura. Se o auxiliar conclui, ou é mandatário, ou procurador, ou comissário. O mandato não se pode confundir com o contrato de agência: agenciar não é fazer negócios, não é concluir contratos ou outros negócios jurídicos.[8]

Já a representação comercial autônoma era "uma técnica distributiva de que se valiam os empresários (produtores, importadores e outros) para fazer chegar os seus produtos até os consumidores (ou também revendedores), através não de vendedores próprios, mas de representantes próprios, credenciados, autônomos, pois, sem vínculo empregatício, que mediavam a venda desses produtos".[9]

A profissão do representante comercial encontra-se regulada na Lei nº 4.886/65, com alterações dadas pela Lei nº 8.420/92, a conceituá-lo em seu art. 1º, a saber:

> Art. 1º. Exerce a representação comercial autônoma a pessoa jurídica ou a pessoa física, sem relação de emprego, que desempenha, em caráter não eventual por conta de uma ou mais pessoas, a mediação para a realização de negócios mercantis, agenciando propostas ou pedidos, para, transmiti-los aos representantes, praticando ou não atos relacionados com a execução dos negócios.

Fabio Ulhoa Coelho[10] afirma ser este "o contrato pelo qual uma das partes (representante comercial autônomo) se obriga a obter pedidos de compra e venda de mercadorias fabricadas ou comercializadas pela outra parte (representado)".

Portanto, não há qualquer distinção na linguagem legal comparando-se o a agência no Código Civil e a Lei do Representante Comercial, donde se concluir serem a mesma coisa, tal como concluiu o TJRS.

---

[5] DINIZ, Maria Helena. *Código Civil anotado.* São Paulo: Saraiva, 2003, p. 468.

[6] MELO, Natália Assis. *A problemática da indenização decorrente da rescisão do contrato de distribuição em razão do tratamento dado pelo Código Civil.* In: Revista ESMAPE – Escola Superior da Magistratura de Pernambuco, Recife, volume 15, jan/jun 2002, p. 570.

[7] VENOSA, *op. cit.*, 2003, p. 629.

[8] PONTES DE MIRANDA, Francisco Cavalcanti. *Tratado de direito privado: parte especial.* Tomo XLIV, 3ª ed. Rio de janeiro: Borsoi, 1972., p. 33.

[9] BULGARELLI, Waldírio. In: CAHALI, Yussef Said (coord.) *Contratos Nominados.* São Paulo: Saraiva, 1995, p. 478.

[10] COELHO, Fábio Ulhoa. *Manual de Direito Comercial.* São Paulo: Saraiva, 2000, p. 423.

Cintra e Berger compartilham deste entendimento:

> Vale frisar novamente que o Código Civil apenas deu outro nome a mesma relação conhecida tradicionalmente por representação comercial. Isto decorre não somente da definição equivalente do contrato, acima mencionada, mas também da própria regulamentação encontrada nos arts. 710 e seguintes do Código Civil.[11]

E esse não é apenas o melhor entendimento jurisprudencial e doutrinário, mas também o que se afina com os propósitos do legislador.

Nesse diapasão, afirmou o legislador ao dispor expressamente a Exposição de Motivos do Código que objetivou a "reformulação do contrato de agência e distribuição para atender à lei especial que disciplina a matéria sob o título impróprio de 'representação comercial'", está o Código Civil de 2002 regulando a representação comercial sob o *nomen júris* de contrato de agência.

Neste sentido, José Maria Trepat Cases atenta para o fato de que, não obstante no contrato de agência o agente não conclua negócios jurídicos, "querendo o proponente ou o agenciador estender os poderes do agente, poderá fazê-lo por meio de mandato ou comissão, em que este passará a agir também como mandatário ou comissário".[12]

> O proponente que também se tornará mandante poderá estabelecer os poderes do mandato no próprio contrato de agência ou separadamente, por instrumento publico ou particular, estando sua matéria vinculada aos negócios que serão praticados pelo mandatário e sujeição formal estabelecida por lei. [...] Se o proponente ou agenciado quiser atribuir funções de comissário ao agente, deverá fazê-lo de acordo com o novo Código Civil, arts. 693 a 709, mas tenha-se em conta que a agência e comissão não se confundem. Nada impede, entretanto, que uma mesma pessoa exerça cumulativamente as funções de agente e comissário, clausuladas as atividades em um único contrato ou em contratos separados. À guisa de esclarecimentos, a comissão será sempre atividade empresária, ao passo que na agência a empresarialidade poderá ou não se fazer presente.[13]

3. Conseqüências jurídicas da identidade entre agência e representação comercial

Vencido o problema terminológico, conforme proposto acima a partir de caso paradigmático julgado pelo TJRS (e, portanto, da insubsistência da expressão representação comercial), a questão passa, portanto, a ser como compatibilizar os dispositivos do CC com os da LRC já que ambos tratam do mesmo objeto (ou pelo menos deve-se admitir que o CC trata também do agenciamento promovido pelo representante comercial antes tratado exclusivamente pela LRC).

E isso traz à tona os tradicionais problemas de conflitos de lei no tempo, hoje solucionados pelos critérios da Lei de Introdução ao Código Civil (LICC).

---

[11] CINTRA, *op. cit.*, [s.p.].

[12] CASES, José Maria Trepat; AZEVEDO, Álvaro Villaça. *Código Civil comentado: art. 693 a 817*. vol. VIII. São Paulo: Atlas, 2003, p. 62.

[13] CASES, *op. cit.*, pp. 62-63.

Diante do método tradicional de que a lei especial não é revogada pela lei geral, permaneceria a agência essencialmente regulada pelos dispositivos da LRC, pelo menos quando se tratar de intermediações feitas dentro das hipóteses da LRC. Nessa linha de raciocínio, o CC seria a lei geral e a LRC a lei especial.

Mas a aplicação deste critério não é tão simples e claro, assim como não é tão evidente serem os dispositivos do CC referentemente à agência exclusivamente gerais e os da LRC especiais – até porque se se tratasse o representante comercial de modo diverso de possíveis outras formas de agenciamento haveria um tratamento desigual pela legislação de situações análogas (beirando a inconstitucionalidade).

Em verdade, o CC parece em seu texto bem específico sobre a aplicação de suas normas a qualquer modalidade de agência, como se pode ver da redação do art. 721:

> Art. 721. Aplicam-se ao contrato de agência e distribuição, *no que couber*, as regras concernentes ao mandato e à comissão e as constantes de lei especial. (grifos não constam do original).

Portanto, o trabalho do intérprete é um pouco mais complexo e exige a comparação entre os dispositivos do CC com os da LRC, além da depuração entre as normas do CC que devem ser aplicadas à agência e as que devem ser aplicadas à distribuição. Pelo texto do Código, estariam revogadas as normas da LRC que estiverem em conflito com o CC (note-se que se for utilizado o método do diálogo das fontes divulgado no Brasil pela Professora Cláudia Lima Marques com o propósito de proteger os interesses da parte contratante mais fraca ao invés do puro método conflitual utilizado nesse artigo não se chegaria a mesma solução, pois o CC alterou a situação de indenização do agente em caso de desfazimento do contrato).[14]

Pois bem, vejamos o tratamento do antigo contrato de representação comercial, hoje contrato de agência, a partir das alterações do CC frente à LRC, feito de uma maneira analítica e sistemática, levando em conta a estrutura de direitos e obrigações das partes.

3.1. Direitos e deveres do agente

Dentre as principais conseqüências jurídicas provocadas pela aplicação do CC a qualquer contrato de agência, ressalta-se aqui primeiramente os direitos dos agentes, que são, fundamentalmente:

A) A presunção de exclusividade no agenciamento é assegurada expressamente pelo próprio Código Civil, no seu art. 711, que implica, além da vedação ao agente de agenciar duas ou mais empresas para um mesmo gênero de negócio em uma mesma zona, a de que o proponente não possa constituir mais de um agente, na mesma zona, com idêntica incumbência.

[14] Até porque necessidade de proteção da parte mais fraca tem espaço no âmbito do direito do consumidor, mas perde fôlego no âmbito do direito empresarial.

Essa norma do CC alterou a redação do LRC que presumia ausência de exclusividade em caso de silêncio do contrato (art. 27, alínea "e" 31, par. único).

B) A remuneração pelos negócios concluídos dentro da zona de atuação do agente se dá conforme os termos do art. 714 do CC. Tendo em vista que a regra estipulada na codificação civil é a da exclusividade, o legislador trata da remuneração como sendo devida ao agente por todo e qualquer negócio efetivado dentro de sua área de atuação, mesmo que por ele não agenciada, exceto haja estipulação contratual diversa.[15]

Esta já era a solução da LRC em seu art. 31 quando havia exclusividade na representação, portanto neste ponto não houve significativas alterações.

C) Liberdade de ação, no que tange à prática, propriamente dita, do agenciamento, promovendo, conforme a capacidade produtiva do proponente e do contratado, a realização de negócios – é justamente esta característica que evitará fundamentalmente a caracterização da relação em questão como de emprego, nos termos do art. 3º da CLT.

Não obstante seja reconhecida ao agente autonomia na execução dos serviços que presta, esta será relativa, pois há de conformar-se às instruções que lhe forem dadas.[16]

Neste prisma, possui também o agente liberdade de gerenciar suas atividades de modo que lhe pareça mais conveniente, empregando o seu tempo como quer, bem como, admitindo subagentes, quais trabalhem sob sua direção e responsabilidade.[17]

Também aqui o CC não se distanciou da redação da LRC.

D) Ressarcir-se por inadimplemento causado pelo agenciado, conforme art. 715 do Código Civil, que visa a proteger o agente de práticas abusivas por parte da empresa agenciada que possam comprometer o próprio sucesso do agenciamento, quando, por exemplo, esta última inviabiliza a atividade do agente ao desatender seus pedidos ou reduzir significativa e abruptamente o ritmo de suas atividades, cerceando a dinâmica de ação do agente ao extremo de resultar antieconômica a continuidade da relação contratual.

Redação semelhante aparecia no art. 36 da LRC.

E) Diante do mesmo art. 715 do CC, os pedidos intermediados pelo agente devem atendidos, dentro da razoabilidade e boa fé contratual, de sorte que a parte agenciada deve propiciar as condições necessárias para que se possa exercer profissionalmente a atividade do agente.

Da mesma forma que no item anterior, redação semelhante aparecia no art. 35 da LRC.

---

[15] DINIZ, *op. cit.*, 2003, p. 470.

[16] GOMES, *op. cit.*, p. 370.

[17] DINIZ, *op. cit.*, 2003b, p. 343.

Não havendo estipulação do volume de negócios que deva atender o agente, possui liberdade de ação, sendo-lhe apenas limitada pela de produção ou fornecimento do preponente.[18]

Destacados os direitos referentes aos agentes, no que diz respeito às obrigações que o contrato tal como regulado pela legislação em vigor lhe impõe (CC e LRC), poder-se-ia dizer que se resumem em:

A) Exercer sua atividade de acordo com as instruções fornecidas pelo preponente, devendo agir com toda diligência empresarial (a legislação norte-americana utiliza-se da expressão *best efforts* no seu Código Comercial Uniforme para descrever padrão de conduta análogo, ainda que não se dirigindo à figura da agência, que como dito acima, tem suas regras próprias no *common law*), de acordo com o art. 712, diretamente, bem como supletivamente dos arts. 667, 695 e 696, todos do CC. É a mesma obrigação constante dos arts. 19, "*e*", e 35, "a" da LRC.

A harmonia dos interesses conflitantes das partes contratantes, no sentido de angariar o maior número de propostas, de promover o maior número de negócios, mas sempre levando em conta o interesse da parte agenciada (aquele típico problema de conflito de interesses denominado de agência por economistas), neste contexto, torna vital a prudente observância das instruções do preponente pelo agente.

> [...] o agente deve empregar na sua representação toda diligência necessária à satisfação do interesse de quem lhe cometeu a incumbência. Afinal, se ao comitente lhe interessa o maior número de negócios, ao agente também lhe sabe melhor aquele maior volume, base de sua remuneração.[19]

Obriga-se, portanto, a atuar conforme as instruções e interesses do agenciado, pelo que se responsabiliza o agente civilmente quando não agir ao encontro com as orientações e em favor dos interesses do "principal". No entanto, há uma ressalva, para os casos em que o contrato seja firmado com cláusula *del credere*:

> Em todo caso, o dever de atender às instruções, apesar do informe contrário, não pode persistir se há no contrato cláusula *del credere*. Para a persistência do dever de respeitar as instruções, teria a empresa agenciada que pré-exonerar da responsabilidade *del credere* o agente.[20]

A transgressão à obrigação de exercer o agenciamento conforme as instruções recebidas do proponente, correlata ao de agir com toda diligência, constitui fundamento lícito "justa causa" na linguagem ultrapassada do CC) para a resolução do contrato por inadimplemento – que sabidamente isenta a empresa agenciada de indenizar o agente.

B) O agente deve informar ao agenciado as condições de mercado, perspectivas de vendas, situação dos clientes, atuação dos concorrentes e andamento

---

[18] Ver por exemplo TJRS, Apelação Cível nº 70014673925, 16 a. Câmara Cível, acórdão disponível em www.tj.rs.gov.br admitindo a fixação de metas ao agente.

[19] LOURES, *op. cit.*, p. 312.

[20] PONTES DE MIRANDA, *op. cit.*, p. 45.

dos negócios, ainda que isso possa conflitar com seu interesse particular. Esses deveres de transparência e de informação são conseqüência do princípio da boa-fé objetiva positivado no art. 422 do CC e da aplicação das regras do contrato de mandato, particularmente do art. 668.

> O agente tem o dever de informar o agenciado de tudo quanto lhe pode interessar a respeito do mercado dos produtos, na zona em que ele exerça a atividade do agente. Se apenas tem esse dever, agente não é. O contrato concluído seria contrato de informação, e não contrato de agência.[21]

Outro aspecto de suma importância refere-se ao próprio conteúdo das informações prestadas pelo agenciado:

> Tem-se discutido quanto à relevância do erro de informação, ou da repetição de erros. Sem duvida, a repetição dos erros de informação por parte do agente, compõe, quase sempre, a figura da negligência, ou mesmo da inaptidão. O que se há de assentar é que um erro pode ser tão grave como muitos erros e por trás do alegado erro estar o dolo. O que importa é que se revele a negligência [...].[22]

Essencial, portanto, a prestação das informações correlatas ao objeto do contrato, qual seja a promoção de negócios, por parte do agente, que se responsabiliza por tal, sobretudo acerca da fidelidade e acuidade do conteúdo destas de modo a permitir uma correta condução do negócio pelo agenciado.

Essa situação podia ser subsumida à hipótese "c" do art. 35 da LRC.

C) O agente deve pagar as despesas decorrentes do agenciamento, conforme previsão do art. 713 do Código Civil, tanto as diretas (como transporte, cópias, etc) e ainda as indiretas, como, por exemplo, propagandas do produto, ressalvando-se, claro, estipulação em contrário.

Ademais, conforme entendimento doutrinário,[23] uma vez equiparando-se o contrato de agência à representação comercial, seriam obrigações do agente todas aquelas listadas no art. 19 da LRC.

3.2 Direitos e deveres do agenciado

Como a conclusão do agenciamento implica direitos e obrigações a ambas as partes contratantes, por se tratar de contrato bilateral, cabe, por ora, suscitar as conseqüências que atingem diretamente ao agenciado (no direito português chamado de principal, mesma denominação do *common law*), resumidas em seus direitos e obrigações perante o agente.

A) Direito do agenciado à exclusividade: é assegurado o direito de exclusividade ao agenciado, da mesma forma que é assegurada ao agente, sendo expressamente determinada no art. 711 do Código Civil (salvo convenção expressa em contrário).

---

[21] PONTES DE MIRANDA, *op. cit.*, p. 44.

[22] Idem, p. 46.

[23] DINIZ, *op. cit.*, 2003b, p. 374.

B) Direito e dever da fornecer instruções: poder figurar como agenciado ou "principal" que dirige o negócio e dá instruções ao agente com base nas informações que ele presta sobre o andamento do empreendimento, significa dizer que há também um dever de designar orientações, instruções, a serem cumpridas pelo contratado para agenciar negócios, segundo o art. 712 do Código Civil; sendo que a transgressão a essa obrigação constitui justa causa para resolução do contrato com eventual direito à indenização.

C) Direito de compensação e de retenção: é conferido ao agenciado o direito de reter o pagamento do agente, nos casos em que o contrato for rescindido por culpa dele (agente), para se garantir indenização dos danos que sofreu com a rescisão, conforme prevê o art. 717 do Código Civil.

D) Dever de pagamento das comissões: o dever principal do agenciado é retribuir a atividade do agente. O Código Civil, em diversas oportunidades, nos art. 714 e 716 a 719 do Código Civil, tratam da obrigatoriedade de remunerar o agente, bem como dos dispositivos da própria LRC – o que normalmente se dá por meio de uma comissão, ou seja, um percentual do negócio intermediado.

Sendo assim, salvo estipulação em contrário, caberá ao agenciado pagar a remuneração dos serviços prestados pelo agente, ou os negócios realizados em sua zona, mesmo que sem sua interferência (do agente), conforme prevê o art. 714 do Código Civil.

> Aqui, renova-se a extensão obrigacional, fazendo jus o agente à sua remuneração, quando o negócio resultar prejudicado ou inconcluso por fato imputável ao proponente, a exemplo de quando deixa o mesmo de atender pedido do agente, não fornecendo o bem objeto do negócio. O concurso exclusivo do proponente para a não realização do negócio o obriga perante o agente como se realizado fosse aquele negócio.[24]

A agência, em regra, respeita ao "resultado útil" do agenciamento de propostas e não o serviço em si nem tampouco à conclusão efetiva destas, que eventualmente pode não acontecer por motivos alheios à vontade do agente (sempre dentro de um critério de boa fé e de razoabilidade). Esta é a razão pelo qual o art. 716 do Código Civil obriga o agente a retribuir negócios frustrados por fatos imputáveis ao agenciado. Veja abaixo a seguinte ementa:

> EMENTA: REPRESENTAÇÃO COMERCIAL – Direito à comissão. O direito à remuneração, no contrato de representação comercial, não deriva apenas do trabalho realizado, mas em virtude do seu trabalho útil. Entretanto, se representado deixar de efetivar o negócio, já realizado, apenas por conveniência sua, a comissão será devida. Para efeito de ter o representante direito à comissão, equipara-se à realização do negócio, o fato de não serem as propostas recusadas nos prazos legalmente previstos – Lei nº 4.886/65 – Art. 33.[25]

Neste sentido, o art. 32, *caput*, da LRC, não revogado nesse particular, estabelece que o agente "adquire o direito às comissões quando do pagamento dos

[24] ALVES, *op. cit.*, p. 649.

[25] BRASIL. Superior Tribunal de Justiça. 3ª Turma. Recurso Especial nº 3.012 – SP, Rel. Min. Eduardo Ribeiro, 10.09.1990.

pedidos e propostas", remunerando-se, a teor do art. 27, *f*, do mesmo diploma legal, o "resultado útil" do trabalho do representante, e não o trabalho em si.

E) Compete ao agenciado, também, a obrigação de ressarcir os prejuízos causados por inadimplemento seu (parcial ou integral), conforme já elucidado acima acerca do dispositivo do art. 715 do Código Civil, nas situações em que não fornecer o produto intermediado ou dificultar significativa e irrazoavelmente a execução do contrato, seja pela diminuição da área ou dos produtos agenciados.

F) Quanto à indenização por serviços úteis, prevista no art. 717 do Código Civil, Washington de Barros Monteiro[26] observa que "na dispensa do agente, mesmo que motivada, não exonera o proponente de pagar remuneração pelos serviços úteis a ele prestados". Neste caso, considera-se como "serviços úteis", a remuneração das propostas angariadas até a data da extinção do contrato. É a mesma situação prevista no art. 35, § 5º, da LRC.

No mesmo sentido, é o posicionamento de Araken de Assis acerca do tema:

> "Mesmo que desfeito o contrato de agência por descumprimento imputável ao agente, sem embargo de haver este que arcar com perdas e danos pelos prejuízos sofridos, sendo dispensado ele então de sua incumbência, o art. 717 do Código Civil, preserva seu direito à remuneração "pelos serviços úteis prestados ao proponente". Entende-se por "serviços úteis", naturalmente, a remuneração das propostas angariadas até a data da extinção do contrato, sendo que este valor dependerá dos termos do contrato e, na sua falta, de arbitramento. E, tratando-se de resolução, a caracterização da culpa enseja pretensão do agenciado a perdas e danos (ressalvada na parte final do art. 717). admite-se a compensação desses valores".[27]

Analogamente, pode também trazer-se a ementa da decisão proferida pela 6ª Câmara Cível do Tribunal de Justiça do Rio Grande do Sul, na Apelação Cível nº 594041022, que versava sobre o contrato de corretagem no qual serviço útil foi entendido como efetiva e proveitosa intermediação entre as partes devendo a comissão ser paga quando o resultado esperado foi atingido:

> Ementa: Intermediação em negócio imobiliário. Seu pagamento só é devido se o intermediante prestar servico útil à concretização do negócio. Assunto: 1. Corretagem. – Cobrança. Intermediação. Negócio não caracterizado. Efeitos. – Corretor. Quando faz jus à remuneração. 2. Indenização. – Dano material. – Dano moral. Prestação de serviço de acessoramento e intermediação. Pagamento antecipado. Serviço não efetivado. Efeitos. Direito Civil. Obrigações. Direito Civil. Contratos.[28]

Mas esse pensamento não é unânime. Há quem fale em indenização por serviços úteis como indenização de clientela, que originariamente, surgiu em alguns países europeus na tipificação legal do próprio contrato de agência para, depois, ser também admitida nos contratos de distribuição. Segundo Antonio Pinto Monteiro:

---

[26] MONTEIRO, *op. cit.*, p. 313.

[27] ASSIS, *op. cit.*, p. 233.

[28] RIO GRANDE DO SUL. Tribunal de Justiça. Apelação Cível Nº 594041022, Sexta Câmara Cível, Relator: Osvaldo Stefanello, Julgado em 20/09/1994.

De acordo com o que temos entendido e conforme o modelo que a lei portuguesa adotou, a indenização de clientela constitui, no fundo, uma compensação a favor do agente, após a cessação do contrato, pelos benefícios que o principal continue a auferir com a clientela angariada ou desenvolvida pelo agente.

E assim continua:

Ela é devida seja qual for a forma por que se põe termo ao contrato ou o tempo por que este foi celebrado (por tempo determinado ou por tempo indeterminado) e acresce a qualquer outra indenização a que haja lugar (por exemplo, por falta ou insuficiência de pré-aviso ou por violação do contrato pelo principal). É como que uma compensação pela "mais valia" que o agente proporciona ao principal, graças à atividade desenvolvida pelo primeiro, na medida em que o principal continue a aproveitar-se dos frutos dessa atividade, após o termo do contrato de agência.[29]

Não podemos concordar com esta leitura do artigo 717, pois ele permitiria um tratamento mais benéfico da extinção do contrato por resolução (quando há inadimplemento contratual pelo agente) do que por denúncia do agenciado (quando a extinção é imotivada e sem concorrência portanto de "justa causa" do agente.

Ademais, poder-se-ia até mesmo dizer que não se trata, na verdade, de uma indenização, pois não é necessária prova, pelo agente, de dano. O que conta, a título de conceituação da expressão "serviços úteis" são os benefícios proporcionados pelo agente à outra parte, benefícios que, ao longo da vigência do contrato, eram desfrutados por ambas as partes, e que, após seu término, apenas o principal ou proponente irá desfrutar.

Note-se que, em rigor, por "dispensa não motivada" quis dizer o legislador resolução contratual (motivada por inadimplemento, na forma do art. 474 do CC). Como na resolução contratual a parte prejudicada pode cumular pedido de perdas e danos, é importante ressaltar que eventuais créditos de comissões pendentes do agente não anulam os eventuais direitos indenizatórios do agenciado (justificando inclusive a retenção do pagamento das comissões como dito acima).

F) Resta tratar da indenização em caso de denúncia do contrato pelo agente, onde as alterações do CC foram mais evidentes frente a LRC.

O art. 720, *caput*, do Código Civil autoriza qualquer das partes a denunciar[30] o contrato, fazendo, conseqüentemente, cessar a relação contratual, determinando-se, assim, que no contrato de agência o prazo do aviso prévio a ser concedido será de 90 (noventa) dias.[31] Não era essa a dicção da LRC que previa indenização por aviso prévio de um terço das comissões auferida nos últimos três meses e ainda uma indenização de um doze avos de todas as comissões auferidas pelo representante nos últimos três meses.

---

[29] PINTO MONTEIRO, António. *Denúncia de um Contrato de Concessão Comercial*. Coimbra: Coimbra Editora, 1998, p. 79.

[30] A expressão denúncia equivale à "*resilição*" do contrato, caso este, em que a lei permita, expressa ou implicitamente, uma manifestação unilateral de vontade extintiva do contrato (art. 473 do Código Civil).

[31] Recebe-se que houve uma majoração deste prazo em relação ao disposto no art. 34 da Lei nº 4.886/65, que determinava que a concessão de aviso prévio deveria se dar com uma antecedência mínima de 30 (trinta) dias.

Explica a diferença Pontes de Miranda:

> A denúncia obtém resultados desconstitutivos semelhantes aos da resilição, que são o de extinção ex nunc; mas a denúncia põe termo à relação jurídica, não a desfaz, nem é como se desfizesse o negócio jurídico. A denuncia diz: "aqui acaba a relação jurídica"; a resolução enuncia, implicitamente: o que ia continuar, ou o que era, é como e não pudesse ser (resilição), como se não tivesse sido (resolução). Quem resile faz cessar; quem resolve, faz o que era, no mundo jurídico, deixa de ter sido. Quem denuncia apenas faz não continuar.[32]

Todo contrato, ainda que vigore por prazo indeterminado e seja de trato sucessivo, não se presume perpétuo. Sua denúncia vazia, ou imotivada, justamente pressupõe a vigência deste e permite aos parceiros se desvincularem do pacto. Ao contrário, vigorando por prazo determinado, o rompimento constitui ilícito imputável ao seu autor, que indenizará o parceiro inocente, segundo a responsabilidade constante do art. 27, § 1º, da LRC, no caso aplicável subsidiariamente, por força do art. 721 do Código Civil.

Segundo Rubens Requião[33] "o aviso prévio é incompatível com a argüição de falta grave cometida pela outra parte", vez que esta constitui causa de inadimplemento do contrato e possibilita a resolução do mesmo, de acordo com o art. 717 do Código Civil (combinável com artigo 474 e 475 do Código Civil sobre resolução). Ou seja, se cometida "falta grave" (leia-se tecnicamente inadimplemento substancial), rompe-se o contrato tão logo a denúncia chegue ao conhecimento da parte faltosa. Sendo que, havendo falta grave e, não obstante, se conceda o aviso prévio, correr-se o risco do agenciado perder o argumento da inadimplência substancial, podendo ser entendido pelo tribunal que o denunciante dela abriu mão, perdoando o faltoso.

Com a nova regra do CC sobre o aviso prévio, este perde a sua função indenizatória análoga ao direito laboral.

O Código Civil adotou o art. 720 como princípio genérico para regular a denúncia do contrato de agência em geral, em caso de prazo indeterminado, juntamente com o que está disposto no art. 473 do mesmo, que se refere à extinção do contrato por iniciativa de uma ou ambas as partes contratantes, a saber:

> Art. 473. A resilição unilateral, nos casos em que a lei expressamente ou implicitamente o permita, opera mediante denuncia notificada à outra parte.
>
> Parágrafo único. Se, porém, dada a natureza do contrato, uma das partes houver feito investimentos consideráveis para a sua execução, a denúncia unilateral só produzirá efeito depois de transcorrido prazo compatível com a natureza e o vulto dos investimentos.

Sendo assim, opera-se a resilição unilateral somente com autorização legal expressa ou implícita (pela natureza da avença) e, sempre, com a prévia comunicação à outra parte. De fato, concebe-se que o agente, para desempenhar suas funções, e considerando as potencialidades do mercado e do valor da retribuição

---

[32] PONTES DE MIRANDA, *op. cit.*, p. 30.

[33] REQUIÃO, *op. cit.*, 2005, p. 240.

do agenciado por um número mínimo de ofertas, realize investimentos[34] na perspectiva de continuidade do vínculo contratual, "não sendo razoável nem compatível com o princípio da boa-fé objetiva, que anima toda a nova codificação civil, que tais gastos permaneçam irressarcidos".[35]

Fatalmente, a inevitável vagueza semântica do art. 720 do CC, relativamente à noção de prazo compatível com investimentos (combinado com o parágrafo único do art. 473 CC) sem determinar exatamente o remédio jurídico adequado para sua proteção, provocará litígios entre os contratantes e, conseqüentemente, controvérsias acerca do valor da indenização. Daí por que, redundantemente, o seu parágrafo único, encarrega o órgão judiciário de estabelecer para cada caso concreto a razoabilidade do prazo e o valor da indenização.

A declaração unilateral de vontades, que constitui a denúncia, não produz efeitos imediatos. O contrato denunciado, e em fase de transcurso do aviso prévio, prossegue em execução normal até o momento do esgotamento do prazo. Como efeito, o contrato com prazo indeterminado, passa a contar com um termo final, fixado unilateralmente conforme a autorização legal. Ou seja, recebido o aviso, a agência somente cessará após o implemento do prazo mínimo de noventa dias do recebimento do aviso. Atendeu o legislador, neste passo, à reclamação de Pontes de Miranda,[36] quanto à "ausência de prazo razoável para a eficácia da denúncia vazia".

Assim, a proposta do novo Código Civil leva as partes a procurarem prevenir contratualmente a sua ocorrência. Os investimentos que deverão ser aplicados pelo agente, na implantação do contrato, e o tempo necessário para produzir os efeitos desejados terão que ser previamente avaliados e definidos no instrumento contratual. Estes valores,[37] então, serão amortizados[38] ao longo do contrato, ou, no caso de denúncia do mesmo, serão alvo de alguma compensação, também com previsão contratual se não tiverem sido recuperados a sua época.

[34] "A expressão 'investimentos exigidos do agente' (art. 720 do Código Civil), refere-se à previsão ou regra ajustada no contrato; imposição unilateral do proponente aceita pelo agente; ou, quando resultante de exigência técnica decorrente da simples operação do contrato [...] As despesas necessárias para a manutenção do empreendimento não serão havidas como investimentos, pois elas normalmente estão a cargo do agente, segundo o art. 713 do Código Civil [...]". (REQUIÃO, *op. cit.*, 2005, p. 246).

[35] GAGLIANO, Pablo Stolze & PAMPLONA FILHO, Rodolfo. *Novo curso de direito civil: abrangendo o Código de 1916 e o Novo Código Civil.* São Paulo: Saraiva, 2005, p. 264.

[36] PONTES DE MIRANDA, *op. cit.*, p. 60.

[37] O legislador se referiu a "valor devido" em face da natureza e vulto do investimento, afastando a idéia de indenização. Considerou a resilição do contrato de agência sem prazo certo numa faculdade legítima a ser exercida pela parte, não decorrendo ato ilícito, em princípio, e provocando o dever de indenizar. (REQUIÃO, *op. cit.*, 2003, p. 119)

[38] O conceito de amortização usado para o fim de definir o direito do agente à suspensão do efeito da denúncia do contrato ou dilatação do prazo necessário para exercer este direito tem fundamento jurídico, e está previsto no art. 44, § 2º, Lei nº 6.404/76, que regula as sociedades anônimas. Este dispositivo estabelece que: "a amortização consiste na distribuição aos acionistas, a título de antecipação e sem redução do capital social, de quantia que lhes poderiam tocas em caso de liquidação da companhia". Assim, para os efeitos do art. 720, Código Civil, a amortização dos fundos será obtida pelo ganho em produtividade ou mesmo em rendimento financeiro, que obtiver com o investimento realizado.

Descumprindo o dever de pré-aviso, todavia, a cessação da agência e da representação comercial opera-se imediatamente. E, realmente, a falta deste aviso, asseverava Pontes de Miranda, "dá a quem havia de ser pré-avisado o direito de indenização".[39] Assim, desfaz-se o contrato, mas o autor da denúncia deverá indenizar o parceiro em montante a ser fixado judicialmente dentro dos critérios estabelecidos pela lei (recuperação do investimento feito ao longo do contrato).

Antevia esta contingência o art. 34 da LRC e estipulava "a indenização em 1/3 (um terço) das comissões recebidas pelo representante, nos 03 (três) meses anteriores ao rompimento do contrato, além da indenização principal prevista no art. 27, *j*, Lei nº 4.886/65".[40]

Embora cativante a possibilidade de aplicar subsidiariamente esta regra aos contratos de agência, invocando o art. 721 do CC, há um obstáculo, que é a letra do próprio art. 720 do CC que traz a atual regra em vigor sobre a denúncia contratual de agência. Além disso, o prazo de aviso prévio na representação comercial é de 30 dias, e certamente baseado nele, é que o legislador fixou a base de cálculo nos últimos 3 meses. Por tal motivo, a solução acertada, na agência, consiste em deixar ao arbítrio do juiz o valor da indenização pela falta de pré-aviso, conforme dispõe o art. 720, parágrafo único, do CC.

A LRC pressupõe outro requisito para o direito de ser o agente avisado previamente, que o contrato haja vigorado por tempo superior a 6 (seis) meses.[41] Sendo assim, os contratos de representação que vigorem por prazo inferior a este são vistos como de experiência, e não como de tempo indeterminado.

Ocorre que nos dispositivos codificados referentes ao contrato de agência, não há regra semelhante, impondo o dever de restituir o investimento exigido do agente, se não houve tempo suficiente para amortização do investimento, independentemente do prazo percorrido pelo contrato, sendo que só assim, será eficaz.

Por fim, após análise dos diversos pontos inerentes a esta questão, conclui-se que o impedimento de se promover a denúncia do contrato de agência, até que decorra prazo razoável segundo os parâmetros do art. 720, Código Civil, visou a impedir que as relações contratuais fossem abruptamente encerradas por uma das partes.

Neste sentido, foi derrogada a disposição do art. 34 da LRC, que previa o aviso prévio de 30 (trinta) dias; majorando-se, desta maneira, este prazo para 90

[39] PONTES DE MIRANDA, *op. cit.*, p. 61.

[40] O art. 34 da Lei nº 4.886/65 é omisso quanto à possibilidade de o representado poder reter comissões na falta de pré-aviso pelo representante. Segundo Ricardo Nacim Saad, "por equidade, pode o representado reter igualmente um terço das comissões auferidas pelo representante nos três meses anteriores, caso este se recuse a dar o pré-aviso de trinta dias na rescisão contratual de sua iniciativa" (SAAD, Ricardo Nacim. *Representação comercial: De acordo com o novo Código Civil (Lei nº 10.406, de 10-1-2002)*. 3ª ed. ver. atual. São Paula: Editora Saraiva, 2003, p. 34).

[41] Esta contagem do prazo entende-se como sendo de 180 dias corridos, incluídos os feriados e domingos, considerando-se mês, para os efeitos jurídicos, "o período sucessivo de trinta dias completos" (Código Civil de 1916, art. 125, sem correspondência no atual).

(noventa) dias, desde que transcorrido tempo compatível com a natureza da atividade e vulto do investimento exigido do agente. Por outro lado, revogado o art. 27, "j", da LRC que previa indenização de um doze avos de todas as comissões auferidas na contratualidade.

Nesse sentido, nosso ordenamento jurídico caminhou rumo às regras de *agency law* dos Estados Unidos, segundo as quais não há expressamente um direito compensatório pela extinção imotivada do contrato de agência se houver aviso prévio razoável para reorganização das atividades do agente.[42]

Referências Bibliográficas

ALVES, Jones Figueiredo. In: FIUZA, Ricardo (coord.). *Novo Código Civil comentado.* São Paulo: Saraiva, 2002.

ASSIS, Araken de. *Contratos nominados: mandato, comissão, agência e distribuição, corretagem, transporte.* São Paulo: Revista dos Tribunais, 2005.

BULGARELLI, Waldírio. *Contratos Mercantis.* 12ª ed. São Paulo: Atlas, 2000.

———. *Direito Comercial.* 14ª ed. São Paulo: Atlas, 1999.

———. In: CAHALI, Yussef Said (coord.). *Contratos Nominados.* São Paulo: Saraiva, 1995.

CAPEL FILHO, Hélio. *Diferenciando contrato de agência e contrato de distribuição no novo Código Civil.* Jus Navigandi, Teresina, ano nº 9, nº. 586, 13. fev. 2005. Disponível em: <www. jus2.uol.com.br/doutrina/texto.asp?id=6316.>. Acesso em 20 de julho de 2006.

CASES, José Maria Trepat; AZEVEDO, Álvaro Villaça. *Código Civil comentado: art. 693 a 817.* vol. VIII. São Paulo: Atlas, 2003.

CINTRA, Antonio Felix de Araújo; BERGER, Renato. *É hora de definir agência e distribuição no novo Código Civil.* Jus Navigandi, Teresina, ano nº 7, nº 66, junho de 2003. Disponível em: <www.jus2.uol.com.br/doutrina/texto.asp?id=4148>. Acesso em 20 de julho de 2006.

COELHO, Fábio Ulhoa. *Curso de Direito Comercial.* vol. 3º. 3ª ed. atual. São Paulo: Saraiva, 2002.

———. *Manual de Direito Comercial.* São Paulo: Saraiva, 2000.

DELGADO, Mário. *O direito Intertemporal e o Código Civil.* Intelligentia Jurídica, Recife, ano IV, nº 63, setembro de 2006, Disponível em: <http://www.intelligentiajuridica.com.br/old-jul2004/artigo1.html>. Acessado em: 20 de julho de 2006.

DINIZ, Maria Helena. *Código Civil anotado.* São Paulo: Saraiva, 2003a.

———. *Direito Civil Brasileiro: Teoria Geral do Direito Civil.* Vol. 1. São Paulo: Saraiva, 2003c.

———. *Tratado teórico e prático dos contratos.* Vol. 3. São Paulo: Saraiva, 2003b.

FELIPE, Jorge Franklin; ALVES, Geraldo Magela. *O novo código civil anotado.* Rio de Janeiro: Forense, 2004.

GAGLIANO, Pablo Stolze & PAMPLONA FILHO, Rodolfo. *Novo curso de direito civil: abrangendo o Código de 1916 e o Novo Código Civil.* São Paulo: Saraiva, 2005,

GOMES, Orlando. *Contratos.* Rio de Janeiro: Forense, 2002.

LILLA, Paulo Eduardo. *O abuso de direito na denúncia dos contratos de distribuição: o entendimento dos tribunais brasileiros e as disposições do novo código civil.* Disponível em: <http://www.socejur.com.br/artigos/contratos .doc>. Acessado em: 12 de agosto de 2006.

LIMONGI FRANÇA. *Instituições de direito civil.* São Paulo: Saraiva, 1988.

LOBO, Paulo Luiz Netto. Princípios Contratuais. In: *A Teoria do Contrato e o Novo Código Civil.* Nossa Livraria, pp. 15-16. Apud DELGADO, José Augusto. *O Contrato no código civil e a sua função social.* Revista Jurídica, São Paulo, ano 52, n. 322, p. 7-28, ago. 2004.

LOURDES, José Costa; GUIMARÃES, Taís Maria Lourdes Dolabela. *Novo Código Civil comentado.* 2ª ed. ver. e atual. Belo Horizonte: Del Rey, 2003.

MAIA, Felipe Fernandes Ribeiro. *A representação comercial autônoma e o contrato de agência.* Jus Navigandi, Teresina, ano nº 9, nº 758, 1. ago. 2005. Disponível em: <www.jus2.uol.com.br/doutrina/texto.asp?id=7093.> Acesso em 20 de julho de 2006.

MARTINS, Fran. *Contratos e obrigações comerciais.* Rio de Janeiro: Forense, 2002.

[42] Para os EUA, checar *Restatement (Second) de Agency Law*

MELO, Natália Assis. A problemática da indenização decorrente da rescisão do contrato de distribuição em razão do tratamento dado pelo Código Civil. In: *Revista ESMAPE – Escola Superior da Magistratura de Pernambuco,* Recife, volume 15, jan/jun 2002.

MILHOMENS, Jônata. *Manual prático dos contratos.* Rio de Janeiro: Forense, 2002.

MONTEIRO, Washington de Barros. *Curso de direito civil: direito das obrigações.* 34ª ed., rev. e atual. São Paulo: Saraiva, 2003.

NERY JUNIOR, Nelson; NERY, Rosa Maria de Andrade. *Código Civil comentado e legislação extravagante.* 2ª ed. São Paulo: Editora Revista dos Tribunais, 2003.

PEREIRA, Caio Mário da Silva. *Instituições de Direito Civil.* Vol. 1. 18ª ed. Rio de Janeiro: Forense, 1996.

PINTO MONTEIRO, António. *Denúncia de um Contrato de Concessão Comercial.* Coimbra: Coimbra Editora, 1998

PONTES DE MIRANDA, Francisco Cavalcanti. *Tratado de direito privado: parte especial.* Tomo XLIV. 3ª ed. Rio de Janeiro: Borsoi, 1972.

RAÓ, Vicente. *O direito e a vida dos direitos.* São Paulo: Max. Limonad, vol. I.

REALE, Miguel. *História do Novo Código Civil.* São Paulo: Ed. Revista dos Tribunais, 2005. (Biblioteca de direito civil. Estudos em homenagem ao Professor Miguel Reale, vol. I).

REQUIÃO, Rubens Edmundo. *Nova Regulamentação da Representação Comercial Autônoma (O contrato de agência e distribuição no Código Civil de 2002).* 2ª ed. São Paulo: Editora Saraiva, 2003.

——. *Do representante comercial – Comentários à Lei nº 4.886, de 09 de dezembro de 1965, à Lei nº 8.420, de 08 de maio de 1992, e ao Código Civil de 2002.* 9ª ed. Rio de Janeiro: Forense, 2005.

RIBEIRO, Alex Sandro. *Retroatividade do art. 2.035 do Código Civil de 2002 aos contratos pretéritos.* Jus Navigandi, Teresina, ano 9, n. 602, 2 mar. 2005. Disponível em: <http://jus2.uol.com.br/doutrina/texto.asp?id=6386>. Acesso em 20 de julho de 2006.

RIZZARDO, Arnaldo. *Contratos.* 2ª edição. Rio de Janeiro: Forense, 2002.

RODRIGUES, Frederico Viana. Autonomia do Direito de Empresa no Novo Código Civil. In: ——. *Direito de Empresa no Novo Código Civil.* Rio de Janeiro: Forense, 2004.

RODRIGUES, Silvio. *Direito civil: dos contratos e das declarações unilaterais da vontade.* Vol. 3. 29ª ed. atual. de acordo com o Novo Código Civil. São Paulo: Saraiva, 2003.

RUSSOMANO, Mozart Victor. *Comentários à CLT.* Vol. 1. Rio de Janeiro: Forense, 1990.

SAAD, Ricardo Nacim. *Representação comercial: De acordo com o novo Código Civil (Lei nº 10.406, de 10-1-2002).* 3ª ed., rev. e atual. São Paulo: Saraiva, 2003.

SADDI, Jairo. Considerações Acerca da Representação Comercial Frente ao Novo Código Civil. In: *Revista de Direito Mercantil, Industrial, Econômico e Financeiro.* São Paulo: Malheiros, nº 129, pp. 54-68, jan/mar, 2003.

SANTOS, Antonio Jeová. *Direito intertemporal e o Novo Código Civil.* São Paulo: RT, 2003.

——. *Função Social, Lesão e Onerosidade Excessiva dos Contratos.* São Paulo: Método, 2002.

SERPA, Lopes. Miguel Maria de. *Lei de Introdução ao Código Civil.* vol. I, 2ª ed., Rio de Janeiro: Freitas Bastos, 1959.

THEODORO JÚNIOR, Humberto. *Do Contrato de Agência e Distribuição no novo Código Civil.* Mundo Jurídico, Rio de Janeiro, 2003. Disponível em <http://www.mundojuridico.adv.br/html/artigos/documentos/texto301>. Acesso em 20 de julho de 2006.

——; MELLO, Adriana Madim. Novo Código Civil: Contrato (típico) de Agência e Distribuição (Representação Comercial) – Regime no novo Código Civil em cotejo com a Situação Jurídica do Contrato (atípico) de Concessão Comercial – Indenizações Cabíveis na Extinção da Relação Contratual. In: *Revista síntese de direito civil e processual civil,* Porto Alegre, ano V, vol. 28, p. 545, mar./abr. 2004.

TIMM, Luciano Benetti. (org.), com a colaboração de Cássio Machado Cavalli... [et. al.], *Direito de empresa e contratos.* São Paulo: IOB Thomson, 2005,

VENOSA, Silvio de Salvo. *Direito civil: contratos em espécie.* 3ª ed. São Paulo: Atlas, 2003.

——. *Direito civil: teoria geral das obrigações e teoria geral dos contratos.* Vol. 2. 3ª ed. São Paulo: Atlas, 2003b.

WALD, Arnoldo. *Obrigações e contratos.* 10ª ed. São Paulo: Revista dos Tribunais, 2000.

— IX —

O contrato de distribuição no novo Código Civil (à luz da jurisprudência do TJRS)[1]

Sumário: Introdução; 1. Aspectos conceituais do contrato de distribuição: a polêmica doutrinária e a solução pragmática do TJRS; 1.1. O foco do desentendimento doutrinário; 1.2. A Jurisprudência do TJRS; 2. Formação e Estrutura obrigacional do contrato no novo Código Civil; 2.1. Forma; 2.2. Obrigações das partes de acordo com o novo Código Civil; 2.2.1. Do fabricante; 2.2.2. Do distribuidor; 2.2.3. Exclusividade; 3. Extinção do contrato de distribuição; 3.1. Resilição unilateral ou denúncia; 3.2. Resolução; Conclusão; Referência bibliográfica

Introdução

Apesar da recente previsão legal do art. 710 do Código Civil (CC) que, pelo menos aparentemente, tornou o contrato de distribuição típico no ordenamento brasileiro, a doutrina jurídica brasileira ainda não chegou a um consenso sobre a distinção deste (novo ou não) tipo contratual vis-à-vis à atípica distribuição comercial de outrora (também chamada de concessão mercantil).

E o assunto não é puramente acadêmico. Dessa divergência conceitual originam-se importantes implicações legais que se pretendem ser enfrentadas neste artigo dedicado a refletir sobre o estado da arte acerca do contrato de distribuição no Brasil.

Infelizmente, a tradição em nosso sistema jurídico continua a ser de se escreverem artigos sem consultar a jurisprudência, que é o direito vivo (*law in action* como dito pelos anglo-saxões e não *law on the books*).

Nossa proposta nesse artigo é fazer o caminho inverso e partir da análise de uma decisão do Tribunal de Justiça e com base nela construir as suas implicações legais na tentativa de auxiliar juízes no julgamento de futuros casos de modo a formar uma jurisprudência coerente, uniforme que contribua para os homens de negócios no Brasil a organizarem seus empreendimentos, alocando riscos e prevendo o resultado legal de suas atitudes e de seus contratos (que é o que se espera das cortes ao julgarem matérias atinentes ao direito empresarial).

Assim, o presente artigo consubstancia-se na análise do contrato de distribuição frente ao Código Civil de 2002 à luz da jurisprudência do Tribunal de Justiça do Rio Grande do Sul.

[1] Em co-autoria com LAUSIANE LUZ DE SABOYA.

A decisão que se pretende comentar e sugerir como paradigma é a do Desembargador Lúcio Merg do Tribunal de Justiça do Rio Grande do Sul, no julgamento do caso Apelação Cível nº 70000945790,[2] assim ementada:

> CONTRATO DE DISTRIBUIÇÃO DE BEBIDAS. CONCESSÃO MERCANTIL OU DISTRIBUIÇÃO. ANÁLISE DO CONTRATO FRENTE AO NOVO CÓDIGO CIVIL. PRELIMINARES: NEGATIVA DE PRESTAÇÃO JURISDICIONAL, CERCEAMENTO DE DEFESA. NULIDADE DA SENTENÇA POR AUSÊNCIA DE FUNDAMENTAÇÃO E DISPOSITIVO. DEFEITO DO RELATÓRIO. AUSÊNCIA DE AUDIÊNCIA PRELIMINAR E DESPACHO SANEADOR. PRINCÍPIO DA IDENTIDIADE FÍSICA DO JUIZ. RESILIÇÃO DE CONTRATO NA MODALIDADE DENÚNCIA. BOA-FÉ OBJETIVA. Os *contratos de distribuição,* modernamente chamados de contratos de colaboração, a*té o advento do Novo Código Civil, eram totalmente atípicos* e resultavam da premente expansão econômico-industrial e da adoção sistemática de processos de terceirização no tráfico negocial. Contrato que pode se caracterizar pela superioridade do fabricante frente ao distribuidor, porquanto aquele detém o *know-how* sobre a matéria. Necessidade da análise pormenorizada de cada caso concreto, a fim de identificar eventual abuso de direito. *A existência de uma integração entre fabricante e distribuidor, não implica na perda de sua autonomia.* O rompimento do vínculo contratual deve obedecer determinados requisitos, a fim de que o distribuidor consiga amortizar os custos do negócio, o que decorre da aplicação do princípio da boa-fé objetiva, mormente o de corresponder à legítima expectativa da outra parte. Impossibilidade de o distribuidor pleitear indenização decorrente da ruptura do contrato se foi sua a iniciativa da denunciação. Presume-se que ao assim agir o denunciante procedeu ao cálculo do capital investido e aceitou os riscos de tal decisão. Impossibilidade do contrato de distribuição ser considerado como de adesão, pois contrato em que a liberalidade mostra-se patente, ou seja, a parte opta por realizar ou não negócio, sujeitando-se as regras do mercado. Inexiste, pois, uma necessidade de contratar. Afastada, de igual forma, a pretensão do distribuidor de ver-se restituído pelas despesas com publicidade. Hodiernamente, tornou-se comum grandes empresas lançarem mão da padronização de seus produtos, a qual engloba tanto técnicas de venda como o próprio *marketing*, fato que decorre das exigências do mercado. Tendo o distribuidor contribuído com despesas a esse título não lhe é lícito exigir a restituição desses valores, pois auferiu lucros de tais práticas que visam, nada mais, que o convencimento do público consumidor das qualidades do produto, *in casu*, dos produtos Antarctica. *Afastamento da aplicação da Lei Ferrari – Lei n.º 6.729/79, que dispõe tão somente sobre a concessão de veículos automotores em via terrestre.* Preliminares afastadas, apelo improvido. (*grifo nosso*) (Apelação Cível n.º 70000945790, Tribunal de Justiça do RS, relator: Des. Luiz Lúcio Merg).

Sugere-se este acórdão como paradigma porque ele foi o primeiro acórdão localizado na jurisprudência do TJRS que tratou especificamente do contrato de distribuição frente ao novo Código Civil. Portanto, foi um momento ímpar para que a Corte estabelecesse, ainda que em julgamento fracionado, um entendimento sobre o sentido e o alcance do art. 710 do Código Civil, com importantes reflexos ao direito aplicável a esta modalidade negocial. Além disso, é um acórdão que deu um tratamento previsível à lei, pois evidentemente que ainda a letra do Código não fosse absolutamente clara quanto à distinção entre a agência e a distribuição, ele se aplicaria analogicamente a situações de "concessões" não reguladas por legislação específica como seria o caso da Lei Ferrari (para concessionárias de veículos).

O primeiro capítulo será destinado à compreensão da polêmica doutrinária e a sua solução na casuística do TJRS. O segundo capítulo (formação e estrutura obrigacional típico do contrato) e o terceiro capítulo (extinção do negócio)

[2] Decisão disponível no *site* www.tj.rs.gov.br

derivam as conseqüências práticas da aplicação do Código Civil ao negócio de revenda de mercadorias acompanhadas de cessão de marca, treinamento, etc.

1. Aspectos conceituais do contrato de distribuição: a polêmica doutrinária e a solução pragmática do TJRS

1.1. O foco do desentendimento doutrinário

A palavra "distribuição" no âmbito jurídico possui mais de um significado. A primeira idéia é num sentido mais amplo, de caráter geral, que comporta todas modalidades de colocação do bem no mercado – diretamente ou indiretamente – viabilizando seu escoamento e aumentando a clientela (por exemplos, os contratos de: comissão, mandato mercantil, representação comercial, franquia, ou concessão comercial, etc.).[3]

Já a segunda idéia, por sua vez, é um conceito restrito, *stricto sensu,* que já vem sendo moldado há décadas. De maneira simplificada, sua conceituação é a aquisição da mercadoria do fabricante pelo distribuidor para posterior revenda no mercado.

A distribuição, como modalidade contratual, advém da economia moderna, voltada para otimizar a produção e circulação de bens, com a aproximação do produtor e consumidor através do distribuidor.[4] Nas lições de Orlando Gomes nota-se que o distribuidor exerce uma atividade lucrativa peculiar, consistindo "essa atividade na revenda de produtos, mercadorias ou artigos que compra ao fabricante e distribui com exclusividade, comercializando-os em certa zona, região ou área".[5]

A distribuição da mercadoria, geralmente de consumo, deve ser colocada no mercado através do distribuidor, por sua conta e risco, que se remunera pela margem do preço de revenda.[6] Assim, ele é titular do bem, que o adquire para posterior comercialização. Neste sentido, Arnaldo Rizzardo acrescenta: "pode-se conceber a distribuição como o contrato pelo qual uma pessoa, assume, em caráter não eventual e sem vínculo de dependência, a obrigação de promover, por sua conta, sem retribuição, a realização de certos negócios, em zona determinada, envolvendo bens dos quais dispõe".[7]

Percebe-se, então, que o contrato de distribuição é a venda de produtos fabricados pelo distribuído, para posterior revenda ao consumidor ou a outra pessoa

[3] THEODORO JÚNIOR, Humberto. *Do Contrato de Agência e Distribuição no Novo Código Civil*. Revista do Tribunal, Ano 92, junho de 2003, p. 23.

[4] CASES, José Maria Trepat; AZEVEDO, Álvaro Villaça (coordenador). *Código Civil Comentado: arts. 693 a 817*. São Paulo: Atlas, 2003, p. 64.

[5] GOMES, Orlando. *Contratos*. 12ª edição. Rio de Janeiro: Forense, 1987, p. 374

[6] GHERSI, Carlos Alberto (1999: 104, t.2) *apud* CASES, José Maria Trepat; AZEVEDO, Álvaro Villaça (coordenador). *Código Civil Comentado: arts. 693 a 817*. São Paulo: Atlas, 2003.

[7] RIZZARDO, Arnaldo. *Contratos*. 3ª edição. Rio de Janeiro: Forense, 2004, p. 753.

que faça dele objeto de nova comercialização normalmente acompanhado de uma cessão de marca, treinamento sobre o produto negociado, etc.

Portanto, é preciso ressaltar que nos usos e costumes comerciais não se trata de uma simples revenda; ela vem acompanhada de outros fatores que caracterizam o tipo negocial. Para Claudinei de Melo: "é um acordo em que o fabricante, oferecendo vantagens especiais, compromete-se a vender, continuadamente, seus produtos ao distribuidor, para revenda em zona determinada".[8] Também, alude Humberto Theodoro Junior: "contratos de distribuição, todavia, não são sinônimos de contratos de revenda de mercadorias. Configuram um gênero no qual se inserem vários tipos negociais todos voltados para a chamada colaboração empresarial".[9]

Teorica ou idealmente, adiciona Silvio Venosa: "o distribuidor deve gozar de independência e autonomia, pois conduz o negócio próprio e assume os respectivos riscos (art.713). Pode o legislador estabelecer normas específicas para a distribuição de determinados produtos, como combustíveis, por exemplo, que exigem requisitos de segurança que devem ser obedecidos".[10]

Entretanto, essa caracterização doutrinária de fato depende muito da estrutura de mercado. Se se tratar de um mercado oligopolizado dificilmente haverá total independência do distribuidor, tratando-se normalmente de uma forma de verticalização da cadeia produtiva (ditos acordos verticais no direito antitruste). Tanto que se trata de uma modalidade contratual regulada por diretiva da União Européia sob a perspectiva antitruste datada de 1996. Igualmente já teve sua licitude julgada no CADE e no Poder Judiciário como será citado abaixo.

A nova legislação civil inseriu uma referência à distribuição em seu artigo 710,[11] *in verbus*: "pelo contrato de agência, uma pessoa assume, em caráter não eventual e sem vínculo de dependência, a obrigação de promover, por conta de outra, mediante retribuição, a realização de certos negócios, em zona determinada, caracterizando-se a distribuição quando o agente tiver à disposição a coisa a ser negociada".

Esta referência legal à distribuição esconde um conflito de entendimentos: de um lado, aqueles que entendem ser um contrato autônomo (que veio tipificar o instituto já utilizado no meio empresarial); do outro, apenas uma subespécie do contrato de agência.

Nessa segunda linha de entendimento, estão aqueles que defendem que, além do contrato de representação comercial ser denominado agora de contrato de agência, também, em determinadas circunstâncias, passa a se chamar de distribuição, sem confundir com a concessão comercial (em que ocorre uma revenda),

---

[8] MELO, Claudinei de Melo. *Contrato de Distribuição*. São Paulo: Saraiva, 1987.

[9] THEODORO JÚNIOR, Humberto. *Ob. Cit.* p. 37.

[10] VENOSA, Sílvio de Salvo. *Direito Civil: contratos em espécie*. 4ª edição. São Paulo: Atlas, 2004 p. 646.

[11] Lei 10.406 de 10 de janeiro de 2002 – Código Civil. Disponível em: <*https://www.planalto.gov.br/*>.

uma vez que o agente-distribuidor vende os produtos em nome e por conta do preponente.[12]

Esses mesmos autores defendem, portanto, que o art. 710 do Código Civil dispõe sobre uma modalidade única de contrato – agência e distribuição – sendo a distribuição, no máximo, apenas uma subespécie da agência. Paradigmático nesse sentido é o posicionamento de Humberto Theodoro Júnior: "Mas, além de falar em 'contrato de agência', o Código fala também em 'contrato de agência e distribuição'. Não são, porém, dois contratos distintos, mas o mesmo contrato de agência no qual se pode atribuir maior ou menor soma de funções ao preposto".[13] Complementando, o Autor Carlos Roberto Gonçalves diz que "o aludido diploma os distingue pelo fato de, no primeiro, não ter o agente a disposição da coisa a ser negociada".[14]

No mesmo diapasão estão Paula Forgioni e Maria Helena de Diniz:

> (...) A primeira vista, a polissemia do termo *distribuição* pode levar à conclusão de que os art. 710 e seguintes do CC teriam tipificado o negócio. Essa assertiva seria, contudo, incompatível com a natureza do contrato de distribuição (= concessão comercial), bem como com nossa tradição doutrinária e jurisprudencial. A despeito da confusa redação, é possível concluir que a hipótese normativa do art. 710 prevê dois tipos de contratos de agência (ou seja, de representação comercial) (i) o contrato de agência *puro*, em que o representante agencia as vendas em nome e por conta do representado e (ii) o contrato de *agência-distribuição*, contemplando as hipóteses em que o representante tem à sua disposição a coisa a ser negociada (por exemplo, é mandatário de representado ou tem em seu poder a coisa, para posterior tradição ao eventual adquirente). A *distribuição, no sentido que lhe empresta o Código, é uma espécie de agência.*[15]
>
> (...) É uma espécie de contrato de agência, mas dele se distingue, visto que, na distribuição, o fabricante vende o produto ao distribuidor, para posterior revenda, e na agência o fabricante vende o produto diretamente ao consumidor, por meio da intermediação do agente. Além disso, o agente age em nome e por conta da empresa agenciada, e, na distribuição, o distribuidor age por conta própria, adquirindo o produto do fabricante para revendê-lo no mercado consumidor.[16]

Em contraposição a este posicionamento, há o entendimento de que o contrato de distribuição é um instituto jurídico único, diferente do contrato de agência, pois se fossem iguais não haveria necessidade de transformação de um para o outro, conforme aludem os autores Waldirio Bulgarelli[17] e Araken de Assis,[18] acrescentando, ainda, que a agência transforma-se em distribuição no momento em que o agenciado põe à disposição do agente a coisa a ser comercializada por meio normalmente de um contrato de compra e venda de mercadorias (se a mercadoria for entregue em confiança ao comerciante o contrato será o de concessão mercantil).

---

[12] THEODORO JÚNIOR, Humberto. *Ob. cit.*, p. 24.

[13] Ibem idem, p. 22-40.

[14] GONÇALVES, Carlos Roberto. Ob. Cit. p. 438.

[15] FORGIONI, Paula A. *Contrato de Distribuição*. São Paulo: Editora Revista dos Tribunais, 2005, p. 111.

[16] DINIZ, Maria Helena. *Tratado teórico e prático dos contratos*. Volume 3 São Paulo: Saraiva, 2002, p. 456.

[17] BULGARELLI, Waldirio. *Contratos Mercantis*. 13ª ed. São Paulo: Saraiva, 2002, p. 455.

[18] ASSIS, Araken de. *Contratos Nominados*. São Paulo: Revista dos Tribunais, 2005, p.204.

No mesmo diapasão, Rizzardo,[19] segundo o qual o contrato de distribuição é figura jurídica distinta do contrato de agência no Código Civil. Além disso, complementa dizendo que o legislador agiu bem em tipificá-los juntos, no entanto, foi inconveniente ao não dar maior detalhamento aos dispositivos reguladores de cada um.[20]

No direito comparado da *common law* norte-americana a distribuição é uma relação fiduciária regulada pelas normas de *agency law,* não recebendo tratamento diferenciado de outras modalidades de *agency* – muito menos dentro de um aspecto protetivo do distribuidor. Já o *Uniform Commercial Code* (UCC) dos Estados Unidos estipulada no parágrafo 306 do artigo 2º uma distinção entre *output contract* (compra de toda a produção de uma fábrica) e *requirement contract* (compra da produção de uma fábrica à medida que se tornar necessária), podendo ou não estes negócios ser estipulados com exclusividade.

1.2. A jurisprudência do TJRS

A despeito da discussão doutrinária, a jurisprudência (*law in action*) já vem consolidando seu posicionamento no decorrer dos anos. Antes do Código Civil, reputava o contrato de distribuição atípico e diferenciado da agência (ou representação comercial) justamente por envolver, entre outras coisas, a compra e revenda da mercadoria negociada:

> APELAÇÃO CÍVEL. AÇÃO DE INDENIZAÇÃO EM FACE DA RESCISÃO UNILATERAL DE CONTRATO COMPLEXO E ATÍPICO DE DISTRIBUIÇÃO DE REFRIGERANTES CELEBRADO DE FORMA VERBAL. "O contrato de distribuição é aquele mediante o qual o fabricante obriga-se a vender, continuamente ao distribuidor, que se obriga a comprar, com vantagens, produtos de sua fabricação, para posterior revenda em zona determinada" (Claudinei de Melo, in "Contrato de Distribuição", Saraiva, 1987, Pag. 29). O contrato de distribuição não se confunde com o de representação comercial, regulamentado pela Lei n.º 4886/65, que diz respeito a "mediação para realização de negócios mercantis", seja, ao agenciamento de "propostas e pedidos, para transmiti-los aos representados, praticando ou não atos relacionados com a execução dos negócios", na dicção do art. 1º da citada Lei. Sendo claro e insofismável a distinção entre distribuição e representação comercial, refoge a competência das colendas câmaras separadas que compõem o Egrégio 8 Grupo Cível para o exame da matéria, ex VI do disposto no art. 11, inc-VIII, alínea "E", da resolução n.º 1/98. Competência declinada. Unânime. (Apelação Cível N.º 599381472, Décima Quinta Câmara Cível, Tribunal de Justiça do RS, relator: Des. Otávio Augusto de Freitas Barcellos).
>
> CONFLITO DE COMPETÊNCIA. CONTRATO DE DISTRIBUIÇÃO DE BEBIDAS. MATÉRIA DE DIREITO PRIVADO NÃO ESPECIFICADO. O contrato de distribuição de bebidas não se confunde com o de representação comercial. Neste o representante agencia propostas ou pedidos de interessados em negociar com o representado, enquanto, naquele o distribuidor compra mercadorias do fabricante para posterior revenda. Tratando-se de contrato não especificado no art 11 da Resolução 01/98, a matéria caracteriza-se como de direito privado não-especificado, aplicando-lhe a regra do art 11, par-2, da Resolução 01/98, que atribui a competência a uma das Câmaras integrantes do 3º, 5º, 6º, 7º, 8º, 9º E 10º Grupos Cíveis. Procedência do conflito negativo" (Conflito de Competência, N.º 70003993516, Tribunal Pleno, Tribuinal de Justiça do RS, relator: Des. Élvio Schuch Pinto).

[19] RIZZARDO, Arnaldo. Ob. cit., p. 753.

[20] CASES, José Maria Trepat; AZEVEDO, Álvaro Villaça (coordenador). Ob. cit., p. 64.

EMENTA: AÇÃO DE RESCISÃO CONTRATUAL C/C INDENIZATÓRIA. DISTRIBUIÇÃO COMERCIAL. COMPETÊNCIA INTERNA. Objeto da presente demanda é o *contrato de distribuição de mercadorias, que por certo não se confunde com o de representação comercial*, matéria de competência exclusiva desta câmara especializada. distribuição comercial é matéria classificada como direito privado não especificado, segundo precedentes do órgão especial e pleno desta corte. declinaram da competência. (*grifo nosso*) (Apelação cível N.º 70013424205, Tribunal de Justiça do RS, relator: Des. Ergio Roque Menine)

APELAÇÃO CÍVEL. AÇÃO DE COBRANÇA. REPRESENTAÇÃO COMERCIAL E DISTRIBUIÇÃO. COMISSÃO SOBRE A AQUISIÇÃO FEITA EM NOME PRÓPRIO. IMPOSSIBILIDADE. As aquisições feitas em nome próprio, na qualidade de distribuidora, devem ser remuneradas exclusivamente pelo valor acrescido à mercadoria no momento da revenda. *Parcelas indenizatórias. Rescisão desmotivada. Como as relações de* representação comercial e de distribuição mantidas entre as partes são regidas por regras distintas e recebem remuneração diferenciada, *não há como considerar que a inadimplência da demandante, atuando como distribuidora, seja configuradora de justa causa para a rescisão do contrato de representação comercial. Portanto, como a demandada baseou a dispensa da demandante na justa causa e esta não restou configurada, são devidas à representante as parcelas indenizatórias previstas nos arts. 27, "j" e 34 da Lei nº 4.886/65, com as alterações introduzidas pela Lei nº 8.420/92. Recurso adesivo. Honorários sucumbenciais arbitrados de acordo com as diretrizes do art. 20, §§ 3º e 4º, do Código de Processo Civil. Deram parcial provimento ao apelo r negaram provimento ao recurso adesivo.* (grifo nosso) *(Apelação Cível N.º 70008130759, Tribunal de Justiça do RS, relator: Des. Ergio Roque Menine)*

Esse, aliás, é um antigo entendimento do Tribunal Gaúcho, tanto que o então Des. Ruy Rosado de Aguiar Júnior, ao decidir a situação ocorrida na apelação cível n° 590017778, da 5ª Câmara Cível, acórdão publicado na Revista de Jurisprudência do Tribunal de Justiça do Estado do Rio Grande do Sul, pág. 549 esclarece:

(...) É preciso, nos autos, distinguir entre as diversas figuras que, sendo afins, apresentam características assemelhadas à que interessa para o caso. O representante comercial, o revendedor, o mandatário mercantil, o concessionário, o agente, não se confundem com o distribuidor, categoria a que pertence a autora. Distribuidor é o que age em nome próprio, na intermediação entre o produtor e o varejista, de produtos de menor sofisticação, especialmente no ramo dos produtos alimentícios, bebidas, cigarros, gasolina, os quais são adquiridos do fabricante e revendidos, mediante remuneração pelo lucro decorrente da diferença do preço entre o que paga aos produtos e o que recebe do seu comprador, normalmente ambos fixados pelo fabricante.

(...); também se distancia da representação, onde o representante age em nome do representado e recebe comissão; da agência, cuja a característica está em convencer o cliente a celebrar o negócio com a empresa; da comissão mercantil, que é um mandato sem representação, agindo em nome próprio, mas por conta de terceiros.(...)

Contudo, sobre a polêmica acerca antes citada sobre o sentido do art. 710 do Código Civil, o TJRS exarou entendimento já citado na introdução no sentido de ter o legislador tratado sim da distribuição de forma diferenciada da agência e, portanto, tornando-o um contrato típico:

CONTRATO DE DISTRIBUIÇÃO DE BEBIDAS. CONCESSÃO MERCANTIL OU DISTRIBUIÇÃO. ANÁLISE DO CONTRATO FRENTE AO NOVO CÓDIGO CIVIL. PRELIMINARES: NEGATIVA DE PRESTAÇÃO JURISDICIONAL, CERCEAMENTO DE DEFESA. NULIDADE DA SENTENÇA POR AUSÊNCIA DE FUNDAMENTAÇÃO E DISPOSITIVO. DEFEITO DO RELATÓRIO. AUSÊNCIA DE AUDIÊNCIA PRELIMINAR E DESPACHO SANEADOR. PRINCÍPIO DA IDENTIDIADE FÍSICA DO JUIZ. RESILIÇÃO DE CONTRATO NA MODALIDADE DENÚNCIA. BOA-FÉ OBJETIVA. Os *contra-*

tos de distribuição, modernamente chamados de contratos de colaboração, *até o advento do Novo Código Civil, eram totalmente atípicos* e resultavam da premente expansão econômico-industrial e da adoção sistemática de processos de terceirização no tráfico negocial. Contrato que pode se caracterizar pela superioridade do fabricante frente ao distribuidor, porquanto aquele detém o *know-how* sobre a matéria. Necessidade da análise pormenorizada de cada caso concreto, a fim de identificar eventual abuso de direito. *A existência de uma integração entre fabricante e distribuidor, não implica na perda de sua autonomia.* O rompimento do vínculo contratual deve obedecer determinados requisitos, a fim de que o distribuidor consiga amortizar os custos do negócio, o que decorre da aplicação do princípio da boa-fé objetiva, mormente o de corresponder à legítima expectativa da outra parte. Impossibilidade de o distribuidor pleitear indenização decorrente da ruptura do contrato se foi sua a iniciativa da denunciação. Presume-se que ao assim agir o denunciante procedeu ao cálculo do capital investido e aceitou os riscos de tal decisão. Impossibilidade do contrato de distribuição ser considerado como de adesão, pois contrato em que a liberalidade mostra-se patente, ou seja, a parte opta por realizar ou não negócio, sujeitando-se as regras do mercado. Inexiste, pois, uma necessidade de contratar. Afastada, de igual forma, a pretensão do distribuidor de ver-se restituído pelas despesas com publicidade. Hodiernamente, tornou-se comum grandes empresas lançarem mão da padronização de seus produtos, a qual engloba tanto técnicas de venda como o próprio *marketing*, fato que decorre das exigências do mercado. Tendo o distribuidor contribuído com despesas a esse título não lhe é lícito exigir a restituição desses valores, pois auferiu lucros de tais práticas que visam, nada mais, que o convencimento do público consumidor das qualidades do produto, *in casu*, dos produtos Antarctica. *Afastamento da aplicação da Lei Ferrari – Lei n.º 6.729/79, que dispõe tão somente sobre a concessão de veículos automotores em via terrestre.* Preliminares afastadas, apelo improvido. (*grifo nosso*) (Apelação Cível n.º 70000945790, Tribunal de Justiça do RS, relator: Des. Luiz Lúcio Merg).

O caso em exame tratava de uma empresa do interior do Rio Grande do Sul destinada ao comércio de bebidas que celebrou contrato de revenda com a empresa Indústria de Bebidas Antártica Polar Ltda. em 1985 e que moveu uma ação depois de dez anos de relacionamento comercial para buscar indenização por alegadas abusividades ocorridas ao longo deste período como a cobrança de verbas de publicidade, entre outras.

Ao tratar do caso, o relator claramente considerou este tipo de relação como de distribuição, caracterizando-a como típica porque regulada a partir do art. 710 do CC, como demonstra a seguinte passagem:

Note-se que o contrato em espécie, até o advento do Novo Código Civil, era totalmente atípico, sendo que só recentemente recebeu tratamento na legislação, agora denominado de contrato de distribuição (nesse sentido art. 710 e ss do CC/03), o qual, diga-se, bem mais pertinente. Nesse contrato *os produtos são transferidos à esfera patrimonial do distribuidor, de modo que o cliente com ele contrata a aquisição da coisa, e não com o proponente. A remuneração que lhe advém não é uma comissão, mas o lucro proveniente da diferença entre o preço de compra e o preço de revenda. (...)* Como já dito, até o advento do Novo Código Civil Brasileiro, o contrato era atípico, recebendo interpretação que resultava da conjugação de vários elementos constantes em diversos outros contratos nominados, mormente, na essência, o de compra e venda.

O fato, *in casu*, é anterior ao novel Código, o que em nada interfere na espécie, porquanto a figura contratual continua a mesma. Ou seja, salvante a disposição sobre a facultatividade da exclusividade na contratação (atualmente regulado no art.710 do CCB) não há diferença no tratamento dado ao antigo contrato de concessão mercantil e ao novel contrato de distribuição.

Portanto, a partir desse *leading case*, pode-se entender que a compra de mercadorias para posterior revenda, acompanhada normalmente da cessão da marca do fabricante, é regulada pelo Código Civil, devendo as partes atentar para seus dispositivos que alocam direitos e obrigações às partes contratantes, partindo de uma premissa de proteção da parte mais fraca na relação que é o distribuidor. Associado a isso, toda a principiologia dos contratos é, portanto, aplicável à distribuição. Desse modo, torna-se inócua do ponto de vista pragmático e legal, a distinção entre distribuição e concessão mercantil como o próprio relator conclui no trecho reproduzido acima.

2. Formação e estrutura obrigacional do contrato no novo Código Civil

2.1. Forma

Como os artigos 710 e seguintes não exigem forma especial, a formação do contrato de distribuição torna-se perfeito quando há o consenso entre as partes e respeitado os requisitos que o art. 104 do Código Civil impõe: agente capaz; objeto lícito, possível, determinado ou determinável; e, forma prescrita ou não defesa em lei (arts. 107 e 166).

O contrato de distribuição, portanto, não requer a formalidade escrita. Com isso, a manifestação da vontade das partes está cada vez mais atrelada à nova era da economia globalizada, admitindo a assinatura virtual através de e-mails e ainda contratação via telefone. Hoje, o direito está mais flexível e adaptável a mudanças, fator preponderante para as empresas estabelecerem as relações contratuais que, apesar de prevalecer a liberdade contratual, sobre restrições apenas em virtude da ordem pública – representada pelo interesse social nas relações jurídicas.[21]

2.2. Obrigações das partes de acordo com o novo Código Civil

2.2.1. Do fabricante

O fabricante tem o dever de fornecer periodicamente as mercadorias estipuladas previamente, respeitando a quota e as condições definidas previamente. Não havendo metas, o fabricante deve agir com prudência e razoabilidade no sentido de se preparar para o que seria razoavelmente esperado de sua produção no local e na época contratada.

O fabricante deverá, ademais, respeitar a cláusula de exclusividade, sem nomear outro distribuidor na mesma zona, se houver a previsão desta cláusula ou mesmo no seu silêncio no instrumento contratual.[22]

O Novo Código Civil dispõe do dever do fabricante pagar a remuneração ao distribuidor quando ocorre a invasão de território (art. 714) – surgirá o direito do

[21] WALD, Arnaldo. *O Novo Código Civil e o Solidarismo Contratual.* Revista de Direito Bancário, do Mercado de Capitais e da Arbitragem – 21 s/ data p. 19.

[22] DINIZ, Maria Helena. Ob. cit., p. 458.

distribuidor pleitear indenização pelos prejuízos decorrentes das vendas efetuadas na sua zona de atuação, através do próprio fabricante ou de outro intermediário. Veja-se nesse sentido a seguinte jurisprudência do TJRS:

> APELAÇÃO CÍVEL. AÇÃO ORDINÁRIA DE INDENIZAÇÃO. DISTRIBUIÇÃO DE BEBIDAS. A venda direta da fabricante na zona de atuação da distribuidora é causa eficiente para a rescisão do contrato entretido entre as partes. Indenização limitada ao fundo de comércio, danos emergentes efetivamente demonstrados e lucros cessantes com base em lucro líquido. Recurso provido, em parte. (Apelação cível N.º 70006532626, Tribunal de Justiça do RS, relator: Des. Ricardo Raupp Ruschel)

O fabricante deve também observar seus deveres de conduta, chamados contemporaneamente de "deveres anexos", que acompanham as relações contratuais em geral. Trata-se de não danificar o patrimônio do próximo, de não obstruir ou impedir que a outra parte cumpra sua obrigação, de ser leal e respeitar o outro (art. 715 NCC). Em suma, cooperar, na medida do possível, com a consecução do programa contratual.

2.2.2. *Do distribuidor*

Tem o dever de revender os produtos, pagando ao fabricante o respectivo preço, ajustado naquela data. Também, resguardar e conservar os bens estão envolvidos na relação, por sua conta e risco.[23]

O art. 712[24] do Código Civil aduz que o distribuidor, além da repercussão econômica vislumbrada, deverá exercer com diligência, zelo, dedicação e observância as instruções recebidas do proponente, que podem consistir, segundo José Maria Trepat Cases,[25] em: assiduidade na visitação dos clientes; agilidade na transmissão de informações; abstenção de praticar atos que possam denegrir o proponente ou seus produtos; probidade na prestação de contas; cuidados na preservação e estocagem dos produtos distribuídos, entre tantos outros. Qualquer inobservância poderá ensejar a resolução do contrato por justa causa, se praticados com culpa do distribuidor.

O art. 713[26] do novo Código Civil estipula que as despesas derivadas da distribuição, isto é, do próprio negócio, ficam por conta do distribuidor (a não ser que as partes dispuserem ao contrário), uma vez que o exercício da distribuição é feito sem vínculo de dependência. Isto inclui os gastos de propaganda, de pagamento dos salários aos seus funcionários, de aluguel, de combustível, de transporte e outros.

---

[23] BITTAR, Carlos Alberto. *Ob. cit.* p. 78.

[24] Art 712 da Lei 10.406, de 10 de janeiro de 2002: o agente, no desempenho que lhe foi cometido, deve agir com toda diligência, atendo-se às instruções recebidas do proponente.

[25] CASES, José Maria Trepat; AZEVEDO, Álvaro Villaça (coordenador). Ob. cit., p. 74 e 76.

[26] Art 713 da Lei 10.406, de 10 de janeiro de 2002: salvo estipulação diversa, todas as despesas com a agência ou distribuição correm a cargo do agente ou distribuidor.

2.2.3. Exclusividade

A palavra "exclusividade" é usada no contrato de distribuição para designar um dever entre as partes, tanto do fabricante de não nomear outros distribuidores na mesmo território de atuação quanto do distribuidor de não atuar em favor de mais de uma empresa fabricante. A exclusividade, pelo Novo Código Civil, é presumida, salvo acordo entre as partes.[27] É o que preceitua o art. 711, *in verbis*: *salvo ajuste, o proponente não pode constituir, ao mesmo tempo, mais de um agente, na mesma zona, com idêntica incumbência; nem pode o agente assumir o encargo de nela tratar de negócios do mesmo gênero, à conta de outros proponentes.*

Tem-se, primeiramente, como determinação de território, isto é, a divisão de mercados entre os distribuidores, tendo desta maneira uma área especifica para atuação e garantia que não haverá outros de mesma natureza. Também, é uma forma para que os distribuidores tenham direito à retribuição pelos negócios praticados diretamente pelo proponente em sua zona de atuação. Decorrente de tal fato, os atos praticados por outro distribuidor da mesma rede, na zona exclusiva, implicarão indenização por perdas e danos ao distribuidor que tiver sua territorialidade invadida.[28]

Outra hipótese é a obrigação do distribuidor ficar adstrito a comprar o produto de um único fornecedor (ou por ele indicado), isto é, exclusividade de provisionamento.

O autor Claudineu de Melo acrescenta sobre a exclusividade:

> Se for estabelecida a exclusividade pelo fabricante, ela estender-se-á a toda rede de distribuição indistintamente; se for imposta aos distribuidores a exclusividade de aprisionamento, em benefício do fabricante, decorrerá àqueles o direito à área demarcada exclusiva.[29]

A autora Paula Forgioni elucida de forma bastante clara esta questão:

> (...) Enfim, temos que a exclusividade pode significar:
>
> - obrigação do distribuidor de comercializar apenas os produtos fabricados pelo fornecedor (i.e., obrigação de abstenção de comercializar produtos concorrentes);
>
> - obrigação do distribuidor de comercializar apenas produtos adquiridos de terceiros indicados pelo fabricante (também há, nesta hipótese, a obrigação de abstenção de comercializar produtos concorrentes);
>
> - obrigação do distribuidor de não comercializar quaisquer outros produtos, mesmo que não concorrentes com aquele objeto do contrato de distribuição;
>
> - obrigação do fornecedor de vender sua produção exclusivamente por intermédio do distribuidor (imposição comum quando se trata do sistema de distribuição no grande varejo);
>
> - direito do distribuidor de ser o único a comercializar o produto distribuído em determinada área (ou em relação a determinados consumidores).[30]

---

[27] CASES, José Maria Trepat; AZEVEDO, Álvaro Villaça (coordenador). *Ob. Cit.*. p. 71

[28] *Ibem idem* p. 71

[29] MELO, Claudinei de. *Ob. cit.* p. 42

[30] FORGIONI, Paula A. *Ob. cit.* p. .252-253. FIGUEIREDO, D. *Lições de Direito Econômico*. Rio de Janeiro: Forense, 2005, p. 267.

Dessa cláusula de exclusividade decorrem importantes decorrências frente à legislação antitruste (já que se trata de um acordo vertical). Dependendo de seus efeitos no mercado, à luz da razoabilidade, como já julgou o CADE e o STJ (Voto Vista Min. Nancy Andrighi, RESP 261-155) poderá uma determinada cláusula de exclusividade ser justificada ou não em um determinado mercado relevante do produto.[31]

Neste sentido, Berle Jr. esclarece a questão envolvendo a distribuição e a venda de gasolina, em sua obra focada para impedir o domínio de monopólios, com submissão de pequenas empresas a incorporações:

> (...) Tampouco poderemos deixar de nos estender além da simples aritmética dos bens realmente de propriedade das empresas. O impacto exercido por muitas empresas – a GM, por exemplo, ou as grandes companhias de petróleo – ultrapassa de muito os respectivos limites patrimoniais. Existem, por exemplo, em estimativa sumária, cerca de três bilhões de dólares investidos em garagens e instalações de serviço de propriedade dos chamados "pequenos" empresários com contratos de agência firmados com os principais fabricantes de automóveis. Os donos são pequenos empresários independente, que embora rotulados de *corporation*, não são evidentemente nenhuma grande empresa. Nominalmente são independentes. Mas as suas normas de procedimento, seus métodos de operação, e em grande parte os seus preços, são estabelecidos pela companhia cujos carros vendem. O mesmo procede quanto ao "pequeno comerciante" que é "dono" de um posto de abastecimento de gasolina. A faculdade de que dispõe uma grande empresa quanto a decidir e dirigir operações transcendente ás limitações do exercício normal do direito de propriedade. O seu poder se projeta além do alcance real de sua firma – na verdade, vai muito mais longe, embora uma estimativa estatística quanto à extensão do âmbito dessa influência ainda não exista. Há outros métodos menos espetaculares, talvez, por meio dos quais o poder de um organismo central poderá transpor os limites normais de propriedade – citemos, por exemplo as patentes do propriedade industrial.

Infelizmente, os operadores do Direito raramente trabalham sob a perspectiva do direito antitruste, restringindo à análise à pura dogmática civil da validade da cláusula:

> CIVIL. CONTRATO. DISTRIBUIÇÃO. EXCLUSIVIDADE. PROVISÃO E FORNECIMENTO. cláusulas autônomas. DESCUMPRIMENTO. RUPTURA. CONDIÇÕES FORMAIS. PRÉ-AVISO. PRAZO. A exclusividade, embora constituindo um dos elementos mais peculiares aos contratos de distribuição, pode não se apresentar em todos os casos, como sucede na estipulação da denominada cláusula "d'agréation" (mediante a qual o distribuidor está autorizado, por suas aptidões comerciais e técnicas, a revender determinada marca, sem vedação da revenda de outros produtos). De qualquer sorte, convencionada a exclusividade de provisão e revenda, ainda que sem a correspondente exclusividade do fornecimento, a revenda de produtos similares pelo distribuidor, na área de atuação convencionada, implica descumprimento de cláusula central, legitimando a rescisão. Conquanto motivada, a ruptura sem forma e pré-aviso com prazo suficiente para evitar hiato na atividade comercial da distribuidora caracteriza abuso, e gera responsabilidade do fornecedor pelos danos correspondentes. Sentença Parcialmente Reformada. (Apelação Cível N.º 70001782440, Tribunal de Justiça do RS, relatora: Desa. Mara Larsen Chechi)
>
> RESPONSABILIDADE CIVIL. INDENIZAÇÃO POR PERDAS E DANOS. CONTRATO DE DISTRIBUIÇÃO DE BEBIDAS. ROMPIMENTO. QUEBRA DA EXCLUSIVIDADE. Havendo contrato verbal de distribuição de bebidas entre as partes, tendo, a ré, quebrado a exclusividade da autora, vendendo os produtos diretamente para os supermercados, a preço inferior, deve indenizar os

[31] Para uma crítica dessa cláusula, ver JUNIOR, Berle. *Apud* SIQUEIRA, Tânia Bahia Carvalho. *Cláusula de exclusividade nos contratos empresarias*. RT – 804, outubro de 2002, p. 66.

prejuízos causados, relativo ao que a distribuidora perdeu ou deixou de ganhar. Inadimplência da distribuidora que não pode servir de justificativa para o rompimento contratual. Ressarcimento pela cobrança indevida de frete, porquanto realizado pela própria distribuidora, contudo, atinente ao período comprovado nos autos. Redução da margem de lucro que não pode ser imputada à ré. Pleito de reembolso do valor equivalente aos vasilhames descabido, na medida em que faziam parte da necessária infra-estrutura para desenvolvimento da atividade comercial. Agravo retido não conhecido, apelação da autora desprovida e recurso da ré provido em parte. (Apelação Cível N.º 70011449097, Tribunal de Justiça do RS, relator: Des. Leo Lima)

3. Extinção do contrato de distribuição

Como reflexo da aplicação do Código Civil, o contrato de distribuição, como qualquer outro, fica sujeito às mesmas hipóteses de extinção do vínculo contratual, a saber: adimplemento, nulidade ou anulabilidade, distrato, além das hipóteses que mais interessam aqui (porque geradoras de maior discussão nos tribunais), a resilição unilateral (ou denúncia) e a resolução por inadimplemento. Portanto, as questões controvertidas sobre extinção contratual derivarão do texto da lei e sua aplicação pelos tribunais.

3.1. Resilição unilateral ou denúncia

Estabelece o art. 473 do novo Código Civil que a resilição unilateral – extinção do contrato por declaração de vontade da parte que não tem mais o interesse em continuar no vinculo contratual – far-se-á por denúncia à outra parte, por meio de notificação.[32]

a) Prazo determinado:

No contrato por prazo determinado, opera-se a regra do princípio *pact sunt servanda*, isto é, o prazo entabulado no contrato deve ser respeitado pelas partes, uma vez que elas o convencionaram livremente. Logo, não caberia, em princípio, denúncia nos contratos por tempo determinado, conforme esclarece o autor Orlando Gomes.[33]

Não parece, no entanto, contrário à legislação civil que as partes estipulem no mesmo instrumento que apesar do prazo entabulado, qualquer uma poderá denunciar o contrato a qualquer tempo sem qualquer ônus ou responsabilidade financeira. Nesse diapasão,a resilição unilateral neste tipo de contrato pode ser feita perfeitamente, se cumprida a exigência de notificação prévia estipulada anteriormente no contrato, em cláusula expressa.[34]

[32] CASES, José Maria Trepat; AZEVEDO, Álvaro Villaça (coordenador). Ob. cit., p. 91.

[33] GOMES, Orlando. Ob. cit., p. 190.

[34] GONÇALVES, Carlos Roberto. Ob. cit., p. 439.

Basta que se veja o teor do art. 473 do Código Civil que dispõe: "resilição unilateral, nos casos em que a lei expressa ou implicitamente o permita, opera mediante denúncia notificada à outra parte".

Mas há uma ressalva ao exercício deste direito que é o desequilíbrio econômico gerado em alguns casos de exercício da denúncia antes da recuperação do investimento feito, que é exatamente o teor do parágrafo único do mesmo art. 473: "se, porém, dada a natureza do contrato, uma das partes houver feito investimentos consideráveis para a sua execução, a denúncia unilateral só produzirá efeito depois de transcorrido prazo compatível com a natureza e o vulto dos investimentos".

Portanto, existe um controle sobre o exercício do direito de denúncia que é o requisito de que o distribuidor tenha já recuperado o investimento realizado no negócio.

Podem-se imaginar dois mecanismos processuais de proteção deste direito pelo distribuidor: uma ação cautelar para manter o contrato ou uma ação indenizatória pela ruptura abrupta do negócio.

Como se demonstrará no item a seguir, essa medida cautelar de manutenção do contrato deveria ser evitada, pois pode dar margem a abusos de distribuidores para ficarem ligados ao fabricante durante toda a discussão do mérito da causa. Liminar de manutenção de contrato não é muito diferente no mundo real de uma liminar de manutenção de casamento (tende a ser ineficaz).

Daí a importância de se redigirem contratos precisos com a previsão do quanto foi investido pelo distribuidor e com o prazo necessário para recuperação dos investimentos. O direito de denúncia seria exercitável após o decurso desse período.

Se o Poder Judiciário não respeitar estes contratos detalhados e precisos, a alternativa será optar por uma cláusula arbitral, pois o árbitro tende a se ater à vontade das partes sem digressões sobre "justiça social" no âmbito empresarial.

b) Prazo indeterminado:

Neste caso, de "qualquer das partes poderá resolvê-lo, mediante aviso prévio de noventa dias, desde que transcorrido prazo compatível com a natureza e o vulto do investimento exigido do agente" (CC, art. 720). No caso de divergência entre as partes, "o juiz decidirá da razoabilidade do prazo e do valor devido" (parágrafo único).

O dispositivo faz menção ao prazo mínimo de 90 dias com o objetivo de recuperar o investimento feito no negócio. O melhor entendimento é o de que o conteúdo da norma é imperativo, ou seja, podem as partes prolongar esta data, se assim entenderem. Todavia, não poderá haver redução daquele prazo mínimo estipulado pelo Código.[35] O problema maior são contratos que não dispõe sobre este prazo ou quando ele não é respeitado.

Como dito acima, para evitar demandas de má fé de distribuidores que podem buscar o judiciário para manter o contrato até recuperarem o suposto investimento feito por força de liminar até julgamento do mérito – alegando que terão que fazer prova pericial perante o Poder Judiciário, que sabidamente leva muito tempo e atrasa o andamento do feito – ganhando com isso tempo, o melhor é redigir os contratos prevendo quanto foi realmente investido pelo distribuidor (para diminuir o risco de instrução probatória utilizada de má fé e igualmente para diminuir o risco de liminares de manutenção do contrato quando uma parte exercita seu direito de denúncia nos termos do contrato) e quanto tempo ele necessitará para recuperar investimentos, devendo ambas as partes serem assessoradas por profissionais (quem sabe até com cláusula arbitral para evitar delongas e o mau uso do processo pela parte). Veja-se o seguinte exemplo desse problema extraído da jurisprudência do TJRS:

> AGRAVO DE INSTRUMENTO. CONTRATO DE DISTRIBUIÇÃO. RESILIÇÃO UNILATERAL. CONTRATO VERBAL DE EXCLUSIVIDADE. ANTECIPAÇÃO DE TUTELA. PEDIDO SUCESSIVO. Uma vez admitida, pela agravante, a existência de contrato verbal de exclusividade com a agravada, com prazo indeterminado, e não tendo sido respondida a interpelação judicial que pretendia especificasse os motivos da notificação de denúncia, não é possível o provimento do agravo. Até porque, como a agravada atua como distribuidora exclusiva dos produtos da agravante, tal medida implicaria na própria cessação de suas atividades. O pedido sucessivo, de fixação de prazo para a vigência do contrato, também não é de prosperar, pois em discussão a própria viabilidade ou não do procedimento realizado pela agravante. Agravo desprovido. (Agravo de instrumento N.º 70014348783, Tribunal de Justiça do RS, relator: Des. Leo Lima)

Na segunda parte do artigo 720 citado, fala-se em prazo compatível com a natureza e o vulto do investimento, por óbvio o legislador contemplou, principalmente, o distribuidor, já que este realiza diversos investimentos para poder atuar conforme pactuado com o proponente. Por exemplo: aluguel de imóvel, publicidade do produto, contratação de funcionários, etc. Com isto, vedou-se a resilição por mera denúncia enquanto durar o período de amortização da dívida, salvo se este arcar com ressarcimento das despesas havidas.[36] Continuando esta idéia, Araken de Assis e Paula Forgioni denotam:

> (...) Fatalmente, a inevitável indeterminação do art. 720, caput, relativamente à noção de "prazo compatível" – e nenhum apriorismo resolveria a questão, haja vista a diversidade dos programas contratuais de cada agência –, provocará litígio entre os contratantes e, conseguintemente, controvérsias acerca do valor da indenização. Daí por que, redundantemente, o art. 720, parágrafo único, encarrega o órgão judiciário de estabelecer para cada caso concreto a razoabilidade do prazo e o valor da indenização. É evidente que a disposição legal não inibe as partes de confiarem o problema ao juízo arbitral ou à mediação.[37]

---

[35] CASES, José Maria Trepat; AZEVEDO, Álvaro Villaça (coordenador). Ob. cit., p. 92.

[36] Ibem idem, p. 92.

[37] ASSIS, Araken de. Ob. cit., p. 240.

(...) A atividade empresarial implica riscos, que não podem ser indevidamente neutralizados pelo ordenamento jurídico, sob pena de comprometermos o funcionamento do mercado. È incongruente com o sistema jurídico e econômico que a atribuição de estabilidade ao contrato de distribuição (derivada da obrigatoriedade de manutenção do vínculo durante o prazo mencionado no parágrafo único de art. 473 libere o distribuidor das áleas empresariais. Se assim fosse, o próprio mecanismo de distribuição indireta poderia ser engessado a ponto de se tornar opção menos econômica para o fornecedor (que arcaria com todos os riscos da atividade empresarial do distribuidor, caso decidisse exercer seu direito de denúncia); o preço de tal política seria pago não apenas pelo fabricante, mas por toda a sociedade. (...)

Por tudo isso, para fins de determinação do "prazo compatível com a natureza e o vulto dos investimentos" realizados pelo distribuidor, durante o qual o vínculo contratual perdurará mesmo após a denúncia, é preciso que sejam considerados os resultados da atividade econômica por ele empreendida. Não se trata de garantir ao revendedor, pura e simplesmente, o retorno integral do numerário investido, mas sim de evitar que a denúncia imotivada de fornecedor cause-lhe prejuízos não relacionados à álea normal do negócio.[38]

Desrespeitado o prazo de aviso prévio, alternativamente à manutenção do contrato, caberá pedido de indenização pelo distribuidor. Verifica-se nas decisões do Tribunal de Justiça (ainda sem levar em conta os dispositivos do Código de 2002, mas que já oferecem um indicativo) de que normalmente o Poder Judiciário tende a favorecer o distribuidor, considerado a parte mais fraca na relação (ausente um contrato mais detalhado):

AÇÃO DE INDENIZAÇÃO. CONTRATO DE DISTRIBUIÇÃO DE BEBIDAS. EXTINÇÃO DO CONTRATO DE FORMA IMOTIVADA. PRELIMINAR DE ILEGITIMIDADE ATIVA. INDENIZAÇÃO DOS LUCROS CESSANTES. RECOMPRA DE GARRAFAS. O contrato de distribuição de bebidas foi rompido bruscamente pela apelante, sem que fosse oferecido à autora prazo razoável para reorganização de sua atividade comercial, acarretando prejuízos de grande monta à demandante. Dever de indenizar. Não tem cabimento, descarte, a recusa da ré em recomprar os objetos adquiridos para a correta execução do contrato de distribuição. Afastada a preliminar, negaram provimento ao apelo. Unânime. (Apelação Cível N.º 70001768340, Tribunal de Justiça do RS, relator: Dra. Agathe Elsa Schmidt da Silva)

3.2. Resolução

É outra espécie de dissolução contratual. Ocasiona-se pela inexecução das obrigações; aqui, a desvinculação não se opera pela vontade das partes, mas sim pelo o descumprimento do contrato; daí não haver necessidade de "aviso prévio" para reorganização da atividade nem de indenização do distribuidor quando ele mesmo violou o pacto (já que a ninguém é dado beneficiar-se de sua própria torpeza).

Claro que quando há este inadimplemento, mesmo sendo ele resultado da vontade do contratante inadimplente, a outra parte pode preferir a execução específica em juízo à resolução, conforme a lei preceitua que "a parte lesada pelo inadimplemento pode pedir a resolução do contrato, se não preferir exigir-lhe o cumprimento, cabendo, em qualquer caso, indenização por perdas e danos" (CC,

[38] FORGIONI, Paula A. Ob. cit., p. 475-476.

art. 475).[39] Para Orlando Gomes, "resolução é, portanto, um remédio concedido à parte para romper o vínculo contratual".[40]

Denomina-se *rescisão* quando a dissolução é promovida pela parte prejudicada pela inexecução contratual.

A inexecução das obrigações poderá ser culposa ou involuntária. Nos dois casos, há o descumprimento do contrato, porém, as conseqüências se diferem conforme haja ou não culpa do contratante.[41] Assim, também ocorrem tais circunstâncias nos contratos de distribuição, interessando aqui aos propósitos deste artigo a primeira hipótese, mais comum no dia-a-dia dos negócios..

Tem por causa o inadimplemento do contrato por culpa de um dos contratantes. A parte adimplente pode sempre preferir a execução forçada do contrato à resolução. Todos os contratos bilaterais (incluindo o contrato de distribuição) possuem esta cláusula resolutiva, mesmo que implicitamente. Quando for implícita, é exigido por lei (CC, art. 474, *in fine*), a interpelação judicial.[42] Também, pode-se renunciar à prerrogativa de pleitear a resolução do contrato inadimplido, visto que esta matéria está inserida nos direitos disponíveis. Para ser válida a renúncia, deve manifestar-se de modo expresso.[43]

Do mesmo modo, completa Fábio Ulhoa Coelho:

> (...) Requisito insuperável para titular a pretensão de pleitear em juízo a resolução por inexecução culposa é encontrar-se o contratante *adimplente* com suas obrigações. Se os dois contratantes estão em mora e há cláusula resolutiva expressa no contrato, pode-se considerar titular da pretensão o que inadimpliu por último, em vista de a resolução operar de pleno direito nessa hipótese. Tirando ela, contudo, o inadimplemento acarreta a perda da pretensão de pleitear a resolução em demanda judicial. Resta ao contratante, se não tiver sido o primeiro a inadimplir, a alternativa da execução judicial do contrato.[44]

A resolução produz efeitos, e o principal é o de extinguir o contrato, com eficácia *ex nunc* – as prestações cumpridas não se restituem – quando se tratar de contratos de trato sucessivo (como o contrato de distribuição). Além disso, sujeita o inadimplente ao pagamento de indenização por perdas e danos.

No caso do contrato de distribuição, o art. 715[45] do Código Civil prevê que o fabricante que reduzir ou cessar o provisionamento de produtos ao agenciado, ao ponto de tornar o contrato antieconômico ou inexeqüível, deverá indenizá-lo por perdas e danos. Nesse caso, o inadimplemento obrigacional do fabricante poderá ensejar a resolução do contrato, com indenização.[46]

---

[39] COELHO, Fábio Ulhoa. Ob. cit., p. 116.

[40] GOMES, Orlando. Ob. cit., p. 206.

[41] COELHO, Fábio Ulhoa. Ob. cit., p. 117.

[42] Idem, Ibidem, p. 118-119.

[43] ASSIS, Araken de. Ob. cit., p. 31-36.

[44] COELHO, Fábio Ulhoa. Ob. cit., p. 119.

[45] Art. 715 da Lei 10.406 de 10 de janeiro de 2002: o agente ou distribuidor tem direito à indenização se o preponente, sem justa causa, cessar o atendimento das propostas ou reduzi-lo tanto que se torna antieconômica a continuação do contrato.

[46] CASES, José Maria Trepat; AZEVEDO, Álvaro Villaça (coordenador). Ob. cit., p. 79.

Conclusão

A conclusão fundamental proposta do presente artigo é que a jurisprudência do TJRS tende e mesmo deve se consolidar no sentido de que o art. 710 do Código Civil faz uma distinção entre o contrato típico de agência (ou representação comercial) e o de distribuição. Este último envolve compra e revenda de mercadorias continuada, normalmente associada a outros fatores como eventualmente treinamento, cessão de marca, etc.

A partir desse encaminhamento, os artigos 711 e seguintes se aplicam a todos os contratos de revenda de mercadorias que possam ser enquadrados dentro do arquétipo legal de distribuição, devendo as partes ter atenção para prever um mecanismo de extinção do contrato que estipule o aviso prévio necessário para recuperação do investimento feito pelo distribuidor em casos de denúncia (bem como sua distinção da resolução contratual por inadimplemento), além dos cuidados com a presunção legal em favor da exclusividade, entre outros listados no artigo.

Referência bibliográfica

AZEVEDO, Álvaro Villaça. *Contratos inominados ou atípicos.* São Paulo: Bushatsky, 1975.

——. *Validade de Denúncia em Contrato de Distribuição Sem Pagamento Indenizatório.* Revista dos Tribunais 737, março 1977

BITTAR, Carlos Alberto. *Contratos Comerciais.* 3ª ed. Rio de Janeiro: Forense Universitária, 2003.

BULGARELLI, Waldirio. *Contratos Mercantis.* 13ª ed. São Paulo: Saraiva, 2002.

CASES, José Maria Trepat; AZEVEDO, Álvaro Villaça (coordenador). *Código Civil Comentado: arts 693 a 817*, volume III. São Paulo: Editora Atlas, 2003.

COELHO, Fábio Ulhoa. *Curso de Direito Civil.* Volume 3 São Paulo: Saraiva

CORDEIRO, Antônio Manuel da Rocha e Menezes. *Da boa-fé no Direito Civil.* Lisboa: Coimbra, 1997.

DAIBERT, Jefferson. *Dos contratos : parte especial das obrigações.* 4ª ed. Rio de Janeiro: Forense, 1995.

DINIZ, Maria Helena. *Trato teórico e prático dos contratos.* 5ª ed. São Paulo: Saraiva, 2003. 3 v.

FARIA, Werter R. *Direito da concorrência e contrato de distribuição.* Porto Alegre: Fabris, 1992.

FORGIONI, Paula A. *Contrato de Distribuição.* São Paulo: Editora Revista dos Tribunais, 2005.

GOMES, Orlando. *Contratos.* 11. ed. Rio de Janeiro: Forense, 1986.

GONÇALVES, Carlos Roberto. *Direito civil barsileiro: contratos e atos unilaterias.* Vol. III São Paulo: Saraiva, 2004.

GONÇALVES, Priscila Brólio. *Fixação e sugestão de preços de revenda em contratos de distribuição – Análise dos aspectos concorrenciais.* São Paulo: Singular, 2002.

GUERREIRO, José Alexandre Tavares. *Aplicação analógica da lei dos revendedores.* Revista de Direito Mercantil 49/34, 1983.

LOBO, Jorge. *Contrato de "franchising".* 2ª ed. Rio de Janeiro: Forense, 2000.

MACEDO JR., Ronaldo Porto. *Contratos Relacionais e Defesa do Consumidor.* São Paulo: Max Limonad, 1998.

MARQUES, Cláudia Lima. *Contratos no Código de Defesa do Consumidor.* 2ª edição. São Paulo: Editora Revista dos Tribunais, 1995.

MARTINS-COSTA, Judith. *A boa-fé no direito privado: sistema e tópica no processo obrigacional.* São Paulo: Editora Revista dos Tribunais, 2000.

MELO, Claudineu de. *Contrato de Distribuição.* São Paulo: Saraiva, 1987.

MONTEIRO, Washington de Barros. *Curso de Direito Civil, Direito das Obrigações* 2° vol.

NEGRÃO, Ricardo. *Manual de Direito Comercial e de Empresa.* 3ª ed. São Paulo: Saraiva, 2003.

NUSDEO, Fábio. *Curso de economia. Introdução ao direito econômico.* São Paulo: Revista dos Tribunais, 1997.

REALE, Miguel. *Função Social do Contrato.* Artigo de 20.11.03, disponível em: *http://www.miguelreale.com.br/artigos/funsoccont.htm.*

RIZZARDO, Arnaldo. *Contratos.* 3ª edição. Rio de Janeiro: forense, 2004.

ROPPO, Enzo. *O Contrato.* Coimbra: Almedina, 1988.

SIQUEIRA, Tânia Bahia Carvalho. *Cláusula de exclusividade nos contratos empresarias.* RT – 804, outubro de 2002.

THEODORO JÚNIOR, Humberto. *Do Contrato de Agência e Distribuição no novo Código Civil.* Mundo Jurídico. Disponível em: *http://www.mundojuridico.adv.br/sis_artigos/artigos.asp?codigo=645* Acesso em: maio de 2006.

WALD, Arnaldo. *O Novo Código Civil e o Solidarismo Contratual.* Revista de Direito Bancário, do Mercado de Capitais e da Arbitragem – 21 s/ data.

— X —

ONGs e o terceiro setor: aspectos de direito privado[1]

Sumário: 1. Introdução; 2. O regramento legal das associações; 2.1. Estatuto social; 2.1.1. Administração; 3. Das relações entabuladas pela associação.

1. Introdução

Está hoje em voga no Brasil a organização da sociedade civil para prestação de serviços comunitários (como "CARE Brasil"[2]), para a proteção de direitos difusos ou coletivos (por exemplo o *Greenpeace,*[3] entre tantos outros), para campanhas de conscientização da população (por exemplo, o "GAPA – Grupo de Apoio à Prevenção da AIDS";[4] "Nuances", sobre questões sexuais[5]) e promoção e proteção dos direitos humanos (Anistia Internacional, *e.g.*). Estas entidades formadas no seio da sociedade civil são comumente chamadas de Organizações Não-Governamentais (ONGs), as quais funcionam como uma intermediária nas relações entre o Estado, sociedade civil e indivíduos, por isso sendo chamadas de

[1] Em co-autoria com CARLO ROSITO.

Artigo originalmente publicado na coletânea organizada por Cristiano Carvalho (org.) *Aspectos jurídicos do terceiro setor.*São Paulo: THOMSON/IOB, 2004

[2] "A CARE Brasil é uma OSCIP – Organização da Sociedade Civil de Interesse Público – de acordo com a Lei 9790 de 23.03.99, conhecida como Estatuto do 3.o Setor, através do processo n.o 08026.000586/2003-87 – publicado no Diário Oficial da União em 12.11.2003. *A CARE Brasil investe no desenvolvimento e fortalecimento local das comunidades onde atua, através de programas de educação, capacitação e geração de trabalho e renda.* É com o apoio de pessoas, de empresas e de governos que podemos gerar soluções duradouras e sustentáveis de combate à pobreza. A CARE Brasil atua nas zonas rurais e urbanas: *identifica uma comunidade, associa-se às organizações locais e, juntas, diagnosticam as causas da pobreza, avaliam os recursos disponíveis e elaboram um plano de ação.* Durante todo o processo, *avaliam o impacto* na qualidade de vida das famílias. Essas iniciativas promovem o aumento da auto-estima das pessoas, assim como a construção de novas perspectivas de futuro para estas famílias e futuras gerações.", extraído do *site http://64.29.218.115/?*

[3] ver *site* www.greenpeace.org.br.

[4] "O Grupo de Apoio à Prevenção da Aids do Rio Grande do Sul – GAPA/RS é uma entidade não governamental, autônoma e sem fins lucrativos. Temos como missão "Promover a redução da infecção pelo HIV através de ações de prevenção e lutar pela garantia dos direitos das pessoas atingidas pela epidemia da aids". Priorizamos a atuação em foruns e conselhos representativos da sociedade, utilizando mecanismos democráticos, para promoção da cidadania", extraído do *site* oficial www.gapars.com.br.

[5] "O NUANCES – grupo pela livre orientação sexual – é uma organização não governamental – ONG – que atua em Porto Alegre, RS, desde 1991, na informação, educação e defesa dos direitos civis, políticos e sociais de gays, lésbicas, travestis e transexuais", extraído do *site* www.nunces.com.br.

"terceiro setor" (já que não se trataria nem de um setor público, nem exatamente de um "setor privado").[6]

Os motivos do surgimento dessas ONGs são vários e não cabe aqui discuti-los, mas certamente a falência ou a inoperância do Estado no provimento de serviços assistenciais e básicos para a parcela mais carente da população serve, em parte, para explicar o problema. Um outro motivo, é o aumento da conscientização sobre a necessidade de proteção de recursos escassos como a água, o meio-ambiente, direitos humanos, etc. E, talvez, não fosse de ser excluído, também, um certo modismo importado dos Estados Unidos da América, ou, mesmo, um reflexo da globalização (muitas das ONGS mais atuantes no Brasil não são outra coisa senão o braço de entidades hoje internacionais, como algumas daquelas listadas anteriormente). Em todo caso, o que interessa aqui é o de procurar caracterizar juridicamente essas ONGs; vale dizer, perquirir da sua natureza jurídica, e, a partir daí, desvendar o seu regramento legal e suas implicações, especialmente no que tange à relação entre os integrantes da ONG (administração da entidade, exclusão de um integrante, por exemplo) – o que se fará no item 2 – e entre essa ONG e os destinatários de sua prestação de serviço (responsabilidade civil, entre outros pontos) – item 3 abaixo.

No Brasil, no âmbito do direito privado (ou da sociedade civil organizada, se se preferir) existem apenas duas formas jurídicas para a formatação de instituições não lucrativas, como o caso das ONGs: a) as associações e b) as fundações.[7] Ambas são classificadas como pessoas jurídicas de direito privado; contudo, o Novo Código Civil (assim como o de 1916) dispõe acerca das principais características e critérios para a criação e funcionamento de cada uma, como se verá a seguir. É bem verdade que as ONGs têm lei específica, que é a Lei nº 9.790/99, que permite que a União Federal reconheça uma instituição como uma Organização da Sociedade Civil de Interesse Público (OSCIP).[8] Entretanto, essa Lei não cria novas figuras de direito privado (novas espécies de pessoas jurídicas, sendo a previsão normativa do Código Civil referente aos tipos de pessoas jurídicas *numerus clausus*).[9] Portanto, a ONG, ou a OSCIP, ou a entidade do terceiro

---

[6] Não se discutirá aqui a propriedade dessa diferenciação entre "terceiro setor" e "setor privado". Do ponto de vista jurídico, as ONGs são pessoas jurídicas de direito privado e não um *tercius genus* entre as figuras de Direito Público e de Direito Privado. A bem da verdade, talvez melhor que se caracterizasse como uma iniciativa privada, ou seja, não estatal, a qual pode ter inúmeros objetivos, até mesmo o de associar pequenos empresários com vistas a subsistir no mercado (nesse sentido, ver o Programa Redes de Cooperação do Governo do Estado do Rio Grande do Sul).

[7] O terceiro tipo de entidade de Direito Privado são as sociedades, que são aquelas figuras jurídicas para um grupamento de pessoas que buscam o lucro. Por isso, não há mais que se falar em sociedade civil sem fins lucrativos, pois esta denominação afronta expressamente a dicção legal. Ver Novo Código Civil, art. 44: "São pessoas jurídicas de direito privado: I – as associações; II – as sociedades; III – as fundações."; e art. 981: "Celebram contrato de sociedade as pessoas que reciprocamente se obrigam a contribuir, com bens ou serviços, para o exercício de atividade econômica e a partilha, entre si, dos resultados".

[8] Existem, ainda, duas normas federais que regulam a expedição do Certificado de Utilidade Pública Federal (UT), quais sejam a Lei nº 91/35 e o Decreto nº 50.517/61. Estas normas descrevem o procedimento e os requisitos para a concessão do UT a uma entidade de Direito Privado. Trata-se, na prática, de um reconhecimento, de uma chancela estatal de uma associação ou de uma fundação.

[9] Tanto isso é verdade, que o artigo primeiro dessa Lei estabelece claramente que a natureza jurídica de uma OSCIP deriva Código Civil: "*Art* 1º Podem qualificar-se como Organizações da Sociedade Civil de Interesse

setor, não são figuras jurídicas propriamente; juridicamente, ou elas serão associações ou fundações privadas,[10] as quais poderão ser chanceladas pelo Estado através de um ato oficial de Declaração de Utilidade Pública ou de Interesse Público, o que a credenciará para o recebimento de verbas públicas para seus programas.[11]

Dito isso, uma *associação civil* é uma pessoa jurídica de direito privado, criada a partir da união de pessoas em torno de uma finalidade não lucrativa (chamada de "sem fins econômicos" no Novo Código Civil[12]). Lembre-se, ainda, que este direito de associação (liberdade de associação) tem proteção constitucional e

---

Público *as pessoas jurídicas de direito privado*, sem fins lucrativos desde que os respectivos objetivos sociais e normas estatutárias atendam aos requisitos instituídos por esta Lei. § 1º Para os efeitos desta Lei, considera-se sem fins lucrativos, a pessoa jurídica de direito privado que não distribui, entre os seus sócios ou associados, conselheiros, diretores, empregados ou doadores, eventuais excedentes operacionais, brutos ou líquidos, dividendos, bonificações, participações ou parcelas do seu patrimônio, auferidos mediante o exercício de suas atividades, e que os aplica integralmente na consecução do respectivo objeto social" (grifos não constam do original). Em complemento a esse artigo: "*Art* 2º Não são passíveis de qualificação como Organizações da Sociedade Civil de Interesse Público, ainda que se dediquem de qualquer forma às atividades descritas no art. 3º desta Lei: I – as sociedades comerciais; II – os sindicatos, as associações de classe ou de representação de categoria profissional; III – as instituições religiosas ou voltadas para a disseminação de credos, cultos, práticas e visões devocionais e confessionais; IV – as organizações partidárias e assemelhadas, inclusive suas fundações; V – as entidades de benefício mútuo destinadas a proporcionar bens ou serviços a um círculo restrito de associados ou sócios;< p> VI – as entidades e empresas que comercializam planos de saúde e assemelhados; VII – as instituições hospitalares privadas não gratuitas e sua mantenedoras; VIII – as escolas privadas dedicadas ao ensino formal não gratuito e suas mantenedoras; IX – as organizações sociais; X – as cooperativas; XI – as fundações públicas; XII – as fundações, sociedades civis ou associações de direito privado criadas por órgão público ou por fundações públicas; XIII – as organizações creditícias que tenham quaisquer tipo de vinculação com o sistema financeiro nacional a que se refere o art. 192 da Constituição Federal.".

[10] Nem poderia ser diferente, pois ainda que haja uma lei geral (que é o Código Civil) e uma lei especial (que é a Lei da OSCIP), estas leis devem se comunicar. Nessa esteira, de acordo com a feliz expressão de Cláudia Lima Marques, trazendo para o conhecimento nacional a criação de Erik Jayme, deve existir um "diálogo entre as fontes". Nesse sentido, fundamental a leitura da recente obra Comentários ao Código de Defesa do Consumidor, em conjunto com Antônio Herman V. Benjamin e Bruno Miragem, publicado pela Revista dos Tribunais, 2003, p. 24-52, valendo destacar de seus importantes comentários, exemplificativamente, o que segue: "Em seu curso geral de Haia, de 1995, o mestre de Heidelberg, Erik Jayme, ensinava que, diante do atual 'pluralismo pós-moderno' de um direito com fontes legislativas plúrimas, ressurge a necessidade de coordenação entre as leis no mesmo ordenamento, como exigência para um sistema jurídico eficiente e justo. (...) Na belíssima expressão de Erik Jayme, é o atual e necessário 'diálogo das fontes' ('*dialogue des sources*'), a permitir a aplicação simultânea, coerente e coordenada das plúrimas fontes legislativas convergentes. 'Diálogo' porque há influências recíprocas, 'diálogo' porque há aplicação conjunta das duas normas ao mesmo tempo e ao mesmo caso, seja complementarmente, seja subsidiariamente, seja permitindo a opção voluntária das partes sobre a fonte prevalente (especialmente em matéria de convenções internacionais e leis-modelos), ou mesmo permitindo uma opção por uma das leis em conflito abstrato. Uma solução flexível e aberta, de interpenetração, ou mesmo a solução mais favorável ao mais fraco da relação (tratamento diferente dos diferentes). (....) Em minha visão atual, três são os tipos de 'diálogo' possíveis entre estas duas importantíssimas leis da vida privada: 1) na aplicação simultânea das duas leis, uma lei pode servir de base conceitual para a outra (*diálogo sistemático de coerência*), especialmente se uma lei é geral e a outra especial, se uma é a lei central do sistema e a outra um microssistema específico, não-completo materialmente, apenas com completude subjetiva de tutela de um grupo da sociedade. (...) É a influência do sistema especial no geral e do geral no especial, um diálogo de *double sens* (*diálogo de coordenação e adaptação sistemática*)".

[11] Como efeito, a Lei citada ainda prevê um termo de parceria para o fomento e a execução das atividades de interesse público previstas no seu art. 3º.

[12] Novo Código Civil, art. 53: "Constituem-se as associações pela união de pessoas que se organizem para fins não econômicos".

configura um direito fundamental da pessoa contra o Estado e contra, inclusive, os demais integrantes da sociedade civil.[13] Já uma *fundação* privada, por sua vez, é uma pessoa jurídica constituída a partir de um patrimônio destinado por uma pessoa (física ou jurídica) para a realização de um fim social e determinado.[14] Ou seja, é criada por iniciativa de seu instituidor, necessariamente por escritura pública ou testamento. A atuação e o patrimônio das fundações estão sujeitos à fiscalização do respectivo Ministério Público de cada Estado, que tem a atribuição legal de zelar pelo interesse público nessas organizações, assegurando a efetiva utilização do patrimônio para o cumprimento de sua finalidade.

De uma maneira geral, a diferença fundamental entre as associações e as fundações, portanto, é o patrimônio inicial. Enquanto, nas primeiras, predomina o elemento pessoal – constituindo-se por um agrupamento das pessoas físicas que o compõem – nas fundações a pessoa jurídica se organiza em torno do patrimônio destinado à consecução dos fins sociais. Por esta razão, as associações têm a sua constituição de maneira mais simples, através de uma assembléia que se materializa em uma ata na qual é registrada a aprovação dos estatutos e que elege seus dirigentes – bastando posteriormente levá-los a registro –, ao passo que nas fundações a constituição depende da manifestação de vontade do instituidor, quer por escritura pública, quer por testamento, na qual se pode determinar a diretoria da instituição a ser constituída – esse ato se chama instituição ou dotação de bens livres. Entretanto, essa escritura pública não é o ato constitutivo da pessoa jurídica. É tão somente uma norma programática para o estabelecimento da fundação, que deverá, ainda, ter a minuta de seus estatutos aprovada pelo Ministério Público e somente depois levada a registro no Cartório competente. Fiscalização essa do Ministério Público que a acompanhará por toda a sua existência, para saber se está sendo cumprida a vontade do instituidor.[15]

Ainda, genericamente falando, uma outra distinção importante é que, na fundação, há maior poder de controle do fundador sobre a entidade, estabelecendo seus estatutos e a diretoria da entidade, a qual deverá sempre ficar atrelada a sua norma programática inicial (consubstanciada na escritura pública de dotação de bens livres e que corresponde à vontade do fundador), como se verá em item específico abaixo. Ao passo que a associação é uma entidade que agrega pes-

---

[13] Citar aqui o espanhol do direito de associação e alguns constitucionalistas brasileiros. BARROSO, ALEXANDRE MORAIS, MANOEL GONÇALVES. A respeito da aplicação dos dispositivos do direito constitucional não apenas contra o Estado, mas também nas relações privadas, ver autores que tratam da "constitucionalização do direito civil", dentre eles, NEGREIROS, Teresa. "Teoria do contrato: novos paradigmas". Rio de Janeiro: Renovar, 2002; TEPEDINO, Gustavo (coord.). "Problemas de Direito Civil Constitucional". Rio de Janeiro: Renovar, 2000 e "Temas de Direito Civil". Rio de Janeiro, Renovar, 1999; FACHIN, Luiz Edson. "Teoria Crítica do Direito Civil". Rio de Janeiro: Renovar, 2000; MARTINS-COSTA, Judith (org.). "A reconstrução do direito privado". São Paulo: Editora Revista dos Tribunais, 2002.

[14] Novo Código Civil, art. 62: "Para criar uma fundação, o seu instituidor fará, por escritura pública ou testamento, dotação especial de bens livres, especificando o fim a que se destina, e declarando, se quiser, a maneira de administrá-la. Parágrafo único. A fundação somente poderá constituir-se para fins religiosos, morais, culturais ou de assistência."

[15] Novo Código Civil, art. 66. "Velará pelas fundações o Ministério Público do Estado onde situadas."

soas com um fim não econômico, sendo uma pequena organização social, uma pequena comunidade, o que a torna mais independente, criando como que uma independência dos fundadores com o passar do tempo, tornando-se a assembléia geral o grande espírito da organização – e espaço da democracia da instituição.

Todas essas diferenças são suficientes para explicar o motivo pelo qual a grande maioria das ONG's ou OSCIP são constituídas sob a forma associativa e não fundacional, ou seja, porque aquelas são mais flexíveis, sofrem menos interferência estatal e não necessitam de um aporte de bens inicial. Isso torna interessante um aprofundamento no regramento legal das associações a fim de que se entenda a natureza da relação entre os integrantes das ONGS e entre estas e seus destinatários.

2. O regramento legal das associações

2.1. Estatuto social

A entidade civil em exame tem início, para efeitos legais, com o registro de seus estatutos no Cartório Competente.[16] A partir daí, ela adquire personalidade jurídica e passa a responder, autonomamente, por direitos e obrigações que constituir em seu nome.[17] Importante referir que a legislação estabelece requisitos mínimos para estes estatutos em dispositivos não seqüenciais, a saber, os artigos 46[18] e 54. Nesse aspecto, o Novo Código Civil foi mais rigoroso que o anterior ao tratar do regime estatutário das associações, estabelecendo uma série de hipóteses, especificamente no artigo 54, para a anulação do estatuto social de uma entidade:

> Art. 54. Sob pena de nulidade, o estatuto das associações conterá:
>
> I – a denominação, os fins e a sede da associação;
>
> II – os requisitos para a admissão, demissão e exclusão dos associados;
>
> III – os direitos e deveres dos associados;
>
> IV – as fontes de recursos para sua manutenção;
>
> V – o modo de constituição e funcionamento dos órgãos deliberativos e administrativos;
>
> VI – as condições para a alteração das disposições estatutárias e para a dissolução.

Nos incisos II e III, percebe-se que o legislador se preocupou em obrigar os fundadores a fazer constar no estatuto os direitos e deveres dos associados (donde

---

[16] Na verdade, na vida prática, esses estatutos devem ser forjados em assembléia, a qual, registrado em ata, votará também pela administração da entidade.

[17] "Art. 45. Começa a existência legal das pessoas jurídicas de direito privado com a inscrição do ato constitutivo no respectivo registro, precedida, quando necessário, de autorização ou aprovação do Poder Executivo, averbando-se no registro todas as alterações por que passar o ato constitutivo.

[18] "Art.46.O registro declarará: I – a denominação, os fins, a sede, o tempo de duração e o fundo social, quando houver; II – o nome e a individualização dos fundadores ou instituidores, e dos diretores; III – o modo por que se administra e representa, ativa e passivamente, judicial e extrajudicialmente; IV – se o ato constitutivo é reformável no tocante à administração, e de que modo; V – se os membros respondem, ou não, subsidiariamente, pelas obrigações sociais; VI – as condições de extinção da pessoa jurídica e o destino do seu patrimônio, nesse caso."

se percebe o seu caráter pessoal e comunitário), inclusive quanto aos requisitos para sua admissão e exclusão, tornando tais pontos mais transparentes para o público e possíveis interessados. De outro lado, pela análise do inciso IV, constata-se que o legislador também se preocupou com a viabilidade econômica do empreendimento coletivo, ao determinar que o estatuto de uma nova associação deverá apresentar as fontes de recursos da entidade, tornando-se o planejamento uma questão prioritária na instituição da organização. Vale apontar que o parágrafo único do art. 45 determina prazo específico para anular a constituição de uma associação ou fundação por defeito do ato respectivo (3 anos). Cumpre ressaltar, por fim, que as associações hoje em vigor tem um prazo de um ano (que foi renovado por mais um ano), a contar da entrada em vigência do Novo Código Civil (janeiro de 2003) para adequar seus estatutos a esta nova realidade normativa.[19]

2.1.1. Administração

O Novo Código Civil presta maior atenção à administração das pessoas jurídicas. No art. 48,[20] ele determina que a tomada de decisões em pessoas jurídicas de administração coletiva se dará por maioria de votos dos presentes. No entanto, cumpre ressalvar que esse dispositivo somente terá aplicação na falta de previsão em sentido diverso no ato constitutivo, isto é, no silêncio do estatuto. Em rigor, no caso das associações, a administração é sempre coletiva, dado o disposto no art. 59 (que delega algumas matérias à competência exclusiva da assembléia geral de associados). A melhor técnica sugere, na verdade, que a associação tenha, pelo menos, além da assembléia geral (obrigatória por lei) e de seu órgão executivo (diretoria composta de preferência de presidente, vice-presidente, secretário e tesoureiro), um conselho fiscal para controlar as contas da entidade. Se a associação agregar um número significativo de pessoas é recomendável, ainda, um conselho deliberativo, que servirá como um anteparo a atritos internos, filtrando a relação entre a diretoria e os associados.

De qualquer sorte, o novo Código Civil amplia o poder das assembléias gerais – órgão máximo da estrutura administrativa das associações – no intuito de descentralizar e, assim, tornar mais democrática a gestão das associações, justamente pelo caráter comunitário e quase-político destas organizações. Vejam-se os artigos 59 e 60:

---

[19] "Art. 2.031. As associações, sociedades e fundações, constituídas na forma das leis anteriores, terão o prazo de um ano para se adaptarem às disposições deste Código, a partir de sua vigência; igual prazo é concedido aos empresários." E "Art. 2.033. Salvo o disposto em lei especial, as modificações dos atos constitutivos das pessoas jurídicas referidas no art. 44, bem como a sua transformação, incorporação, cisão ou fusão, regem-se desde logo por este Código".

[20] Art. 48. Se a pessoa jurídica tiver administração coletiva, as decisões se tomarão pela maioria de votos dos presentes, salvo se o ato constitutivo dispuser de modo diverso.

Parágrafo único. Decai em três anos o direito de anular as decisões a que se refere este artigo, quando violarem a lei ou estatuto, ou forem eivadas de erro, dolo, simulação ou fraude".

Art. 59. Compete privativamente à assembléia geral:

I – eleger os administradores; II – destituir os administradores; III – aprovar as contas; IV – alterar o estatuto. Parágrafo único. Para as deliberações a que se referem os incisos II e IV é exigido o voto concorde de dois terços dos presentes à assembléia especialmente convocada para esse fim, não podendo ela deliberar, em primeira convocação, sem a maioria absoluta dos associados, ou com menos de um terço nas convocações seguintes.

"Art. 60. A convocação da assembléia geral far-se-á na forma do estatuto, garantido a um quinto dos associados o direito de promovê-la.

Como se depreende, o Novo Código Civil determina que as deliberações mais importantes de uma organização sejam necessariamente realizadas pelo conjunto dos associados reunidos em assembléia geral. O Código anterior era omisso a esse respeito, o que permitia que esta competência fosse designada a outros órgãos de sua administração. Isso é uma boa prova do que se disse anteriormente, ou seja, do caráter autônomo da associação. Além disso, o parágrafo único estabelece quorum mínimo de instalação, deliberação e aprovação para os casos específicos de destituição de administradores e alteração de estatuto, bem como a convocação expressa para este propósito. Esta previsão torna mais transparente e participativo o processo decisório, restringindo assim as possibilidades de manipulação por meio de deliberações com menor número de presentes.

O art. 60 também amplia os poderes dos associados (de maneira similar aos direitos de sócios minoritários no direito empresarial) ao garantir o direito de convocação de assembléia geral a um quinto do conjunto de associados. Esta disposição apresenta uma solução para os casos em que os administradores não possam ou se recusem a convocar uma assembléia – anteriormente, no silêncio do estatuto, seria preciso requerer intervenção judicial.

Já o art. 49,[21] por sua vez, prevê a nomeação judicial de administrador provisório, a pedido de qualquer interessado, na hipótese de falta da administração da pessoa jurídica ou mesmo de gestão temerária. Essa disposição do Código apenas faz menção especifica a uma possibilidade genérica já existente no ordenamento jurídico brasileiro. A previsão de intervenção judicial atende à demanda de situações urgentes, oferecendo uma saída rápida e temporária para uma lacuna administrativa, cuja solução definitiva se dará pela maneira estabelecida no estatuto.

3. Das relações entabuladas pela associação

Em primeiro lugar, o Código Civil estabelece expressamente que não existe uma relação jurídica direta entre os associados que compõem o quadro de sócios da entidade (parágrafo único do artigo 53[22]). Pressupõe-se daí, que a relação seria apenas entre os associados e a associação (pessoa jurídica). No entanto, a inter-

[21] Art. 49. Se a administração da pessoa jurídica vier a faltar, *o juiz, a requerimento de qualquer interessado, nomear-lhe-á administrador provisório"* (grifos não constam do original).

[22] "Art. 53 (...) Parágrafo único. Não há, entre os associados, direitos e obrigações recíprocos".

pretação literal de tal dispositivo se afigura equivocada, pois é natural que alguns deveres jurídicos sejam atendidos entre os associados, como o respeito aos direitos fundamentais de todos (não discriminação, por exemplo), além de deveres de lealdade e cooperação, derivados do princípio da boa fé objetiva e da probidade, imposta pelos artigos 113 e 422 do Novo Código Civil. Mas é certo que os interesses sociais prevalecem, por isso a maioria dos deveres são estabelecidos com a entidade social.

Em segundo lugar, a natureza da relação que se estabelece entre associados e associação, é de natureza associativa, que é um tipo de vínculo bastante particular e que somente muito genericamente pode ser percebido como de natureza contratual. É que a adesão a um estatuto associativo pressupõe a assunção de regras estabelecidas coletivamente para a persecução do objeto social, sendo o contrato um tipo de vínculo (ainda que pautado pela boa-fé), mais auto-interessado e que pressupõe um grau maior de autonomia privada. Por tudo isso, não parece que se possa incidir o Código de Defesa do Consumidor nas relações entre associado e associação, como por exemplo, entre o associado e um clube desportivo, a não ser em casos muito particulares em que o clube desportivo já está a funcionar, na realidade, buscando (ainda que indiretamente, lucro), prestando serviços no mercado (inclusive para não sócio) para angariar receitas. Nesses casos, poder-se-ia pensar na figura do consumidor equiparado, nos termos do artigo 17 do Código de Defesa do Consumidor.

Em terceiro lugar, existem as relações jurídicas entabuladas entre a associação e os destinatários dos seus serviços. Nesses casos, em princípio, essa relação será disciplinada pelo Novo Código Civil no que tange ao direito contratual e à responsabilidade civil; somente em casos especiais se pode pensar na incidência do Código de Defesa do Consumidor à espécie. Isso porque uma ONG, uma associação, não é, em tese, um fornecedor de um bem ou serviço no mercado, já que não costuma se remunerar pela sua atividade. Ela, no máximo, costuma cobrar doações e mensalidades, não mais que isso. Nesses casos, as entidades costumam celebrar contratos unilaterais e benéficos, pelos quais, por liberalidade, praticam atos em favor de alguém (como o caso de alguns hospitais mantidos por entidades religiosas, prestação de serviços jurídicos *pro bono*). Nesse ponto, a responsabilidade civil da entidade – que deve responder pelos atos de seus associados em exercício de suas atividades sociais – deve ser subjetiva (ou seja, a culpa *in vigilando* ou *in eligendo* deve ser provada, assim como a culpa do próprio causador do ato danoso).

Entretanto, a inserção da associação em uma economia de mercado, pode fazer com que ela tenha que, para sobreviver, praticar atos empresariais como comprar e vender camisetas, *bottons,* etc. Nesse caso, pode-se pensar em incidência do Código de Defesa do Consumidor e todos os seus consectários, principalmente o direito à informação e esclarecimento, responsabilidade civil objetiva, inversão do ônus da prova. Entretanto, essa possibilidade de a associação praticar atos empresariais depende de uma questão prévia, a saber, a interpretação da expressão "fins não econômicos" utilizado pelo legislador para caracterizar a associação. É daí que surge, portanto, a necessidade de definir os limites materiais da expressão "fins não econômicos" para saber quais são as atividades que as associações podem exercer.

A doutrina nacional, ainda incipiente sobre o tema, dada a sua novidade, não é pacífica. Para Homero Francisco Tavares Júnior,[23] segundo o teor da norma do artigo 53 do Novo Código Civil, "ficou expressamente previsto que as associações não se destinam a atividades que tenham finalidades econômicas, tais como a comercialização de bens ou serviços". Por outro lado, o professor Toshio Mukai,[24] após realizar uma interpretação sistemática do artigo 53 do Novo Código Civil em conjunto com o artigo 44, chega a conclusão de que a expressão "finalidade não econômica" equivale à expressão "atividade não lucrativa". Segundo ele: "a distinção básica retirada destas considerações e da interpretação sistemática do dispositivo, considerando-se o art. 44 do mesmo Código, que, ao caracterizar somente as sociedades (simples ou empresárias) como tendo finalidade de lucro, e, portanto, as associações não têm essa finalidade, chegamos à exata compreensão do significado da expressão para fins não econômicos. Significa essa expressão fins não lucrativos, tendo em vista apenas a finalidade (nos termos do art. 44) é que distingue as associações das sociedades, e essa finalidade é o lucro".

Da mesma forma, para Syllas Tozzini e Renato Berger[25] a expressão "fins não econômicos confunde-se com "fins não lucrativos". Para eles, "Na sistemática do novo Código Civil, associações seriam organizadas por pessoas interessadas em perseguir finalidades que não tivessem por objetivo a partilha futura de lucros". Esses autores vão ainda mais longe e afirmam que "a distinção entre atividade e finalidade é então fundamental. Em nenhum momento o novo Código Civil indica que a associação não pode ter "atividade" econômica. Mencionam-se apenas 'fins' econômicos. Por isso faz sentido o critério de que, mesmo havendo atividade econômica, a associação não perderá sua natureza se não tiver por objeto a partilha dos resultados". Os autores acima citados não são os únicos a concluírem pela identidade das expressões "fins não econômicos" e "fins não lucrativos" e pela possibilidade das associações praticarem atividades econômicas; nesse mesmo sentido, concluem José Fernando Latorre, Elisa R.A. Larroudé e Alexandre Ciconello.[26]

---

[23] Artigo publicado no *site* <*www.jusnavegandi.com.br*>. TAVARES JÚNIOR, Homero Francisco. "O novo perfil jurídico da associação e da fundação no Código Civil de 2002". *Jus Navigandi*, Teresina, a. 8, n. 125, 8 nov. 2003. Disponível em: <*http://www1.jus.com.br/doutrina/texto.asp?id=4480*>.

[24] Artigo publicado na Revista Jurídica Consulex – Ano VII – n.o. 147, 28 de fevereiro de 2003, p. 66.

[25] Artigo publicado no site: <*www.jus.com.br*> TOZZINI, Syllas; BERGER, Renato. A finalidade das associações no novo Código Civil . *Jus Navigandi*, Teresina, a. 7, n. 66, jun. 2003. Disponível em: <http://www1.jus.com.br/doutrina/texto.asp?id=4126>.

[26] *O novo CC e as Organizações Sem Fins Lucrativos*, artigo publicado no site da Associação Brasileira de Organizações Não Governamentais – ABONG (*www.abong.org.br*). Segundo esses autores: "Não há impedimento para uma organização sem fins econômicos desenvolver atividades econômicas para geração de renda, desde que não partilhe os resultados decorrentes entre os associados, mas sim, os destine integralmente à conse-

Nessa esteira, importante ressaltar o voto do Ministro Sydney Sanches que, ao referir-se sobre uma associação de assistência social que exercia atividade comercial de exploração de salas de cinema abertas ao público, fez o seguinte relato, no julgamento do Recurso Extraordinário nº 116.188-4/SP: "A instituição de assistência social não está proibida de obter lucros ou rendimentos que podem ser e são, normalmente, indispensáveis à realização dos seus fins. O que elas não podem é DISTRIBUIR OS LUCROS. Impõe-se-lhes o dever de aplicar os rendimentos 'na manutenção dos seus objetivos institucionais'" (grifos não constam do original).

De outro lado, na opinião da doutrina italiana, a questão parece superada, no sentido de se admitir que as associações pratiquem atos empresariais e mesmo tenham participação societária em grupos econômicos. Efetivamente, a doutrina italiana é pacífica em afirmar que a única característica que distingue as sociedades das associações é a impossibilidade desta última de distribuir lucros.[27] Segundo parte da doutrina italiana, a natureza não patrimonial do fim das associações não muda se os associados fruírem de benefícios, ainda se for de conteúdo econômico, desde que não seja prevista distribuição de lucros entre os associados.[28] Na Itália, parece que o debate sobre a requalificação de uma associação que exerce atividade de empresa para sociedade de fato está superada. Tendo, pois, as associações finalidade não lucrativa, ou seja, de não poder distribuir lucros para seus associados, a doutrina italiana inclina-se pela possibilidade da associação praticar atividades empresariais.[29] Aliás, a discussão sobre o tema, na Itália, parece estar tão avançada que há um artigo intitulado "Associações e Atividade de Empresa" que discute se para as atividades comerciais das associações são

cução de seu objetivo social. Esta condição é o que distingue as associações das sociedades, conforme previsão expressa dos artigos 53 e 981 do Novo Código Civil".

[27] "Sempre con riguardo agli elementi inerenti l'identificazione della fattispecie, nella dottrina trova un ampio consenso Che il dato causale identifichi e distingua lê forme giuridiche disciplinate nel primo e nel quinto libro del códice civile. Fa il punto sulla distinzione e sottolinea il significato del divieto di distribuire utili"(ZOPPINI, Andrea. *Associazioni, Fondazioni, Comitati in* Rivista Di Diritto Civile, Anno XLI, Milão: Casa Editrice Dott. Antonio Milani, julho-agosto, 1995, p. 327). Ainda, Maria Vita di Giorgi, ao comentar sobre os artigos 11 a 42 do Código Civil italiano que tratam das associações afirma o seguinte: "Nel vuoto delle disposizioni si è formata un'opinione comune, basata su dati storici, sistematici e di comparazione: Che la normativa di cui agli artt. 11-42 c.c. sia destinata ad ogni organizzazzioni caterizzta, in negativo, dalla non distribuzione di utili, senza Che assuma a rilievo la natura Del particolare fine e dell'ativitá svolta." (*Il Nuovo Diritto Degli Enti Senza Scopo do Lucro: Dalla Povertà Delle Forme Codicistiche Al Groviglio Delle Leggi Speciali in* "Rivista Di Diritto Civile", Anno XLV, Milão: Casa Editrice Dott. Antonio Milani, maio-junho, 1999, p. 302).

[28] "Ciò non deve indurre a ritenere Che il fine dell'associazione sia da qualificare com altruístico, numerosi essendo gli entu costituitu per procacciare vantaggi ai propri associati: la natura non patrimoniale del fine non muta se i membri fruiscono di benefici, anche di significato econômico, per il fatto di appartenere all'associazione, purchè non sia prevista una distribuzione di utili tra i partecipanti" (DE GIORGI, Maria Vita, ob. cit. p. 302).

[29] "quanto si è detto sulla natura dello scopo delle figure disciplinate nel primo libro non prelude la possibilità che associazioni e fondazioni possano esecitare un'attività impreditoriale di produzione o scambio di beni o servizi, fenômeno, anzi, che si verifica com sempre maggior frequenza" (DE GIORGI, Maria Vita, ob. cit. p. 305). No mesmo sentido: ZOPPINI, Andrea. ob. cit. p. 328, e CAMPOBASSO, Gian Franco. *Associazioni e Attività di Impresa in* "Rivista Di Diritto Civile", Anno XL, Milão: Casa Editrice Dott. Antonio Milani, novembro-dezembro, 1994.

aplicadas as regras do estatuto dos empresários e se estaria a associações sujeita à falência.[30] Quanto à possibilidade de uma associação participar da constituição de uma sociedade de capital, a doutrina e a jurisprudência italiana entendem afirmativamente.[31]

Diante de todo o exposto, parece adequado interpretar a expressão "fins não econômicos" como se "fins não lucrativos" fosse, no sentido de não distribuir lucros para os seus associados. Dessa conclusão, decorreriam as necessárias conseqüências da possibilidade das associações praticarem atos empresariais, de gerar lucros (mas não distribuí-los aos associados) e de participar de sociedades mercantis. Parece que entender as associações de outra forma seria impraticável, já que, estando estas entidades inseridas em um sistema econômico capitalista, impossível pensá-la sem o capital para sobreviver (ninguém sobrevive com prejuízo). Mesmo aquelas associações que têm finalidade estritamente altruísta, realizam atos de comércio como, por exemplo, o "Projeto Tamar" na Praia do Forte, que vende camisetas e acessórios para ajudar o financiamento da sua atividade marinha protetiva das tartarugas; também os clubes esportivos, que são associações, que podem explorar a marca com camisetas oficiais do clube, chuteiras, etc. Trata-se de uma tendência interpretativa que há a ambição de estender o crescente papel dos entes sem fins lucrativos no âmbito do sistema de mercado,[32] nem se poderia pensar diferentemente, com a perda de atuação estatal no mercado. Quando as associações agirem dessa forma, responderão pelos seus atos e de seus prepostos na forma prevista pelo Código de Defesa do Consumidor.

Em conclusão desse artigo, as Organizações Não-Governamentais (ONGS), inserem-se no chamado "terceiro setor". Sua formatação jurídica deverá respeitar os ditames da Constituição Federal e, especificamente do Código Civil. Nesse diapasão, ou ela será uma associação ou uma fundação (prevalecendo, na maioria dos casos, a forma associativa, por ser mais flexível e menos onerosa). A relação jurídica que se estabelece entre a ONG e seus integrantes é de natureza associativa, que é uma forma particular de vinculação jurídica. Via de regra, é o Código Civil que regula o relacionamento entre as ONGS e os destinatários de seus serviços. O Código de Defesa do Consumidor apenas incidirá nesses casos quando aquelas instituições praticarem atos empresariais ou comerciais (de acordo com a denominação consagrada na vigência do Código Comercial, agora parcialmente revogado pelo Novo Código Civil).

---

[30] CAMPOBASSO, Gian Franco. ob. cit.

[31] DE GIORGI, Maria Vita, ob. cit. p. 310 e ZOPPINI, Andrea. ob. cit. p. 329.

[32] ZOPPINI, Andrea. ob. cit. p. 326.

— XI —

Arbitragem no comércio internacional: análise do caso *Alon/Aib v. Converse Inc.* do TJ/RS[1]

Sumário: Introdução; 1. Premissas teóricas; 1.1. Aspectos conceituais; 1.2. Histórico do instituto; 1.3. Histórico legislativo da arbitragem no Brasil; 1.4. Comparação da arbitragem com o Poder Judiciário estatal; 1.5. Classificação; 1.6. Convenção arbitral; 2. Da análise do acórdão propriamente dito; 2.1. Dos fatos da causa; 2.2. Da decisão do TJRS; 2.3. Da *ratio decidendi*.

Introdução

O objetivo do presente artigo é comentar importante precedente do Tribunal de Justiça do Rio Grande do Sul (TJRS) que admitiu a constitucionalidade da cláusula arbitral inserta em um contrato internacional firmada por um grupo de empresas nacionais (AIB SERVIÇOS E COMÉRCIO LTDA., ALON BRASIL COMÉRCIO E DISTRIBUIÇÃO DE CALÇADOS LTDA., e ALON INTERNACIONAL S.A.) frente a uma empresa norte-americana (CONVERSE INC.). Trata-se de um importante *leading case* que acaba por admitir, na esteira da jurisprudência do Supremo Tribunal Federal (STF), a utilização de cláusula arbitral inserta em contrato livremente firmado entre as partes. Este artigo busca comentar e analisar criticamente este acórdão (Segunda Parte), o que se fará tendo em vista premissas teóricas lançadas na Primeira Parte.

Eis a ementa de decisão que será aqui analisada:

> CONTRATO INTERNACIONAL DE LICENCIAMENTO. RESCISÃO UNILATERAL. PEDIDO DE MANUTENÇÃO DO CONTRATO. ELEIÇÃO DE JUÍZO ARBITRAL. LIMITE À JURISDIÇÃO. INEXISTÊNCIA DE AFRONTA AO ART. 5º, XXXV, DA CF. PEDIDO JURIDICAMENTE IMPOSSÍVEL FRENTE À LIMITAÇÃO CONVENCIONADA PELAS PRÓPRIAS PARTES.
>
> Com efeito, devendo ser cumprida no Brasil a obrigação contratual, é competente para examinar eventual demanda, conforme os arts. 12 da LICC e 88 do CPC, a autoridade judiciária brasileira. Mas a admissão da competência da Justiça brasileira significa, apenas, que o caso há de ser examinado, ainda que seja para reconhecer o limite à jurisdição frente à cláusula arbitral.
>
> Cabe a cada estado definir o alcance de sua própria jurisdição e o brasil, ao editar a lei 9.307/96, acabou por instituir uma limitação à intervenção judicial na arbitragem privada. e, não se pode deixar

[1] Uma versão deste artigo foi publicado na Revista de Arbitragem e Mediação da Editora Revista dos Tribunais, vol. 8.

de consignar, não há qualquer inconstitucionalidade nesta lei, como já afirmou o supremo tribunal federal na se nº 5.206/Espanha.

A leitura da cláusula firmada pelas partes não deixa dúvidas de que todas as questões pertinentes ao contrato devem ser dirimidas pelos árbitros eleitos, inclusive, evidentemente, a questão que diz com a manutenção ou não do contrato no período de pendência do juízo arbitral. Destarte, por expressa convenção das partes, não cabe ao judiciário examinar o cabimento da postulação da autora, e isto, como já mencionado, por ser a livre expressão da vontade das partes, envolvendo apenas questões patrimoniais privadas, não afronta de forma alguma o art. 5º, XXXV, da Constituição Federal.

APELAÇÃO DESPROVIDA, POR MAIORIA, VENCIDO O PRESIDENTE QUE DESCONSTITUÍA A SENTENÇA. (Apelação Cível nº 70011879491, 9ª Câmara Cível, TJ/RS, Rel. Des. MARILENE BONZANINI BERNARDI).

1. Premissas teóricas

As premissas conceituais para o exame do acórdão serão divididas em: A) aspectos conceituais da arbitragem; B) histórico do instituto; C) histórico da legislação arbitral no Brasil; D) comparação da arbitragem com o Poder Judiciário estatal; E) classificação da arbitragem; e F) convenção arbitral. Essas premissas conceituais são importantes já que, dentro de nossa tradição jurídica, os tribunais evitam fazer doutrina jurídica, ao contrário dos *leading cases* das cortes de países da *common law*. Em nossa tradição, os julgadores, com raras exceções, limitamse a citar as autoridades, como fundamento da decisão, incorporando a doutrina jurídica no corpo do acórdão e tomando-a, no mais das vezes, como um dado do problema. O acórdão a ser analisado não é diferente. Ele julgou a lide, sem adentrar em alguns aspectos doutrinários controvertidos sobre o tema, que foram tomados como pressupostos, os quais merecem aqui esclarecimento antes de se adentrar no exame crítico do julgamento. Cabe então explicitar alguns conceitos que devem ser trazidos preliminarmente para que o impacto do acórdão seja medido em toda a sua dimensão.

1.1. Aspectos conceituais

A compreensão do caso julgado pelo Tribunal depende um conceito preliminar de arbitragem. O TJ não definiu expressamente a arbitragem, mas afirmou: "cabe a cada Estado definir o alcance de sua própria jurisdição, e o Brasil, ao editar a Lei 9.307/96, acabou por instituir uma limitação à intervenção judicial na arbitragem privada". Percebe-se que, indiretamente, posicionou-se o Tribunal pelo entendimento que vê a arbitragem como um exercício privado de jurisdição, tanto que afirmou que cabe ao Estado definir "a sua jurisdição". Logo, admitiu uma outra modalidade de jurisdição que seria a privada, a qual não poderia sofrer intervenção estatal inclusive.

Nesse sentido, arbitragem (nacional ou internacional) é uma espécie de exercício não estatal de jurisdição, ou seja, é uma espécie de julgamento dos conflitos (lides) emergidos de relações contratuais patrimoniais por um ente privado (o árbitro), que, por sua vez, substitui a figura do juiz estatal.[2] Por conta disso, deve-se ter em mente que esta concepção de arbitragem, como exercício de jurisdição, corresponde a uma quebra de um tradicional paradigma da teoria geral do processo (para não dizer dogma) de monopólio estatal da jurisdição. Por isso a decisão em exame é importante, já que ela reconheceu a legitimidade ao exercício privado da jurisdição não como uma forma "alternativa", mas como uma forma principal de solução de controvérsias – que se coloca ao lado do direito de ação perante os tribunais nacionais e que não pode sofrer sua intervenção.

E é justamente nesse sentido que a arbitragem se diferencia da mediação. Com efeito, a arbitragem não se confunde com os chamados métodos alternativos de solução de disputas (as *Alternative Dispute Resolutions*), pois estas abarcam todas as técnicas de solução amigável de disputas, pressupondo a possibilidade de se estabelecer um consenso das partes envolvidas por meio da intermediação da figura do mediador ou conciliador. Nessa esteira, as opiniões dos mediadores não vinculam as partes, ao contrário das sentenças arbitrais, as quais têm o mesmo valor legal de uma sentença judicial. E por isso, as técnicas de mediação ou de autocomposição não se confundem com as técnicas da arbitragem, que são tipicamente de heterocomposição da lide.[3] Tanto isso é verdade que, como se verá a seguir, a cláusula arbitral julgada pelo TJRS tinha previsão tanto de mediação, quanto de arbitragem.

Quanto à natureza jurídica, a arbitragem é um instituto híbrido, pois envolve tanto as questões atinentes ao direito material (requisitos da convenção de arbitragem, limites à autonomia privada e à liberdade individual) e também questões de direito processual (procedimento, requisitos, etc).[4] O TJRS não se posiciona a respeito desse assunto. Contudo, os dois aspectos foram referidos no acórdão em alvitre, que fez alusão ao procedimento arbitral perante a *American Arbitration Association (AAA)* e à cláusula arbitral inserta no contrato, sendo sobre esta última a análise mais detida da *vexata questio*.

1.2. Histórico do instituto

Naturalmente, o acórdão analisado não faz um estudo histórico da arbitragem. Freqüentemente, diz-se que a arbitragem é uma novidade. No entanto, já na "Retórica" de Aristóteles, encontra-se referência à arbitragem como forma mais justa ou mesmo equânime de julgamento de litígios. Com efeito, dizia o estagirita:

---

[2] ALVIM, J. Carreira. "Teoria Geral do Processo". 8ªed. Rio de Janeiro, Editora Forense, 2003, p. 80 e ss. ARAÚJO, Nadia de. "Direito Internacional Privado". Rio de Janeiro: Editora Renovar, 2003. RECHSTEINER, Beat. "Direito Internacional Privado". São Paulo: Saraiva, 2003.

[3] Para técnicas de negociação, ver STONE, Douglas *et all.* "Conversas difíceis". Rio de Janeiro: Elsevier Editora, 2004.

[4] Ver por todos SILVA, Eduardo Silva da. "Arbitragem e direito da empresa". São Paulo, Editora Revista dos Tribunais, 2003.

(...) dissemos que há duas espécies de atos justos e injustos (uns fixados pela escrita e outros não), ocupamo-nos dos que as leis registram; mas dos que as leis não registram ... correspondem a uma omissão da lei particular e escrita. Pois o equitativo parece ser justo e é eqüitativa a justiça que ultrapassa a lei escrita. Ora se equidade é o que acabamos de dizer, é fácil ver quais são os atos eqüitativos e quais não o são...também desejar que a ação se resolva mais pela palavra do que pela ação. E ainda querer mais o recurso a uma arbitragem do que ao julgamento dos tribunais; pois o árbitro olha para a equidade, mas o juiz apenas para a lei; e por esta razão se inventou o árbitro, para que prevaleça a equidade.[5]

Este depoimento de Aristóteles dá conta de que havia, à era clássica grega, o recurso à arbitragem, a qual, inclusive, gozava de maior prestígio com ele do que a jurisdição estatal.

O direito romano antigo, em todas as suas fases, foi farto em aceitar a participação dos *arbiter* na administração da justiça, seja no procedimento *per actiones* em que o pretor fixava a *litiscontestatio* e o árbitro julgava a lide, como em determinados éditos pretorianos aparecem fórmulas dirigidas a arbitros e finalmente nos interditos também há referência aos árbitros como responsáveis por uma mitigação da rigidez do *ius civile* romano.[6]

No direito medieval existem inúmeras referências ao procedimento arbitral, inclusive como forma de manter a convivência entre romanos e bárbaros invasores.[7]

A formação do estado moderno trouxe consigo a concentração, nas mãos do rei, da distribuição da justiça, afastando-se a jurisdição privada como forma de resolver os conflitos sociais. A consolidação das democracias na modernidade apenas retirou dos reis o poder jurisdicional para entregá-lo a um outro poder estatal, o chamado Poder Judiciário, sem que o procedimento arbitral recuperasse o vigor outrora reconhecido.

Foi somente no século XX, com o desenvolvimento do comércio internacional que a arbitragem voltou a cena, recuperando o seu prestígio, graças, fundamentalmente ao Tribunal de Arbitragem da Câmara de Comércio Internacional (ICC – sediada em Paris), fundado em 1923.

A decisão do TJRS coloca nossa jurisprudência à altura dos novos tempos, à era da globalização e da internacionalização da economia, que necessita de mecanismos jurídicos adequados para enfrentar novos problemas.[8] A arbitragem, apesar de não ser nova, pode ser útil nesse sentido. A história pelo menos mostra

---

[5] ARISTÓTELES. *Retórica*. Trad. Manuel Alexandre Júnior. Lisboa: Imprensa Nacional-Casa da Moeda, 1998, p. 95.

[6] CRUZ E TUCCI, José Rogério; AZEVEDO, Luis. *Lições de História do Processo Civil Romano*. São Paulo: Editora Revista dos Tribunais, 1996, p. 94.

[7] CARMONA, Carlos Alberto. *Arbitragem e Processo: Um Comentário à Lei*. São Paulo: Malheiros, 1998.

[8] FARIA, José Eduardo. *Direito e globalização econômica*. São Paulo: Malheiros, 1998. CASTELLS, Manoel. *A sociedade em rede*. V. 01. São Paulo: Paz e Terra, 1999. Em sentido um pouco diverso, mas constatando igualmente uma nova realidade econômica e social: TEUBNER, G. *O Direito como autopoiese*. Lisboa: Fundação Calouste Gulbenkian, s/d. TEUBNER, G. After legal instrumentalism? Strategic models of post-regulatory law. In: *Dilemmas of the Law in the Welfare State*. TEUBNER, G. (org.). Berlin: Walter de Gruyter, 1988, p. 299. E na esteira da pós-modernidade, dentro de uma linha bem diferente da teoria dos sistemas, Erik Jayme

que o instituto já funcionou muito bem e que pode servir ainda como importante mecanismo de solução de controvérsias.

1.3. Histórico legislativo da arbitragem no Brasil

O acórdão em análise soube captar a importância da Lei 9307/96, a atual Lei de Arbitragem (LA). Não se fez um histórico de nosso direito positivo, como por vezes fazem os tribunais norte-americanos. Até por isso vale a pena explicar, se o instituto da arbitragem é tão antigo, por que somente agora ele tem se colocado na casuística dos tribunais? Desde a época colonial reconhece-se, legislativamente, a arbitragem (Ordenações Filipinas, Livro III, Título 16). Na época imperial, a própria Constituição de 1824, em seu artigo 160, permitia que litígios de natureza civil fossem solvidos por meio de árbitros nomeados pelas partes. Dispositivo repetido nas Constituições seguintes até a de 1946, que acabou por aludir à impossibilidade de afastamento da via judiciária. Por sua vez, o Código Comercial tinha dispositivos sobre aplicação da arbitragem em questões comerciais, cujo teor foi alterado pelo Decreto 3900, de 1967, que relativizou a força do compromisso arbitral (mera promessa). O compromisso arbitral foi regulado Código Civil de 1916 e alterado pelo Novo Código Civil (art. 852). O juízo e o procedimento arbitrais foram regulados pelo Código Processual de 1939 e repetido sem grandes modificações pelo CPC/1973. Em essência, por esta legislação então em vigor, havia a necessidade de que o laudo arbitral fosse homologado perante o Poder Judiciário.

Foi a Lei 9.307/96 (LA), que trouxe significativas alterações ao direito material e processual da arbitragem, buscando dar novo impulso ao recurso da arbitragem (tornando a cláusula arbitral obrigatória e fazendo com que o laudo arbitral tivesse o mesmo valor de uma sentença judicial). O STF, no julgamento da SEC 5.206, votou pela constitucionalidade de diversos dispositivos da LA, reforçando ainda mais o compromisso do Judiciário com este instituto. O TJRS fez menção em sua *ratio decidendi* tanto à citada LA, quanto ao *leading case* do STF, demonstrando atualização dos julgadores em matéria relativamente nova nos tribunais domésticos. Em adição, o Brasil ratificou a Convenção de Nova Iorque de 1958 sobre arbitragem (Dec. 4.311, de 23/07/2002), que poderia ter sido citada pelo TJRS, mas acabou sendo omitida.

Portanto, o acórdão examinado, como se verá, cita esta LA e lhe dá inteira vigência, inclusive reconhecendo o precedente do STF acerca da constitucionalidade da LA. Poderá o TJRS em próximos casos, explorar ainda o texto da Convenção ratificada pelo Brasil sobre o mesmo tema (mas que não altera substancialmente o conteúdo da LA).

---

compilados nos Cadernos do Programa de Pós-Graduação em Direito – PPGDir./UFRGS, vol. I, nº I, mar. 2003, especialmente na p. 60 e ss.

1.4. Comparação da arbitragem com o Poder Judiciário estatal

O TJRS não entrou no mérito da comparação entre a jurisdição estatal e a jurisdição privada. Poderia tê-lo feito até como um fundamento para o reconhecimento da legalidade da cláusula arbitral. São comumente elencáveis como pontos favoráveis da arbitragem frente à jurisdição estatal: a) celeridade (a LA fala em um máximo de seis meses para o conflito ser resolvido); b) sigilo (terceiros não têm acesso ao procedimento das partes); c) especialidade do árbitro, que não precisa sequer ser bacharel em Direito. Poder-se-ia ainda listar o menor formalismo do procedimento.

Os norte-americanos costumam dizer que a arbitragem é menos custosa do que a jurisdição estatal, mas isso não pode ser levado ao pé da letra.[9] Com efeito, não se pode dizer que a arbitragem seja necessariamente menos custosa para as partes; estritamente falando, ela é mais cara (basta que se vejam os honorários dos árbitros dos grandes tribunais arbitrais e as taxas de administração das melhores câmaras arbitrais). Contudo, para muitas empresas, a espera por um julgamento definitivo que levará anos para ser resolvido pode ser economicamente mais prejudicial do que pagar relativamente caro para uma rápida e qualificada solução da lide (vale dizer, o custo-benefício da arbitragem seria positivo), o que pode até salvar o relacionamento comercial.

São por todos estes motivos que as partes redigem a cláusula arbitral e renunciam o direito de ação a um tribunal estatal. Portanto, a atitude de discutir essa mesma cláusula perante o Poder Judiciário pode configurar má fé processual e obstaculização da justiça, pois poderá constituir um mecanismo de fuga da agilidade do procedimento arbitral.

1.5. Classificação

No caso em exame, as partes elegeram a *American Arbitration Association (AAA)* para dirimir controvérsias. Há incidentalmente ainda referência aos Estados Unidos como local da arbitragem, o que leva à conclusão de que se trata de uma arbitragem internacional. Segundo a nossa legislação, a arbitragem tanto pode ser feita no Brasil (nacional) como no exterior (internacional), com a diferença que os laudos estrangeiros deverão ser homologados no tribunal doméstico competente (no caso, o STJ após a Emenda Constitucional nº 45, de 2004). Como regra, o local da arbitragem deve ser regulado na cláusula arbitral e deve levar em conta onde será executado o laudo, para escapar justamente de um processo homologatório. De outra parte, a cláusula arbitral deve ser o mais detalhada possível ("cláusula cheia"), para evitar perda de tempo na instauração da arbitragem, se possível abarcando tudo o que for necessário para a instauração do procedimento (tais como árbitro, língua, procedimento, ou então remetendo para um Tribunal

---

[9] CLOUD, Sharon. Mitsubishi and the arbitrability of antitrust claims: Did the Supreme Court throw the baby out with the bathwater? In: *Valderbilt Journal of Transnational Law*, vol. 18, p. 341, 1986.

Arbitral e suas regras). No caso do acórdão examinado, a cláusula arbitral remetia aos Estados Unidos como local da arbitragem, portanto, uma arbitragem internacional que dependerá, para execução dos brasileiros no Brasil, de homologação perante o STJ.

De outra parte, a arbitragem pode ser a) institucional ou controlada (como é o caso do Tribunal da ICC) ou b) meramente *ad hoc* (nomeando-se um árbitro para o julgamento da lide). Nas primeiras, uma instituição, de preferência pessoa jurídica e especializada, assume a responsabilidade da mecânica arbitral e estabelece normas de procedimento, a serem seguidas pelas partes e constam de seus regulamentos. A ela cabe, normalmente, escolher os árbitros ou pelo menos aprovar aquele indicado pelas partes. A segunda significa a nomeação de um árbitro especificamente para o caso. A vantagem da primeira seria uma padronização de decisões (A ICC publica o ICC International Court of Arbitration Bulletin), uma maior garantia, proporcional à história e ao prestígio da instituição. A vantagem da segunda seria a maior celeridade ou mesmo flexibilidade do procedimento. No acórdão em questão, as partes optaram por uma arbitragem institucional (o Tribunal da AAA)

1.6. Convenção arbitral

A Convenção é o gênero do qual a cláusula e o compromisso arbitrais são espécies. Só tem cabimento para pessoas capazes e se versar sobre direitos disponíveis:

a) cláusula arbitral: é a promessa constante do instrumento contratual, antes de ocorrido o litígio, de que todo o litígio dele derivado será resolvido pela arbitragem (é regulada no art. 4º da LA); a cláusula arbitral pode ser 1) vazia ou 2) cheia – será vazia se não contiver os elementos para instituição da arbitragem e será cheia se os tiver, indicando quais regras devem ser seguidas, seja por i) descrevelas; ii) confiar ao árbitro fazê-la ou ainda iii) submeter-se às regras de uma instituição.

b) compromisso arbitral: é o compromisso firmado entre as partes que permite a instauração da arbitragem, estabelecendo o procedimento e demais elementos indispensáveis (está regulado nos artigos 9º e seguintes da LA), podendo ser extra ou judicial.

No acórdão examinado, a convenção arbitral foi estabelecida por meio de uma cláusula arbitral citada pelo próprio TJRS como será visto a seguir.

Examinadas estas premissas para a correta compreensão do caso judicial em análise, passemos ao seu exame.

2. Da análise do acórdão propriamente dito

2.1. Dos fatos da causa

A crítica ao acórdão do TJRS poderia ser iniciada justamente pelo laconismo em relação aos fatos da causa, que acaba por trazer dificuldades à exata compreensão do acórdão. Apesar do grande volume de processos que assolam nossas cortes, deve-se criar uma cultura de se explorarem mais os fatos no voto, que devem aparecer com maior grau de detalhes. Eis aí uma lição que podemos aprender com os tribunais de *common law,* especialmente se se está diante de um *leading case* que será estudado e citado por advogados, juízes e professores como precedentes de casos análogos.

Feita essa ressalva, conforme o relatório do processo, AIB SERVIÇOS E COMÉRCIO LTDA., ALON BRASIL COMÉRCIO E DISTRIBUIÇÃO DE CALÇADOS LTDA. (existe ainda uma terceira sociedade que não pôde ter sua nacionalidade identificada pela referência no relatório) são empresas constituídas sob as leis do Brasil e aqui sediadas, que firmaram contrato de licenciamento com a CONVERSE INC, sociedade constituída em estado da federação norte-americana. As empresas brasileiras sentiram-se prejudicadas pelo fato do contrato de licenciamento em questão não ser renovado pela sociedade norte-americana. O contrato internacional firmado entre as partes litigantes tinha cláusula arbitral, que remetera para julgar qualquer litígio emergente do contrato a Câmara de Arbitragem da AAA (arbitragem internacional e controlada, portanto). Eis o teor da cláusula em questão, aqui citada apenas para fins ilustrativos (segundo o acórdão do TJRS):

> Arbitragem. As partes tentarão chegar a um acordo em relação a todas as controvérsias e disputas decorrentes de forma amistosa, imediata e justa. Qualquer controvérsia ou disputa decorrente ou referente direta ou indiretamente a este Contrato, incluindo, entre outros, transações em conformidade com o mesmo, aos direitos e obrigações das partes envolvidas, à capacidade ou autoridade das partes, ao cumprimento ou violação do mesmo e à rescisão, renovação ou não-renovação do mesmo, não capaz de uma resolução amistosa satisfatória dentro de trinta (30) dias após notificação escrita enviada por uma parte à outra...

2.2. Da decisão do TJRS

Não obstante aquela cláusula arbitral e de um procedimento arbitral iniciado nos Estados Unidos, pretenderam as empresas gaúchas, perante o Poder Judiciário nacional, a manutenção do contrato até julgamento definitivo do procedimento arbitral. O TJRS extinguiu o processo sem julgamento do mérito, acolhendo a hipótese de incompetência do Poder Judiciário para processar e julgar o feito por conta da cláusula arbitral. Com efeito, proclamou o TJRS:

> Cabe a cada Estado definir o alcance de sua própria jurisdição, e o Brasil, ao editar a Lei 9.307/96, acabou por instituir uma limitação à intervenção judicial na arbitragem privada. E, alcançado este ponto, não se pode deixar de consignar que não há qualquer inconstitucionalidade nesta lei, como já afirmou o Supremo Tribunal Federal na SE nº 5.206/Espanha. Isto porque – como bem ressaltou o Procurador Geral da República Geraldo Brindeiro em seu parecer naquele processo -, *"o que o princípio da inafastabilidade do controle jurisdicional estabelece é que: "a lei não excluirá da apreciação do Poder Judiciário lesão ou ameaça a Direito". Não estabelece que as partes interessadas não excluirão da apreciação judicial suas questões ou conflitos. Não determina que os interessados deverão sempre levar ao Judiciário suas demandas.*

Com essa decisão, o Tribunal de Justiça do Rio Grande do Sul se aproximou das decisões dos tribunais superiores do país (por exemplo, RESP 712.566, Rel.

Min. Nancy Andrighi) e deu a correta interpretação para o direito constitucional de ação, que não pode estar acima da própria liberdade do indivíduo de dispor deste direito em favor de uma forma de jurisdição privada (naturalmente quando estiver em jogo direitos disponíveis).

A bem da verdade, com esta decisão o Tribunal de Justiça se perfilou aos tribunais mais modernos do mundo em matéria de direito internacional, aqueles tribunais mais experientes em litígios internacionais, como são, por exemplo, a Suprema Corte dos Estados Unidos (*Mitsubishi Motors Corp v. Soler Chrysler-Plymouth, Inc)*[10] e a Câmara dos Lordes inglesa (*Pioneer Shipping Ltd. v. B.T.P. Tioxide Ltd.).*[11-12]

2.3. Da "ratio decidendi"

Em verdade, por detrás do debate jurídico constitucional e processual, já enfrentado e discutido pela nossa Corte Suprema e confirmado pelo TJRS, escondem-se princípios mais importantes do direito do comércio internacional que foram referidos pelo Tribunal do Rio Grande do Sul, mas que poderiam ser mais explorados, dada a sua importância para a exata compreensão da questão e que justificam ainda mais o posicionamento adotado no voto do acórdão examinado. Nessa esteira, afirmou o TJRS:

> Destarte, por expressa convenção das partes, não cabe ao Judiciário examinar o cabimento da postulação da autora, e isto, como já mencionado, por ser a livre expressão da vontade das partes, envolvendo apenas questões patrimoniais privadas, não afronta de forma alguma o art. 5º, XXXV, da Constituição Federal.[13]

Esses princípios dizem respeito à liberdade contratual e do *pacta sunt servanda* consagrados direta ou indiretamente tanto na Convenção de Viena de 1980 sobre a Compra e Venda Internacional de Mercadorias, na Convenção Interamericana de Direito Internacional Privado do México de 1994 (CIDIP V) e mesmo nos princípios contratuais do comércio internacional do UNIDROIT (versão 2004), além da própria ordem jurídica doméstica (inclusive o artigo 5° da Constituição Federal). Esse princípio, portanto, como decidido pelo TJRS, está acima do direito de acionar um tribunal estatal, que mesmo sendo um direito constitucional, cede diante de outros direitos constitucionais: o de liberdade e o de livre iniciativa.[14]

---

[10] 105 S. Ct. 3346 (1985).

[11] [1981] 2 All E.R. 1030, [1981] 3 W.L.R. 292 (House of Lords).

[12] Ver por todos WEINTRAUB, Russell. "International litigation and arbitration". Durham, Carolina Academic Press, 2ª ed., 1997, p. 489 e ss. Também PIETROWSKI, Jill. "Enforcing International Commercial Arbitration Agreements". *In* American University Law Review, 1986, p. 31.

[13] Neste sentido, também, a lição de Nelson Nery (Código de Processo Civil Comentado e legislação processual civil em vigor, Editora RT, 3ª ed, 1997, p. 1295): "A arbitragem não ofende os princípios constitucionais da inafastabilidade do controle judicial, nem do juiz natural. A Lei de Arbitragem deixa a cargo das partes a escolha, isto é, se querem ver sua lide julgada por juiz estatal ou por juiz privado".

[14] Cf. Apelação Cível nº 70007157498, TJRS, 6ª Câmara Cível, Rel. Dês. Carlos Alberto Alvaro de Oliveira, de onde extrai: "Mais ainda, a autonomia privada, garantida constitucionalmente no ordenamento jurídico brasi-

Curiosamente, esta decisão em comento do TJRS aparece justamente no momento em que, paralelamente, no âmbito do direito contratual doméstico, esses princípios ligados à autonomia privada são identificados, pela maioria dos doutrinadores, com o liberalismo econômico e se encontrariam relativizados por outros princípios de natureza solidária insculpidos na Constituição Federal (arts. 1º e 3º) e no Código Civil (arts. 157, 187, 421, 422 e 478), os quais refundariam todo o direito privado, ensejando uma maior intervenção estatal nos contratos em favor do bem comum (ou dos interesses coletivos).[15]

A justificativa para isso não é encontrável no acórdão, a não ser a referência ao direito positivo (a LA e *leading case* do STF). Esta é outra crítica que se pode fazer, ou seja, por que o tribunal não quis intervir em cláusulas contratuais insertas em contratos internacionais que permitem à renúncia à jurisdição estatal? A simples referência ao direito positivo não basta; é preciso que o tribunal justifique a aplicação da lei. Esse posicionamento, ainda que em *obter dicta,* deve aparecer até para indicar uma tendência dos julgadores para casos futuros, a fim de que os jurisdicionados possam prever julgamentos futuros sobre a mesma questão.

Tentando suprir esta lacuna e estimulando a discussão dos fundamentos do direito positivo, pode-se trazer a lume o argumento normalmente utilizado pela doutrina jurídica especializada. Com efeito, os juristas têm defendido que, no âmbito do comércio internacional (salvo naturalmente as relações de consumo), como há o envolvimento de empresas e, portanto, de profissionais empresários, o interesse coletivo em jogo não é identificado com os interesses de qualquer uma das partes individualmente que negociaram o contrato, mas sim com o ideal de livre iniciativa e de desenvolvimento econômico (desenvolvimento do comércio internacional do país).[16]

Talvez instintivamente (porque a *ratio decidendi* não aparece inteiramente explicitada no acórdão em comento), o TJRS tenha percebido que a intervenção estatal nos contratos internacionais pode ser mais prejudicial à coletividade do que benéfica. Vale dizer, existiria um conteúdo econômico fundamental para o cumprimento da cláusula arbitral inserta em contratos internacionais intuído pelo Poder Judiciário: a segurança jurídica como mecanismo de desenvolvimento do comércio internacional. Segurança não apenas porque baseada na liberdade de

leiro, a exemplo de outros sistemas, impõe essa liberdade de escolha, que a autora pretende transmudar em ato ilícito, passível de indenização. Como bem acentua Francesco Galgano (apud Ana Prata, *A Tutela Constitucional da Autonomia Privada*, Coimbra, Almedina, 1982, p 198-199), em lição perfeitamente aplicável entre nós, "A liberdade de iniciativa econômica é liberdade dos privados de dispor dos recursos materiais e humanos; é, em segundo lugar, liberdade dos privados de organizar a atividade produtiva e, conseqüentemente, é liberdade dos privados de decidir o que produzir, quando produzir, como produzir, onde produzir (...) pressupõe, de forma mais geral, a liberdade contratual, sendo o contrato, fundamentalmente, o instrumento mediante o qual o empresário, por um lado, obtém a disponibilidade dos recursos a utilizar no processo produtivo e, por outro, coloca o produto no mercado (...)".

[15] NEGREIROS, Teresa. *Teoria do Contrato.* Rio de Janeiro: Renovar, 2002.

[16] CLOUD, Sharon. Mitsubishi and the arbitrability of antitrust claims: Did the Supreme Court throw the baby out with the bathwater?. In: *Valderbilt Journal of Transnational Law*, vol. 18, p. 341, 1986.

contratação que tem proteção constitucional, mas também porque prevista na ordem jurídica internacional e na *lex mercatoria*.

De fato, a arbitragem é um mecanismo que dá aos contratantes segurança jurídica, estimulando as relações comerciais internacionais, pois garante a cada uma das partes que ela não será julgada por um tribunal estatal que desconhece a *lex mercatoria* e que poderia ter a mesma nacionalidade da parte *ex adversa*. Além disso, estabelece um mecanismo rápido e efetivo de solução de controvérsias, que aplicará a legislação eleita pelos próprios agentes econômicos. Esse ambiente institucional favoreceria as trocas e estimularia o desenvolvimento econômico do Brasil.

Nesse sentido, estudos recentes têm demonstrado a total interdependência entre o Direito e a Economia e como as instituições jurídicas podem contribuir para o desenvolvimento do capitalismo. Economistas têm demonstrado que um sistema judicial rápido e eficiente no cumprimento de contratos e no respeito à propriedade é gerador de desenvolvimento econômico.[17]

Se essa suposição aqui ventilada for verdade, ter-se-ia a quebra de outro paradigma ou mesmo dogma processual, ou seja, de que o processo deve ser julgado a luz de qual das partes tem razão no caso concreto, sem se atentar para as conseqüências (fundamentalmente econômicas) da decisão.

Em conclusão, agiu bem o TJRS ao reconhecer a vigência da cláusula arbitral, respeitando a vontade das partes e a integridade do contrato internacional, muito embora ele não tenha justificado sua decisão para além do direito positivo – e poderia tê-lo feito demonstrando explicitamente o comprometimento do Poder Judiciário com o desenvolvimento do comércio internacional brasileiro. De qualquer sorte, decisões como esta favorecem o investimento estrangeiro no país, dão garantia institucional às relações de troca internacionais e contribuem para a previsibilidade do sistema jurídico brasileiro quando está em jogo o comércio internacional. O resultado de tudo isso é um incentivo a um maior número de negócios feitos por nacionais e estrangeiros, permitindo e garantindo a inserção internacional das empresas domésticas.

---

[17] ZYLBERSZTAJN, Décio; SZTAJN, Raquel. *Direito e Economia*. São Paulo: Editora Campus, 2005. TIMM, Luciano (org.). *Direito e Economia*. São Paulo: THOMSON/IOB, 2005.

— XII —

O contrato nas parcerias público-privadas: privatização do direito público numa perspectiva de direito e economia[1]

Sumário: Introdução; 1. Riscos ao desenvolvimento do instituto da PPP; 1.2. O problema da concepção puramente "atomista" do Direito; 1.3. Tendência à politicização do Judiciário; 1.4. A problemática diante das PPP; 2. Solução interpretativa dos contratos de PPP; Conclusão; Referências.

Introdução

As Parcerias Público-Privadas (PPP) são o desfecho de um processo em curso no Brasil no início da década de 90: a privatização. Deixando de lado a discussão ideológico-política (esquerda-direita), a análise dos fatos e mesmo da legislação produzida desde então pelo Poder Executivo demonstra que tanto em nível estadual como em nível federal, o estado tem saído daquelas atividades estranhas a sua essência, passando a mero regulador da atividade econômica.

Acompanhando esse processo, corre em paralelo, como outro lado da moeda, uma era da "privatização" do Direito Público (até porque o Direito estrutura as operações econômicas subjacentes). Se o pós-guerra foi marcado pelo surgimento e consagração do Estado Social (Welfare State) e de publicização do Direito Privado, a década de 90 do século XX e o início do século XXI são marcados pela globalização econômica, por processos de privatização e pela própria crise do Estado Social. Parece que não é por outra coisa senão por problemas de crise do *Welfare State* que se pensa em transferir aos privados importante parcela de serviços públicos como construções de estradas, realização de obras de infraestrutura e mesmo de construção e de administração de presídios.[2]

---

[1] Artigo originalmente publicado na Revista de Direito Público da Economia. , v. 13, p. 165-174, 2006.

[2] Cf. TEUBNER, G. "After legal instrumentalism? Strategic models of post-regulatory law". *In* "Dilemmas of the Law in the Welfare State". TEUBNER, G. (org.). Berlin, Walter de Gruyter, 1988; BARROSO, Luís Roberto. "Temas de Direito Constitucional". 2ª ed. Rio de Janeiro: Renovar, 2002, p. 389 e ss; FARIA, José Eduardo. "Direito e globalização econômica". São Paulo: Malheiros, 1998; BENETTI, Maria D. ""Globalização e Desnacionalização do Agronegócio Brasileiro no Pós 1990. Porto Alegre: Fundação de Economia e Estatística, 2004.

A privatização do Direito Público se percebe pela "contratualização" das relações entre a Administração Pública e os agentes econômicos, despindo-se o estado de alguns de seus privilégios consagrados no Direito Administrativo, para se tornar um mero contratante no mercado (evidentemente que dentro de limites colocados pela Lei das PPP). É justamente isso que faz a Lei 11.079/04 das PPP, ou seja, ele viabiliza o funcionamento desse mecanismo de privatização de serviços públicos por parte dos agentes econômicos e assim o fazendo, torna o contrato o eixo da relação entre poder público e empresa que explorará a atividade transferida aos privados dentro de uma lógica de mercado.

Outra evidência da privatização do Direito Público é a necessidade de criação nas PPP, conforme a mesma Lei, de uma sociedade de propósito específico (SPE) que explorará economicamente a atividade "terceirizada" pelo poder público, sendo este tema tradicionalmente objeto do Direito Societário ou mais genericamente Direito Empresarial ou Comercial, e não do Direito Administrativo (mais afeito ao tema das autarquias, sociedades de economia mista, etc).

Ainda, a questão do fundo garantidor a ser formado pelo Poder Público dá conta do grau de privatização da relação em jogo nas PPP, que por sua natureza quase privada (para valer-se da terminologia consagrada pelos juristas romanos clássicos), depende de um sólido mecanismo garantidor das expectativas dos agentes econômicos, que não querem se sujeitar às filas dos precatórios e as normais agruras de quem contrata com o poder público.

Poder-se-ia citar ainda o caso da arbitragem nas PPP, como mais um exemplo do que se está a demonstrar aqui, ou seja, de privatização das relações públicas, mas isso transbordaria o objeto deste curto artigo.

Resta evidente, portanto, que se se pretende a "privatização" do Direito Público, é preciso que se tenha em conta a lógica do Direito Privado (pelo menos, tal como concebido para funcionar em uma economia de mercado). Nesse sentido, o contrato deve ser interpretado como o marco regulatório fundamental do relacionamento entre as partes, sem que governantes ou juízes intervenham naquilo que foi pactuado. O contrato representa a expectativa normativa dos contratantes, cuja frustração gera insegurança e conseqüentemente maiores custos de transação futuros (e conseqüentemente ineficiência econômica e social).

A tendência solidarista ou socializadora ou de publicização do Direito Privado, como se ainda vivêssemos de um estado provedor, que tem se refletido na doutrina jurídica majoritária de tudo ler a partir da dignidade da pessoa humana e da justiça social revela um perigoso sinal de riscos ao ambiente regulatório das PPP e, portanto, de seu sucesso (que justamente tem como eixo o contrato).

Nesse diapasão,o sucesso das PPP depende sobretudo de uma quebra de paradigma na cultura e na mentalidade de grande parte dos juristas e juízes do país, que deverão reaprender a importância do *pacta sunt servanda,* não como uma imposição do "individualismo burguês", mas como uma realidade econômica e de mercado; o contrato integra uma parcela das instituições que determinam o cumprimento de normas sociais que garantem uma maior segurança aos agentes econômicos.

Em um ambiente de maior estabilidade jurídica (mais previsibilidade, mais respeito às instituições e aos marcos regulatórios), os agentes econômicos teriam mais segurança para operarem nas PPP. Poder-se-ia pensar que esta argumentação não tem sentido prático relavante, já que a Lei das PPP tem um texto bastante claro (embora esta assunção seja bastante discutível diga-se de passagem). Contudo, sabe-se que não basta uma lei clara regulando o funcionamento de instituições; é necessário um comprometimento com a aplicação "pura" e "fria" do contrato.

Diz-se isso porque, diversos são os exemplos de institutos que, embora contando com uma lei específica e clara, ainda não "pegaram" (pense-se, por exemplo, no caso da alienação fiduciária em garantia para imóveis). A razão para isso é institucional,[3] ou seja, ainda que a Lei tenha previsões específicas e claras, a jurisprudência tende a resistir, tende a dar uma interpretação "social" na tentativa de resolver os graves problemas sociais do país. Contratos são revisados, garantias bancárias são relativizadas em prol da "justiça social", mas quem sai perdendo com este enfraquecimento institucional é a própria coletividade, com o aumento dos custos de transação e mesmo custos com a burocracia estatal que se refletirão no preço final dos produtos e serviços.

Em realidade, esta postura relativista do Poder Judiciário (e também do Poder Executivo como no caso das concessões rodoviárias em alguns estados da federação), caso aplicada às PPP, apenas desestimularia novos investimentos e faria com que os investidores não acreditem na eficácia dos contratos firmados com o Poder Público e resistissem a novos acordos de PPP. Sem falar no prejuízo coletivo caso a empresa que explore a PPP vier a quebrar. Deve-se ter, frente ao tema, portanto, uma análise mais pragmática, que leve em conta os reflexos de opções políticas e judiciais nos relacionamentos privados ou quase privados quando se estiver diante de um negócio ou mesmo de litígio referente às PPP.

Ainda que se diga que a arbitragem deixa de fora este problema de politização das PPP, a verdade é que certamente a própria constitucionalidade da cláusula arbitral nesses casos chegará ao Judiciário, portanto, certamente ele será chamado a ser manifestar sobre este tema. O Superior Tribunal de Justiça (STJ) em recente julgado, deu importante sinalização em favor da arbitragem, ao admitir cláusula arbitral em contrato firmado por ente paraestatal (a Companhia Estadual de Energia Elétrica do Rio Grande do Sul – CEEE), mas este assunto foge ao escopo deste breve artigo, que visa apenas a mapear eventuais riscos institucionais às PPP (I) e uma sugestão de leitura para minimizá-los, levando a sério os contratos (II).

---

[3] Para um aprofundamento no tema das instituições, ver a série de artigos em ZYLBERSZTAJN, Décio & SZTAJN, Raquel, org. *Direito e Economia*. São Paulo: Editora Campus, 2005.

1.2. O problema da concepção puramente "atomista" do Direito

Não é comum a análise, entre os juristas brasileiros, dos impactos econômicos de uma decisão judicial. Ao contrário, costuma-se pensar no país, talvez pela tradição de não vinculatividade dos precedentes próprio da tradição da família romano-germânica, cada caso como um caso isolado, sem qualquer conexão com o sistema social ou jurídico. Nesse sentido, afirma Lopes que a característica mais marcante da cultura jurídica nacional é o individualismo (que se transborda em atomismo). Dessa forma, imagina-se que a parte precede o todo e que o direito do indivíduo precede o da comunidade. Assim, ainda seguindo o pensamento do autor em comento:

> O individualismo transborda em atomismo: são percebidas as ações e não as atividades. [...] O jurista em geral não é treinado a compreender o que é uma estrutura: assim, *está mais apto a perceber uma árvore do que uma floresta.*[4] – grifos nossos.

Confirmação disso a declaração dada em entrevista à Revista Amanhã, Edição de Setembro de 2004, nº 203, ano 19, p. 50 em que um importante desembargador do Tribunal de Justiça Gaúcho assevera que "A função de um juiz não é garantir o funcionamento de um determinado sistema econômico. O seu papel é examinar o processo e decidir quem tem razão naquela ação".

Em PPP, deve se pensar nas conseqüências de determinadas decisões legais na própria manutenção e viabilidade econômica do empreendimento. Será que aquele custo adicionado por uma sentença tem previsão orçamentária? É viável economicamente uma revisão contratual em benefício de administrados ou hipossuficientes ou isso causará a quebra da empresa? Esse raciocínio é importante, pois por trás de um determinado litígio, existe a coletividade que será beneficiada com um serviço público prestado pelo agente privado. E o móvel do agente econômico será sempre o lucro. Nas PPP isso não será diferente, tanto que a Lei das PPP exige a formação de uma empresa de propósito específico.

1.3. Tendência à politicização do Judiciário

Mais grave do que o atomismo antes comentado é, como constata Armando Castelar Pinheiro,[5] que a grande maioria dos juízes nacionais não se consideram absolutamente neutros, entendida neutralidade como aplicação lógico-formal da lei. Efetivamente, "73,7% dos juízes entrevistados concordam inteiramente ou concordam muito com a opinião de que o juiz não pode ser um mero aplicador das leis, tem de ser sensível aos problemas sociais".

---

[4] LOPES, *Crise da norma jurídica*... p. 82-83

[5] PINHEIRO, Armando Castelar. Magistrados, judiciário e economia no Brasil. TIMM, Luciano (Org.) *Direito e economia*. São Paulo: Thomson/IOB, 2005, p. 248.

A par disso, têm-se difundido um pensamento entre os juristas e juízes acerca da necessidade de "politicização" do poder judiciário, em função do que caberia aos juízes implementar direitos sociais previstos abstratamente na Constituição Federal em "normas programáticas" (diretamente aplicáveis). Segundo este entendimento, estaria ultrapassada a fase da "fria aplicação da lei" pelo juiz, a quem caberia um papel de transformar a realidade social, aplicando os dispositivos constitucionais independentemente de leis ordinárias reguladoras.[6]

É nessa linha interpretativa que têm surgido decisões judiciais que proíbem o corte de luz e o corte de água pelas concessionárias de energia elétrica ou de água, ainda que autorizadas por lei federal, regulamentos de agências reguladoras (ANEEL e ANA, respectivamente), diante do princípio maior da Constituição da "dignidade da pessoa humana", como se exemplificativamente no extrato de julgamento abaixo:

> MANDADO DE SEGURANÇA. Alegado direito líquido e certo à não suspensão do fornecimento de energia elétrica ainda que pendente débito com a concessionária. pedido para que se abstivesse a prestadora de efetuar o corte de luz.
>
> O corte no fornecimento de energia elétrica diante de débito inadimplido pelo consumidor afigura-se providência inadmissível de cobrança daquele montante à luz das disposições do art. 22 e do art. 42 do CPC, uma vez que dispõe a concessionária de outros remédios jurídicos no ordenamento para haver o seu crédito, sem sacrificar o uso de serviço de natureza essencial. [7]

Nessa esteira, pode-se imaginar casos de PPP de serviços públicos e riscos de que o judiciário determine o fornecimento gratuito desse serviço a quem dele necessite, sem que essa gratuidade esteja contabilmente ou contratualmente prevista, causando desequilíbrio financeiro à empresa que firmou o contrato de PPP.

1.4. A problemática diante das PPP

Dependendo da natureza do serviço público em jogo que foi objeto de uma PPP, imagina-se facilmente o chefe do Poder Executivo recém eleito pretendendo alterar um contrato firmado com o agente econômico tendo em vista os "interesses públicos", o "lucro abusivo" em detrimento dos mais necessitados.

Pode-se imaginar também indivíduos ingressando em juízo alegando a privação de um direito fundamental para obter gratuitamente da empresa exploradora da PPP um serviço que lhe seja essencial, mas que não esteja previsto no contrato de PPP como tal e, portanto, que não tenha sido objeto de cálculos e de provisionamento por parte da empresa.

Avançando um pouco o prognóstico chegaremos à constatação de que o fenômeno da *jurisprudência sentimental* aproveita-se da abertura semântica legal

---

[6] Para tanto, ver, entre outros, FACHIN, Luiz Edson. *Teoria Crítica do Direito Civil*. Rio de Janeiro: Renovar, 2000.

[7] RIO GRANDE DO SUL. Tribunal de Justiça. Apelação Cível Nº 70005790837. Relator: Des. Antonio Palmeiro.

e constitucional para "fazer justiça social com as próprias sentenças", acobertando a inadimplência e intervindo indiscriminadamente no contrato, através de revisões, anulações e resoluções por conta do equilíbrio econômico, sendo isto um fator de altíssimo risco às novas PPP. Nesse contexto, as PPP, que apresentam uma fórmula moderna e ágil de ampliação de serviços públicos que, caso contrário, não seriam fornecidos pelo estado seja por dificuldades orçamentárias seja mesmo por opções político-econômicas, poderá passar "de santo à vilão" se interpretada no rastro da nova ideologia.

2. Solução interpretativa dos contratos de PPP

Ora, por todas as razões antes expostas encontramo-nos em um ambiente de insegurança jurídica e também de "protetismo", que fomenta a revisão generalizada dos contratos e coloca em estado de alerta as instituições jurídicas e econômicas.

Deve-se ter em mente que é essencial para a manutenção e integridade das PPP é a garantia da intangibilidade do contrato, ou seja, a manutenção das expectativas dos agentes econômicos. Vale dizer, os interesses da coletividade estarão sendo respeitados à medida que se garantir o adimplemento dos contratos em sua integralidade. Deve-se perceber que ao se decidir pelas PPP, é porque houve uma análise de inviabilidade de exploração pelo próprio estado de um determinado tipo de serviço. Assim, ao se garantir o funcionamento da PPP, garante-se o interesse coletivo, que é representado pelas pessoas atendidas por aquele serviço "privatizado".

Infelizmente, essa não é a posição majoritária em alguns tribunais nacionais, que, freqüentemente, como visto, dificultam o cumprimento do contrato. Pela idéia atomista que vinga ainda no país, vê-se apenas o processo do hipossuficiente contra grande empresa (o "arbusto", na metáfora de Lopes antes citada). Enxerga-se, na maioria das vezes, apenas o problema social que se busca minimizar através das PPP e não os motivos que levaram o estado a firmar um contrato de PPP (que é a sua própria dificuldade financeira). Vê-se, na balança, o "mero" direito de lucro da empresa de um lado, e os direitos constitucionais fundamentais do hiposuficiente do outro lado.

O que não se percebe, porque está escondido, é a formação de um precedente para futuros casos. Não se enxerga a corrosão do sistema como um todo (a floresta). E, o que é mais grave, não se diagnostica que quem perdeu foi a coletividade com aquela decisão favorável ao indivíduo "hipossuficiente". O estímulo à inadimplência é grande.

Nesse contexto, é importante que se faça uma abordagem econômica dos contratos pelos juristas, a fim de que suas boas intenções possam ter um impacto efetivo na sociedade. Com efeito, a análise dos problemas jurídicos e dos casos trazidos ao judiciário (especialmente aqueles atinentes aos contratos, e mais precisamente do mercado de crédito), não pode desconhecer esta realidade nem acontecer no vácuo social.

O contrato, como demonstrado por Luhmann e Teubner, promove o "acoplamento estrutural" (interconexão ou comunicação na linguagem vulgar) do sistema econômico com o sistema jurídico.[8] O que equivale a dizer, nas palavras de Roppo, que o direito contratual é *a veste jurídica de uma operação econômica.*[9] E toda vez que se quiser, por meio de normas jurídicas, transformar a realidade econômica e social, ter-se-á grandes custos de transação e significativos índices de ineficácia social (no sentido sociológico) e ineficiência econômica e social (no sentido dado pela Ciência Econômica).

Este aumento de custos econômicos e sociais, trazidos por uma maior intervenção legal e judicial nos contratos, somente se justificaria se houvesse um aumento do bem estar social. Isso significaria, na prática, que um maior número de pessoas seria beneficiada. Mas não é isso que acontece se se inviabilizar as PPP. O resultado será que as pessoas não receberão aquele serviço público que seria prestado por um agente privado, já que o estado não tem condições de provê-lo.

Conclusão

A Lei das PPP traz ao Brasil o sistema das Parcerias Público Privadas. Trata-se de uma das modalidades de privatização de serviços e obras públicas e igualmente de privatização do Direito Público. Nesse modelo, o grande marco regulatório da relação entre o ente público e a empresa é o contrato, como acontece nas relações tipicamente privadas. Sendo uma solução de mercado, é preciso que a Lei em questão e os próprios contratos que forem originados sob a sua égide de maneira pragmática, levando em conta os interesses da população, que dependem do rígido cumprimento do que fora contratado entre as partes (*pacta sunt servanda).*

Teorias atuais sobre a funcionalização social do contrato, que defendem um maior grau de intervenção nos pactos privados apenas trazem insegurança ao ambiente regulatório, já que permitem alterar a essência do relacionamento estabelecido entre empresa e ente público, sem que se tenha previsibilidade dos destinos da decisão do agente político ou do judiciário.

Decisões judiciais que a primeira vista podem ter um apelo à sensibilidade com aplicação irrestrita de regras do direito público às relações privadas (como

[8] Conforme TIMM, Luciano. Função social do contrato: a hipercomplexidade do sistema contratual em uma economia de mercado. In: *Direito e Economia.* São Paulo: THOMSON-IOB, 2005, p. 107.

[9] Assim registrado na notória lição: "o conceito de contrato não pode ser entendido a fundo, na sua essência íntima, se nos limitarmos a considerá-lo numa dimensão exclusivamente jurídica – como se tal constituísse uma realidade autónoma, dotada de autónoma existência nos textos legais e nos livros de direito. Bem pelo contrário, os conceitos jurídicos – e entre estes, em primeiro lugar, o de contrato – reflectem sempre uma realidade exterior a si próprios, uma realidade de interesses, de relações, de situações económico-sociais, relativamente aos quais cumprem, de diversas maneiras, uma função instrumental." ROPPO, Enzo. *O Contrato.* Tradução Ana Coimbra, M. Januário Gomes. Coimbra: Almedina, 1988.

a extensão de direitos fundamentais gratuitos) também contribuem para um ambiente de grande instabilidade.

O sucesso das PPP depende de uma ruptura com este pensamento antieconômico, que rejeita a realidade sociedade atual que estabelece seus vínculos de produção e consumo através da intermediação do mercado. Paradoxalmente, por mais curioso que possa parecer dentro da lógica da política, é perfeitamente racional do ponto de vista econômico encontrar o interesse coletivo na manutenção do contrato e no respeito à lógica de mercado.

Referências

DRUCK, Tatiana Oliveira. O Novo Direito Obrigacional e os Contratos. In *Direito de Empresa e Contratos: Estudos dos Impactos do novo Código Civil*. Porto Alegre: IOB, 2004. p.33-55.

GOMES, Orlando. *Obrigações*. Rio de Janeiro: Forense, 2004.

MARTINS-COSTA, Judith. *Comentários ao novo Código Civil*. Rio de Janeiro: Forense, 2003, v. 5, t.1.

——. O Direito Privado como um "sistema em construção: as cláusulas gerais no projeto do código civil brasileiro. *Revista dos Tribunais*, São Paulo, n 753, p. 24-48, 1998.

MIRANDA, Pontes de. *Tratado de Direito Privado*: parte especial. 3.ed. Rio de Janeiro: Borsoi, 1971. v 23.

NEGREIROS, Teresa. *Teoria do Contrato: novos paradigmas*. Renovar, RJ/SP, 2002.

NORONHA, Fernando. *Direito das Obrigações*. São Paulo: Saraiva, 2003.

PINHEIRO, Armando Castelar. Magistrados, judiciário e economia no Brasil. In: TIMM, Luciano (Org.) *Direito e economia*". São Paulo, Thomson/IOB, 2005.

ROPPO, Enzo. *O Contrato*. Tradução Ana Coimbra, M. Januário Gomes. Coimbra: Almedina, 1988.

SILVA, Luis Renato Ferreira da. A Função Social do Contrato no Novo Código Civil e sua conexão com a solidariedade social. In: SARLET, Ingo Wolfgang (Org.) O *Novo Código Civil e a Constituição*. Porto Alegre: Livraria do Advogado, 2004, p. 127-150.

TIMM, Luciano, org. *Direito e Economia*. São Paulo: Thomson-IOB, 2005

TREBILCOCK, Michael J. *The limits of Freedom of Contract*. Cambridge: Harvard University , 1993.

UNGER, Roberto Mangabeira. O Direito na Sociedade Moderna: contribuição à crítica da teoria social. Rio de Janeiro: Civilização Brasileira, 1979.

ZYLBERSZTAJN, Décio & SZTAJN, Raquel, org. *Direito e Economia*. São Paulo: Editora Campus, 2005.

Post Facium

Fiquei muito contente com o convite para fazer o fechamento desta obra sobre o Novo Direito Civil de meu colega latino-americano, Dr. Luciano Timm. Como boliviano criado nos Estados Unidos e hoje professor no México e nos Estados Unidos, sei exatamente onde os exageros e os abusos sobre os indivíduos e sobre a esfera privada podem terminar. Por isso devemos estar sempre preparados para a crítica, para a revisão de paradigmas. E o livro de Luciano Timm se propõe justamente a refletir sobre os novos modelos do Direito Privado. Concordo com ele que o Direito Privado precisa ser reprivatizado, que a economia deve ter nele um papel estruturante e que o Código Civil deva ser seu eixo fundamental. Quero apenas deixar aqui minha sugestão de que também se reflita sobre o papel no Direito Romano nesse contexto todo.

Na minha opinião, como tenho conversado com o Professor Luciano Timm, a metodologia do Direito do sistema romano-germânico está atualmente num momento em que ela pode cooptar o modelo da *law and economics* dos professores anglo-americanos. Deixe-me explicar: muito da teoria jurídica norte-americana está se esgotando. Europeus e latino-americanos podem fazer novas contribuições a este campo de conhecimento. Professores europeus e latino-americanos são familiares com o conceito de Ordem Jurídica Privada (*private legal order*). Para nós, a argumentação jurídica envolve um tipo de exercício intelectual no qual nós colocamos as questões jurídicas dentro de uma estrutura mais ampla de Direito e de justiça. Os alemães até mesmo têm *das Postulat der Einheit der Rechtsordnung* como um tipo de fonte de autoridade legal. Entretanto, ninguém no mundo jurídico romano-germânico está apto a definir exatamente o que quer dizer por Ordem Jurídica Privada (*private legal order*). Aqui é que o Direito e Economia pode trazer um maior impacto na tradição jurídica codificada.

A análise econômica do Direito revela um panorama mais amplo do funcionamento do direito de propriedade e do direito de obrigações, sugerindo regulações quando os costumes forem inadequados, ou para garantir assimetria de informações, para estabelecer os corretos incentivos, para garantir o funcionamento do mecanismo de preços, para permitir compromissos de maneira segura, para reduzir os custos de monitoramento e de administração dos contratos, para descentralizar as decisões sobre alocações de recursos e ainda para facilitar a canalização da poupança para realização de investimentos por meio da intermediação profissional.[1] O conceito de *private legal order* pode mesmo vir a se tornar uma fonte de autoridade jurídica, não como um instrumentalismo procedimental da *Postulat der Einheit der Rechtsordnung* do Direito alemão, com sua tônica de extrema racionalidade científico-social neutra, mas como uma bem definida e compreendida ordem para garantir o máximo de bem-estar social (fundada em utilidade ordinal, não cardinal) e que estaria subjacente ao Direito Privado mesmo. O Direito Privado pode voltar a se tornar o ápice do centro e do front da Ordem Jurídica, ao contrário de ter a Constituição e o Direito Público como eixo do sistema.

Por meio de uma Ordem Jurídica Privada, nós recebemos os benefícios de uma economia de mercado. "As iniciativas descentralizadas de milhares de indivíduos e empresas desenvolvem novos produtos e serviços que nenhum funcionário público poderia imaginar, mas que se deixadas isoladas não se constituiriam um no mercado".[2] O papel do governo é limitado a resolver conflitos e estimular a vida e a liberdade; definir e defender a propriedade privada de acordo com o Direito; proteger a livre e aberta troca de bens, serviços e idéias; e limitar o uso privado da força e da ma-fé. A economia se torna altamente competitiva à medida que mais autonomia é transferida às empresas e aos indivíduos, e que mercados estruturados sobre a boa-fé para o trabalho, capital e tecnologia são desenvolvidos. Aumento de concorrência acarreta disciplina dos livres mercados para todos os cantos da economia – toda indústria, toda empresa, todo trabalhador e toda transação. A Ordem Jurídica Privada é eficiente porque os custos de transação são baixos e os incentivos criados são elevados.

Os governos latino-americanos privatizaram suas economias a partir da década de 90 do século passado, esquecendo que seus sistemas jurídicos foram socializados, descodificados e constitucionalizados ao longo de todo século XX. A crítica aos assim chamados valores burgueses do modelo jurídico privado francês (construído sobre o *Code Napoleon*) tem se tornado quase ponto comum nos circuitos acadêmicos. Durante o século XIX, a teoria jurídica sociológica *d'école de Bordeaux* (de inspiração durkheimiana) contrapôs uma sociedade de cooperação mútua, de função social da propriedade a uma sociedade tipicamente capitalista e individualista baseada na propriedade privada, dando credibilidade científica a uma teoria jurídica da solidariedade. Na seqüência, na América Latina, especialmente nos anos após a Revolução de outubro de 1917, juristas soaram uma chamada para a socialização do Direito Privado. Idéias socializantes assumiram

[1] Não buscaremos fazer uma revisão da literature de *law and economics* acerca do Direito Privado. Alguns exemplos são suficientes. Ver Ian Ayres & Eric Talley, *Solomonic Bargaining: Dividing a Legal Entitlement to Facilitate Coasean Trade*, 104 Yale L.J. 1027 (1995); Avery Wiener Katz, *An Economic Analysis of the Guaranty Contract*, 66 U. Chi. L. Rev. 47 (1999); Henry E. Smith, *Exclusion Versus Governance: Two Strategies for Delineating Property Rights*, 31 J. Legal Stud. S453, S457–58 (2002); Lior Jacob Strahilevitz, *Information Asymmetries and the Rights to Exclude*, 104 Mich. L. Rev. 1835 (2006).

[2] Richard Epstein, Editorial, *Free Markets Demand Protection*, Fin. Times, Oct. 13, 2003, at 21.

que para garantir o florescimento da sociedade, o capitalismo teria que ser corrigido por objetivos de justiça social e interesse público. Nesse contexto, juristas criaram doutrinas jurídicas sobre a função social da propriedade, função social dos contratos, e a noção de que as empresas deveriam aplicar seus ativos em favor de interesses sociais e não para o lucro dos acionistas. Na América Latina, o pêndulo passou de uma interpretação legal formalista da propriedade privada,[3] da vontade das partes como tendo força coativa para as partes,[4] e que as sociedades eram pessoas artificiais, para um igualmente abstrato conceito marcado pela função ou interesse social. Sobretudo, uma tentativa foi feita de virar a Ordem Jurídica Privada de cabeça para baixo, por meio da chamada constitucionalização do Direito Privado.

Esse foi o ponto em que a fratura ocorreu e de certa forma o Direito Privado latino-americano rompeu com o modelo europeu. Na prática, a base de um sistema codificado de Direito Civil e Comercial tem se mostrado particularmente estável na Europa. Embora algumas constituições latino-americanas tenham criado direitos positivos, o mesmo não aconteceu nos principais países europeus (os mais desenvolvidos como França, Alemanha e Inglaterra) e lá a doutrina alemã do *mittelbare Drittwirkung* dos direitos fundamentais[5] tem evoluído muito lentamente na prática dos tribunais. No mundo real a virada do Direito Privado em favor do Direito Público na América Latina acaba por limitar o espaço privado e de autonomia dos indivíduos. Não só isso. A constitucionalização de uma disputa privada acaba ensejando argumentos constitucionais de ambos os lados, ficando difícil a solução da disputa apenas naquele terreno público. Ao contrário, eu proporia que disputas essencialmente privadas evitassem digressões constitucionais. Um mínimo necessário de atuação estatal deveria ser necessária para invocar a constituição; essa requisito serviria como uma profilaxia vital para evitar que a Ordem Jurídica Privada sofra o escrutínio constitucional e governamental. Aliás, é justamenet o que acontece na Europa já que juízes de primeiro e segundo grau devem submeter qualquer questão constitucional aos tribunais constitucionais; do contrário, julgam a disputa com base no direito infraconstitucional.

Juristas latino-americanos podem se voltar para uma longa e estável tradição romanista dos seus próprios Ordenamentos Jurídicos, sem transplantes legais, no sentido de buscar privatizar, recodificar e desconstitucionalizar o Direito Privado na América Latina. Alguns acadêmicos latino-americanos podem sugerir que a doutrina romanista é ultrapassada, mas nada poderia ir além da verdade. Nada poderia sobrar no Direito Civil se removêssemos o Direito Romano. O Direito Romano é ainda uma importante ferramenta que pode servir como paradigma, ou modelo para os contemporâneos sistemas jurídicos latino-americanos. Como

[3] Como os direitos de propriedade concedidos na França, como visto, por exemplo, no CODE CIVIL [C. CIV.] art. 544 (Fr.).

[4] Novamente, como visto no Direito francês. C. CIV. art. 1134 (Fr.).

[5] Ver Günter Dürig, *Grundrechte und Zivilrechtsprechung* [*Basic Rights and Civil Jurisdiction*], *in* VOM BONNER GRUNDGESETZ ZUR GESAMTDEUTSCHEN VERFASSUNG 157–90 (Theodor Maunz ed., 1956).

um quase perfeito sistema de Direito Privado, o Direito Romano é perfeitamente fundível com o *law and economics*.[6] A presunção fundamental do *law and economics* – que o *common law* é eficiente – tem um corolário na eficiência do Direito Romano.

Cidade do México, inverno de 2008.

Juan Javier del Granado

Bacharel em Política, Economia, Retórica e Direito pela Universidade de Chicago, EUA
Juris Doctor pela Faculdade de Direito da Universidade de Norhwestern, EUA
Presidente da Associação Latino Americana de Direito e Economia, 2008
Professor do Instituto Tecnológico Autônomo do México, México
Professor e Diretor da American Justice School of Law, EUA

[6] Obviamente o Direito Romano do *status* pessoal é um anacronismo histórico que não merece nosso reconhecimento.

Impressão:
Editora Evangraf
Rua Waldomiro Schapke, 77 - P. Alegre, RS
Fone: (51) 3336.2466 - Fax: (51) 3336.0422
E-mail: evangraf@terra.com.br